权威·前沿·原创

皮书系列为

“十二五”“十三五”国家重点图书出版规划项目

智 库 成 果 出 版 与 传 播 平 台

山东社会科学院创新工程重大项目

山东文化发展报告（2020）

ANNUAL REPORT ON SHANDONG'S CULTURE (2020)

山东文化治理现代化

主　　编／张　伟
副 主 编／徐建勇　赵迎芳　闫　娜

社会科学文献出版社
SOCIAL SCIENCES ACADEMIC PRESS (CHINA)

图书在版编目（CIP）数据

山东文化发展报告．2020／张伟主编．-- 北京：社会科学文献出版社，2020.9
（山东蓝皮书）
ISBN 978-7-5201-6821-2

Ⅰ.①山… Ⅱ.①张… Ⅲ.①文化发展-研究报告-山东-2020 Ⅳ.①G127.52

中国版本图书馆CIP数据核字（2020）第115921号

山东蓝皮书
山东文化发展报告（2020）
山东文化治理现代化

主　　编／张　伟
副 主 编／徐建勇　赵迎芳　闫　娜

出 版 人／谢寿光
责任编辑／范　迎　孙以年

出　　版／社会科学文献出版社·人文分社（010）59367215
　　　　　地址：北京市北三环中路甲29号院华龙大厦　邮编：100029
　　　　　网址：www.ssap.com.cn
发　　行／市场营销中心（010）59367081　59367083
印　　装／三河市东方印刷有限公司

规　　格／开　本：787mm×1092mm　1/16
　　　　　印　张：20　字　数：297千字
版　　次／2020年9月第1版　2020年9月第1次印刷
书　　号／ISBN 978-7-5201-6821-2
定　　价／138.00元

本书如有印装质量问题，请与读者服务中心（010-59367028）联系

《山东文化发展报告（2020）》专家咨询委员会

（以姓氏笔画为序）

《山东文化发展报告（2020）》编委会

主　编　张　伟

副主编　徐建勇　赵迎芳　闫　娜

编　委　（以姓氏笔画为序）

王志东　闫　娜　李然忠　杨金卫　杨朝明
张　伟　张友谊　张凤莲　张述存　赵迎芳
唐洲雁　涂可国　徐建勇

主要编撰者简介

张　伟　山东社会科学院文化研究所所长、研究员，美国得克萨斯南方大学访问学者，主要从事中国古代文学与传统文化研究，出版专著9部，编著10余部，担任《中国文化论衡》《山东文化发展报告》主编；主持文化部子课题1项、山东省社科规划重点课题等5项；在CSSCI核心期刊及省级以上刊物发表论文40余篇，多篇被人大复印报刊资料、《高等学校文科学术文摘》等全文转载、论点摘编；撰写的研究报告有7篇获省领导肯定性批示；获山东省社会科学优秀成果一等奖1项、二等奖1项、三等奖1项，省刘勰文艺评论奖2项，科研成果共计300万余字，2010年入选"山东省社会科学学科新秀"，2012~2018年连续入选"山东省理论人才百人工程"，2019年被评为"山东省有突出贡献的中青年专家"。

徐建勇　山东社会科学院文化研究所副研究员，山东省文化经济研究会、山东省旅游协会常务理事，长期从事文化改革、文化产业、文化旅游研究，承担文化、旅游项目的创意策划、规划编制。多年来，共发表学术论文60余篇，主持或参与各类课题50多项，编制行业和地方发展规划10多个，成果多次获奖，许多文化发展对策建议被政府有关部门采纳。

赵迎芳　山东社会科学院文化研究所副研究员，长期从事中国文化发展、公共文化服务、文化体制改革、文化产业发展等方面的研究，主持或参加国家和省级以上课题10余项，发表学术论文、研究报告100多篇，多项成果被有关部门采纳或被其他刊物转载。

闫　娜　山东社会科学院文化研究所副研究员，山东社会科学院旅游研究中心副主任，主要从事文化政策、文化旅游产业、城市文化形象品牌等方面的研究，出版专著1部，编著1部，参与国家级重大课题10余项，主持参与省级课题20余项，发表学术论文60余篇，参与多项地方文化产业及旅游产业规划项目，连续担任多届世博会（中国上海、韩国丽水、意大利米兰、哈萨克斯坦阿斯塔纳）山东展馆主题演绎策划主创，多项研究成果被有关部门采纳。

前 言

推进文化治理体系和治理能力现代化是新时代中国特色社会主义现代化建设的重要内容，也是新时代发展中国特色社会主义文化的中心任务。党的十九届四中全会指出，坚持共同的理想信念、价值理念、道德观念，弘扬中华优秀传统文化、革命文化、社会主义先进文化，促进全体人民在思想上精神上紧紧团结在一起，是国家治理体系和治理能力现代化的深厚支撑。《中共中央关于坚持和完善中国特色社会主义制度　推进国家治理体系和治理能力现代化若干重大问题的决定》不仅对文化建设在国家治理中的地位和作用做了深刻表述，而且对文化治理的任务做出具体部署，明确坚持马克思主义在意识形态领域指导地位的根本制度，坚持以社会主义核心价值观引领文化建设制度，健全人民文化权益保障制度，完善坚持正确导向的舆论引导工作机制，建立健全把社会效益放在首位、社会效益和经济效益相统一的文化创作生产体制机制等文化制度建设的方针举措。

文化治理现代化越来越成为破解山东文化发展桎梏的重要策略，越来越成为促进山东文化发展进步的关键环节。多年来，山东在文化建设中坚持深化改革与制度创新有机衔接，文化治理形成一定优势，但是在治理体系和治理能力上仍有许多不足。全省文化政策法规系统不够完备、科学规范不足、运行效率不高，文化治理的社会化、程序化、科学化水平不高，社会上理想信念涣散、道德问题频发、对待传统文化存在很多错误观念，主流媒体舆论引导能力不断弱化，文化产业增长速度明显放缓，文化事业创新发展能力不足。在经济发展下行压力加大、区域文化竞争加剧、公共卫生事件突发、全球文化冲突不断的背景下，山东要巩固文化发展优势，解决文化发展问题，完善文化治理体系、提升文化治理能力是必然选择。

基于中央对中国特色社会主义文化发展的战略要求和山东文化建设的实际情况，2019 年度山东文化发展报告选择“山东文化治理现代化”作为主题，邀约19篇文章，从文化产业、文学艺术、运河文化专题等角度，全面总结2019年山东文化治理的做法成效，深刻分析山东文化治理面临的机遇、挑战、不足，系统提出推进山东文化治理现代化的思路举措，为山东文化强省建设提供智力支持。

山东文化治理已经形成良好基础。在文化产业发展领域，逐步建立起科学高效的生产经营机制。文化体制改革继续向纵深推进，山东电影制片厂、山东电影洗印厂、山东广播电视物资供应站完成转企改制，山东电影发行放映集团成立。文化和旅游资源共享、优势互补、协同并进，形成深度融合发展的良好格局，2019年山东接待游客总人数达到9.3亿人次，增长8.6%，实现旅游总收入超过1.1万亿元，增长12%，完成旅游投资2400亿元，同比增长9%。文化科技创新和应用加快，新兴文化业态稳步成长，2019年全省广播电视业总收入172.72亿元，创收126.07亿元，其中新媒体业务收入9.03亿元。文化事业建设制度逐步健全，《关于加强文物保护利用改革的实施方案》《非物质文化遗产传承发展工程实施方案》出台，全省乡镇（街道）综合文化站建成率达99.3%，行政村（社区）综合性文化服务中心建成率为97.5%，移风易俗群众满意率达到96.5%，人民群众的基本文化权益得到有效保障。齐鲁优秀传统文化传承弘扬体系更加完善，齐鲁优秀传统文化研究阐发工程顺利实施，大运河文化带、齐长城文化带、山东海疆历史文化带加快打造，孔子博物馆、尼山圣境、中国教师博物馆等一批重大项目顺利建成。红色革命文化传承弘扬不断掀起新高潮，《沂蒙山》《乳娘》等红色文化题材作品引起社会热烈反响。地域文化开发利用取得长足进步，齐文化传承创新区建设快速推进，运河文化创意产业带强势崛起，泰山文化保护传承工作扎实有力，黄河文化保护传承弘扬掀开历史新篇章。

山东文化发展面临机遇与挑战并存的局面。全球化进程是一把“双刃剑”，一方面为山东文化企业、产品、服务“走出去”，扩大对外文化贸易提供了便利，为山东建设世界文明交流互鉴高地、扩大齐鲁文化的世界影响力创造了条件；另一方面，一些国家民族主义、贸易保护主义抬头，让世界文化交流合作更加困难。齐鲁文化要“走出去”必须时刻做好被审视、敌视、抵制的准备。现代信息传播技术突飞猛进，推动文化业态深刻变革，以网络视频、数字媒体、直播销售等为代表的新媒体出现爆发式增长，为山东文化发展注入新活力。但是在产业基础、技术研发、创新意识的制约下，全省网游、动漫、网络视听、数字出版、智慧广电、创意设计等新兴文化产业发展滞后或实力弱小，在日渐激烈的区域文化竞争中处境堪忧。文化在国家治理现代化中的地位日益突出，“文化+”正在为各行各业插上腾飞的翅膀，文化创意与精品旅游作为山东新旧动能转换的十强产业，不仅对引领服务全省经济社会发展有巨大效用，而且能够不断拓展山东文化产业发展空间。

推进山东文化治理体系和治理能力现代化建设，要坚持以习近平新时代中国特色社会主义思想为指导，全面贯彻落实党的十九届四中全会精神，着眼于增强思想凝聚力、精神感召力、文化创新力，加快文化发展战略转型升级，改革文化体制机制，完善文化政策法规，激发文化创作生产活力，全面提升文化发展的现代化、法治化、多元化、信息化水平，形成文化强省建设的有力支撑。

一是加强意识形态治理，巩固社会共同思想基础。要坚持以习近平新时代中国特色社会主义思想指导思想理论建设、哲学社会科学研究、教育教学、文化事业发展等各个方面，不断巩固马克思主义在意识形态领域的指导地位。要大力弘扬“水乳交融、生死与共”的沂蒙精神，把沂蒙精神通过各种艺术形式展现出来，把弘扬沂蒙精神与文化生产、旅游产业发展结合起来，引领全省扶贫攻坚、新旧动能转换全过程。要全面贯彻《新时代公民道德建设实施纲要》，统筹推进道德实践创建活动、社会道德教育、多元参与保障制度、舆论监督制度、文化企业履行社会责任制度、个人品德修养提升制度，在全省形成健康向上的文明风尚。

二是完善文化政策法规，保障文化建设行稳致远。要继续推进基层主流媒体集团化改革，坚定推进科技类、学术类期刊制度改革，实施文化人才培养引进制度改革，加快制定“山东省道德建设条例”“山东省公共文化服务保障条例”等政策法规，构建起科学高效的文化发展规范体系。要加快网络立法进程，压紧压实网络意识形态工作责任制，使网络行为做到有法可依、有法必依，执法必严、违法必究，营造清朗网络空间。要完善文化企业履行社会责任制度，建立文化企业社会责任认定标准、考核制度和激励机制，把履行社会责任纳入企业的生产创作、发展目标、战略规划、机构设置、考核激励之中，确保文化发展把社会效益放在首位、实现社会效益和经济效益相统一。

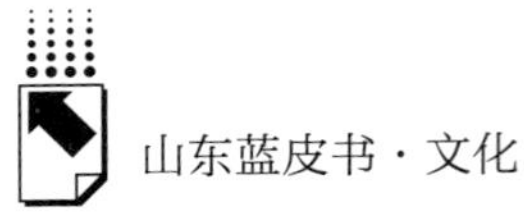

三是创新文化发展战略，引领全省新旧动能转换。充分发挥山东文化资源大省、旅游强省的优势，大力推进“文旅+”“+文旅”，推动文旅产业与农业、工业、教育、科技、交通、体育、医养健康等跨界融合，拓展优化文化旅游产业链，增强文化旅游发展新动能。坚持导向为魂、移动为先、内容为王、创新为要，认真贯彻落实《关于加强县级融媒体中心建设的意见》，在体制机制、政策措施、流程管理、人才技术等方面坚定不移持续推动全省媒体深度融合发展，加快传统媒体与新兴媒体从相加阶段迈向相融阶段。加大省级文化产业资金对全省优秀原创网络视听节目的扶持力度，鼓励全省实力强大的传统影视制作公司和专业团队建设网络视听产业基地，全力办好山东青年微电影创作大赛、山东省原创网络视听节目大赛，打造全国网络视听产业创新发展高地。

四是弘扬齐鲁优秀地域文化，守好民族灵魂根脉。要着眼于黄河流域生态保护和高质量发展国家战略全局，充分发挥山东文化大省优势，科学编制“黄河文化保护传承弘扬专项规划”，推进黄河文化遗产的系统保护，讲好山东“黄河故事”，延续历史文脉。要积极贯彻国家《大运河文化保护传承利用规划纲要》《长城、大运河、长征国家文化公园建设方案》《大运河文化和旅游融合发展规划》，做好京杭大运河文化带、国家文化公园山东段保护建设工作，打造形成世界文化遗产活态保护样板间和对接长江经济带的特色文化创意产业带。要以儒家文化、泰山文化、齐文化为引领，实施泰山—曲阜国家文化遗产保护利用示范工程，建设儒家文化、泰山文化、齐文化、泉文化研究基地，推动齐鲁优秀传统文化创造性转化创新性发展，打造山水圣人文化带，形成“国山”“圣城”“母亲河”交相辉映、一体发展的恢宏格局。

摘要

文化治理现代化是新时代山东文化发展进步的必由之路、现代化强省建设的深厚支撑。马克思主义在全省意识形态领域的指导地位更加巩固，社会主义核心价值观进一步弘扬，人民文化权益保障制度、舆论传播导向制度、文化生产经营制度等更加完善，文化产业在产业转型升级、实现高质量发展上不断迈出新步伐，为山东文化治理现代化打下良好基础。全球化进程不断加快，文化在经济社会发展中的作用日益突出，文化科技创新不断催生新业态，“文化＋”向纵深发展，都为山东文化治理现代化提供了历史机遇。推进山东文化强省建设，要全面提升文化治理的社会化、法治化、多元化、信息化水平，形成完善的文化制度体系。凝神聚力始终是山东文化治理现代化的根本任务，要不断巩固马克思主义在意识形态领域的指导地位，加强新时代公民道德建设，形成全社会团结奋进、健康向上的精神风貌。城乡文化均衡协调发展是山东文化治理现代化的内在要求，既要把历史文化古城作为一个整体进行成建置的保护和修复推动城市文化振兴，又要大力实施乡风文明建设行动、完善公共文化服务推动乡村文化振兴，让全省人民群众共享文化发展成果。文化发展战略转型是山东文化治理现代化的必由之路，要以改革创新为动力，以供给侧结构性改革为主线，以产业高质量创新性发展为目标，大力推进文化和旅游业产业结构优化、转型升级，积极培育新型文化业态，助推全省新旧动能转换。优秀传统文化、地域文化保护利用是山东文化治理现代化的根基，要着力推进黄河文化带、大运河文化带、齐长城文化带、山水圣人文化带建设，实现由文化大省向文化强省的转变。

关键词： 山东　文化治理　文化战略　文化强省

目　录

Ⅰ　总报告

Ⅱ　文化产业篇

Ⅲ　文学艺术篇

Ⅳ 文化案例篇

Ⅴ 大运河文化专题篇

Ⅵ 文化大事记

皮书数据库阅读使用指南

总　报　告

General Report

B.1
着力推进山东文化治理现代化：2019年山东文化发展分析报告

徐建勇*

摘　要： 文化治理现代化是新时代山东文化发展进步的必由之路、现代化强省建设的深厚支撑。山东在文化建设中坚持深化改革与制度创新有机衔接，文化治理形成一定优势，但是在治理体系和治理能力上仍有许多不足，面临机遇与挑战并存的局面。推进山东文化治理现代化，要加快文化发展战略转型，完善文化政策法规，激发文化创作生产活力，发展新兴文化产业，全面提升文化治理的社会化、法治化、多元化、信息化水平，构筑文化强省建设新优势。

关键词： 文化治理　文化政策　文化产业

* 徐建勇，山东社会科学院文化研究所副研究员。

推进文化治理体系和治理能力现代化，是新时代构建我国现代化国家治理体系的重要内容和深厚支撑，也是建设社会主义文化强国、提升中华文化软实力的重要途径和重要保障。现代治理理论强调治理主体多元化，治理方式民主化、制度化、程序化、协调化。随着山东文化改革探索的不断深入，文化治理现代化越来越成为破解全省文化发展桎梏的关键之举，越来越成为促进全省文化发展进步的关键环节。党的十九届四中全会通过的《中共中央关于坚持和完善中国特色社会主义制度 推进国家治理体系和治理能力现代化若干重大问题的决定》，为推进山东文化治理体系和治理能力现代化建设指明了前进方向，提供了根本遵循，是指导新时代山东文化强省建设的纲领性文件。

一 2019年山东文化治理回顾

在文化建设领域，山东通过持续深化体制机制改革，推动繁荣发展社会主义先进文化的各项制度不断完善。2019 年，全省马克思主义在意识形态领域的指导地位更加巩固，社会主义核心价值观进一步弘扬，人民文化权益保障制度、舆论传播导向制度、文化生产经营制度等更加完善，文化治理能力显著提升，文化强省建设继续开创新局面、增创新优势。

（一）文化创意产业生产经营机制更加科学高效

1. 文化和旅游形成深度融合发展的良好格局

山东坚持以文促旅、以旅彰文，推动文化和旅游资源共享、优势互补、协同并进，不断增强文化旅游发展新动能。2019 年山东省文化旅游继续保持迅猛发展势头，全省接待游客总人数达到 9.3 亿人次，同比增长 8.6%，实现旅游总收入超过 1.1 万亿元，同比增长 12%，完成旅游投资 2400 亿元，同比增长 9%。在旅游公共服务设施方面，全省共建成旅游集散中心 43 处，旅游咨询中心 286 处，完成新建改建旅游厕所 2033 座，建设数量全国第一。[①] 截至

① 杨帆：《2019 年怎么看 2020 年怎么干 稳增长、惠民生、创品牌 山东文旅融合谱就新篇》，《联合日报》2020 年 1 月 9 日。

2019 年底，山东共拥有 A 级旅游景区 1229 家（其中 5A 级 12 家，4A 级 224 家），数量居全国第一位，全省旅游业整体上进入消费大众化、需求品质化、产业融合化、发展全域化、竞争国际化的优质发展阶段。全省文化与旅游逐步实现深度融合发展，大运河国家文化公园、齐长城国家文化公园、黄河国家文化公园正在积极规划建设。各级旅游部门积极引导具备条件的文化村镇结合发展实际，以乡村特色产业带动为龙头，打造历史文化特色小镇、特色景观旅游名镇名村、旅游强乡镇特色村，“齐鲁乡愁 · 山东老家”旅游品牌强势崛起。2019 年山东省级乡村旅游发展专项资金增加到 1 亿多元，重点开展旅游精准扶贫、全域旅游开发、乡村旅游集群片区建设、旅游小镇培育、乡村旅游后备箱工程示范基地建设和旅游新业态发展。2019 年文化和旅游部公布第一批入选全国乡村旅游重点村名录，山东省有淄博市博山区池上镇中郝峪村、威海市荣成市宁津街道东楮岛村、临沂市沂南县铜井镇竹泉村、潍坊市青州市王府街道井塘村、临沂市沂水县院东头镇桃棵子村等 10 个乡村入选。

2. 广播影视行业向智能化迈出坚实步伐

在行业下行压力较大的背景下，山东省广播电视产业近年来保持稳定发展，2019 年全省广播电视业总收入 172.72 亿元，创收 126.07 亿元，其中新媒体业务收入 9.03 亿元，同比增长 2.2%。全省电视高清改造步伐加快，2019 年省级台基本实现高清播出，市级台 8 个频道实现高清播出。全省广电产业加速与新技术、新业态、新模式融合，加大 5G、超高清视频、大数据、区块链等新一代信息技术在广播电视节目制作播出和传输覆盖中的部署和应用，不断创新视听内容呈现方式，提升视听体验。山东广播电视台签约全国首个 5G 生态发展联盟，山东广电网络公司与华为合作建立了“5G 联合创新实验室”，超前布局 5G 产业化项目。山东广播电视台、山东移动、华为深入合作，在 2019 年 2 月山东省“两会”直播报道中，首次运用 5G 技术对大会盛况进行现场直播。山东全国首个基于云计算的视听新媒体监管平台启动建设，济南、淄博、临沂 3 市开展了试点工作。全省广电积极推动产业融合、新媒体融合、县级融媒体建设，构建起立体多样、融合发展的现代新型传播体系。在省级层面，山东广播电视台在“中央厨房”融媒体平台基础上，自主研发了县级融媒体平台“闪电云”，集“策、采、编、审、发、评”于一体，实现省市县三级联通共享，为全省县级融媒体中心建设打下坚实基础。在市级层面，大力实施“媒体融合推进计划”，济南、青岛、烟台、潍坊、德州等地市级融媒体中心陆续启用，济南台、青岛台分别开发运营融媒体客户端“天下泉城”“蓝晴”，融合传播能力不断增强。在县级层面，全省16市均转发或出台了县级融媒体中心建设的实施意见、方案，县级融媒体中心数量达到75个，在传播效果和运营收入等方面取得良好成效。截至2019年12月，全省已经有111个区县完成以广电媒体为核心的县级融媒体中心平台建设，116家与省平台完成三级联动，在更好引导群众、服务群众中发挥了显著作用。

3. 新兴文化业态快速成长

“文化+科技”正在引领文化创意产业发展的未来，数字化、网络化、智能化技术不断催生新的文化形态。2019年，山东动漫游戏嘉年华暨鲁中首届文化创意博览会、2019 China Joy华东北赛区晋级赛暨世博动漫嘉年华、第21届齐鲁国际动漫节、山东省大学生国际动漫游戏大赛暨第十一届齐鲁国际动漫游戏大赛、IDO烟台国际动漫游戏嘉年华、QICAF青岛国际动漫节等一系列动漫节会成功举办，带动山东动漫产业进入良性发展轨道。《蹴鞠小子》《孔子》《豆神战队——圆梦计划》《龟兔赛跑后传》等动漫片引起市场强烈反响。世博动漫产教融合园落户济南新旧动能转换先行区，将成为山东动漫产业发展的龙头基地。2019年9月18日，第二届中国新媒体发展年会在山东济南举办，以“5G时代新媒体的机遇与挑战”为主题，引导新媒体面向5G创新发展。2019年8月，“中国广电·青岛5G高新视频实验园区”落户青岛西海岸新区，重点布局5G条件下更高格式、更新应用场景的高新视频内容产品创新、高新视频云、高新视频软硬件设备研发生产、高新视频应用集成创新、内容监测监管和数字版权服务以及高新视频产业。2019年底，山东广电完成青岛市200个5G基站的选址和规划设计，并在青岛市高新视频产业园实现了5G网络全覆盖。2019年12月，山东广播电视台在济南召开发布会，宣布成立MCN（内容整合机构）——Lightning-TV，并同步启动了“光芒计划”，给予奖金激励、直播赋能、技术功能加持等八大方面的服务扶持，借力抖音等主流商业短视频平台的渠道资源，着力把山东广播电视台主流媒体的影响力和资讯高效生产能力结合起来。

4. 文化消费需求继续保持旺盛态势

全省文化产品日益丰富多样，文化市场更加统一开放、健康有序，带动广大人民群众多元化、多层次、个性化的文化需求得到极大释放。2019 年山东全年观影 8093. 9 万人次，票房 28. 82 亿元，再创历史新高，增速也明显高于全国平均水平，人次、票房排名均位列全国第七。连续举办"冬游齐鲁——好客山东惠民季""山东人游山东""山东文化惠民消费季"等活动，拉动文化和旅游消费。第三届山东文化惠民消费季共发放使用文化惠民消费券 1. 12 亿元，签约文化和旅游企业 1542 家，举办各类活动 28320 项 145868 场次，累计参与 3. 76 亿人次，直接带动消费 5. 78 亿元，间接带动消费 101. 4 亿元，成为全国开展范围最大、企业参与最多、消费者分布最广、平台功能最全、消费模式最新的文化消费促进行动。①

（二）文化事业建设制度更加合理完善

1. 文物保护利用水平显著提升

物质文化遗产是人类文明的精粹，因而始终是文化保护传承工作的重心。为加大文物保护力度，山东省出台《关于加强文物保护利用改革的实施方案》，与国家文物局签署《合作实施"齐鲁文化遗产保护利用计划"框架协议》，在全省构建起"七区三带"的文物保护片区体系。一批具有示范引领作用的文物保护利用重点项目加快推进，2019 年共争取国家资金项目 142 项，资金总额 2. 89 亿元，安排省级资金项目 199 项，资金总额 1. 35 亿元②，35 处文物入选第八批国保单位，全国重点文物保护单位达到 226 处。考古遗址公园建设扎实推进，鲁国故城国家考古遗址公园建设取得新进展，南旺枢纽国家考古遗址公园建设基本完工，大汶口、城子崖、齐国故城国家考古遗址公园等一批保护工程启动实施，滕州西孟庄龙山文化遗址被评为 2019 年中国六大考古新发现之一。国家文物局水下文化遗产保护中心青岛北海基地正式启用，修复保护经远舰、致远舰等出水文物，出水一批珍贵文物，为甲午海战研究再添新资料。

① 杨帆：《2019 年怎么看　2020 年怎么干　稳增长、惠民生、创品牌　山东文旅融合谱就新篇》，《联合日报》2020 年 1 月 9 日。

② 杨帆：《2019 年怎么看　2020 年怎么干　稳增长、惠民生、创品牌　山东文旅融合谱就新篇》，《联合日报》2020 年 1 月 9 日。

2. 非物质文化遗产“活化”工作取得重大突破

为提升非遗保护传承效能，山东省于2019年11月出台《非物质文化遗产传承发展工程实施方案》，着力实施“非遗助力脱贫、推动乡村振兴”、非遗与旅游深度融合发展、非遗区域性整体保护、济南百花洲传统工艺工作站建设等重点工程。2019年，山东共争取2020年度国家级非物质文化遗产保护专项资金3306万元；推荐30个项目申报第五批国家级非物质文化遗产代表性项目，全省国家级非遗项目达173项；举办“2019全国非遗曲艺周”，演出场次达128场，推动“非遗曲艺薪火相传”，再现济南历史上“曲山艺海”的景象；齐鲁文化（潍坊）生态保护区顺利通过文化和旅游部验收评审，成为全国首批7个国家级文化生态保护区之一；成功举办山东省首届“非遗+旅游”文创大赛，实施非遗传承人群研修研习培训计划、“非遗助力脱贫、推动乡村振兴”工程，评选出20个“非遗助力脱贫、推动乡村振兴”典型乡镇（街道），3个国家级、68个省级非遗生产性保护示范基地，先后带动新增就业11万人①，推动全省非物质文化遗产在与人民群众生产生活的密切结合中焕发新生。

3. 现代公共文化服务体系更加完善

为保障广大人民群众共享文化发展成果，山东积极优化城乡文化资源配置，推动基层文化惠民工程不断扩大覆盖面、增强实效性。2019年3月，东营市成为第三批国家公共文化服务体系示范区，是继青岛、烟台之后第三个获此殊荣的山东省城市。截至2019年底，山东省已建成全国新时代文明实践中心试点县（市、区）29个，181个村镇入选全国文明村镇，乡镇（街道）综合文化站建成率达99.3%，行政村（社区）综合性文化服务中心建成率为97.5%，移风易俗群众满意率达到96.5%，人民群众的基本文化权益得到有效保障。全省公共文化服务能力明显提升，截至2019年12月，山东省共有博物馆（纪念馆）575家，比2018年新增34家，其中国有文物系统博物馆162个、国有行业博物馆60个、非国有博物馆338个、其他博物馆15个，实现一级博物馆6家、二级博物馆18家、三级博物馆28家。2019年全省各级博物馆

① 杨帆：《2019年怎么看　2020年怎么干　稳增长、惠民生、创品牌　山东文旅融合谱就新篇》，《联合日报》2020年1月9日。

（纪念馆）举办各类展览2890个，实施教育活动30614次，免费开放参观人数8219万余人次。2018年，山东省广播电视局与省财政厅联合印发《关于进一步推进全省电视户户通扶贫工作的意见》，明确将广播电视户户通扶贫纳入地方公共文化服务体系建设资金保障范围，为全面完成脱贫攻坚任务提供了有力保障。截至2019年底，全省8654个扶贫工作重点村，除76个村涉及整村搬迁外，其余村全部开通广播电视信号；全省129.35万贫困户，符合安装条件的100.86万户已完成97%以上，基本文化权益得到切实保障。

（三）文化艺术创作引导能力极大提升

1. 文化艺术创作成果丰硕

山东坚持以人民为中心的工作导向，把倡导讲品位讲格调讲责任、抵制低俗庸俗媚俗作为文艺创作生产的基本要求，推动思想精深、艺术精湛、制作精良的作品不断涌现。2019年，山东省有18部艺术作品入选全国性展演活动，53个项目入选2019年度国家艺术基金扶持项目，立项数居全国前列；60件作品入选第十三届全国美术作品展览“中国画”作品展，在北京参展作品数、获奖提名作品数位列全国榜首；3个项目入选全国美术馆优秀项目名单，22幅美术作品入选第十二届中国艺术节“全国优秀美术作品展览”。其中，青岛市民族歌剧《马向阳下乡记》获第十二届中国艺术节第十六届“文华大奖”，滨州市渔鼓小戏《老邪上任》、德州市男声合唱《中国船号震天地》获第十二届中国艺术节第十八届群星奖。[①] 山东省财政2019年安排4000万元资金对红色文化艺术精品给予大力支持。以沂蒙精神为主题的原创民族歌剧《沂蒙山》累计完成各类演出83场，观众人数近15万人次，上座率平均突破95%，在全国形成广泛影响，被誉为党的十八大以来中国民族歌剧的标志性剧目，荣获中共中央宣传部第十五届精神文明建设“五个一工程”奖，先后入选2018年“中国民族歌剧传承发展工程”重点扶持剧目、2019年度国家艺术基金大型舞台剧和作品创作资助项目、2019年全国舞台艺术优秀剧目暨优秀民族歌剧展演剧目。

---

① 杨帆：《2019年怎么看 2020年怎么干 稳增长、惠民生、创品牌 山东文旅融合谱就新篇》，《联合日报》2020年1月9日。

2. 主流媒体舆论引导力不断增强

山东坚持党管媒体原则，唱响主旋律、弘扬正能量，构建起网上网下一体、内宣外宣联动的主流舆论格局，确保社会效益和经济效益的有机统一。2019 年，全省广播电视新闻类节目获第 29 届中国新闻奖评选一等奖 3 件、二等奖 2 件、三等奖 1 件，另有 4 部新闻作品获优秀广播电视新闻作品季度推优。电视公共频道《闪电舆论场》是新闻类节目融合创新的典范。作为省内首档融媒体新闻评论节目，《闪电舆论场》变制播线为产品线，变闭环为开放传播，2019 年升级为互联网产品矩阵，调整为“闪电头评”、“对对碰”、“抢鲜看”、“新屏论”、“新一度”等产品板块，更注重通过对事件的深度挖掘和评论交织并行，让观点更加多元、论据更加形象、论证更加融合互动。《小小朗读者》《国学小名士 2》《出彩读书郎》《全能少年》获国家广电总局 2018 年度少儿节目精品发展专项资金扶持，山东广播电视台《美丽中国》栏目入选 2019 年广播电视创新创优栏目，山东电视台少儿频道《江山如此多娇》入选“庆祝新中国成立 70 周年”优秀少儿节目扶持名单。山东广播影视内容生产积极与互联网融合，借助融媒体新技术创新电视节目服务于政府治理，形成山东舆论监督节目品牌。舆论监督节目“电视问政”“网络问政”“今日聚焦”，迄今共播发相关舆论监督报道 130 多期，能保证每天都有监督报道。山东卫视公共频道推出大型融媒体问政栏目《问政山东》，在闪电新闻客户端、海报新闻客户端开辟专区，打造“网络问政”平台，推动解决涉及 50 类 100 多个群众关注且具有普遍意义的问题难题。济南广播电台强化“四力”建设，主抓精品内容创作，《商量》《问政》《榜样》等节目的社会影响力不断扩大。

（四）优秀传统文化实现创造性转化、创新性发展

1. 齐鲁优秀传统文化传承弘扬体系更加完善

美德山东、文明山东、诚信山东建设加快推进，孝、诚、爱、仁“四德工程”广泛推行。截至 2019 年底，全省建成城乡基层“道德讲堂”6 万余个，儒学讲堂 2.3 万余个，“善行义举四德榜”9.5 万余个，率先在全国基础教育阶段实现优秀传统文化进教材、进课堂。优秀传统文化示范带动工程不断推进，加快建设曲阜优秀传统文化传承发展、齐文化传承创新“两大示范区”，

加快打造大运河文化带、齐长城文化带、山东海疆历史文化带“三个文化带”，建成孔子博物馆、尼山圣境、中国教师博物馆等一批重大项目，为中华优秀传统文化传承弘扬搭建起有力载体。齐鲁优秀传统文化研究阐发工程顺利实施，推进“儒学大家”计划，建成全球孔子学院总部体验基地，成立尼山世界儒学研究中心，编纂《齐鲁大典》《子海》《儒藏》《孔府档案》等典籍文献和实施“全球汉籍合璧工程”等重点项目，传统文化的时代价值不断彰显。着力打造世界文明交流互鉴高地，精心举办尼山世界文明论坛、世界儒学大会、国际孔子文化节、儒商大会等高端国际峰会。2019 年 9 月 6 日，2019 中国（曲阜）国际孔子文化节在济宁曲阜孔子博物馆开幕，现场签署《国家文物局与山东省人民政府合作实施“齐鲁文化遗产保护利月计划”框架协议》，着力推进齐鲁优秀传统文化研究阐发工程、提能升级工程、普及推广工程、传播交流工程。

2. 红色革命文化传承弘扬不断掀起新高潮

为弘扬革命精神、传承红色基因，山东精心打造沂蒙党性教育基地、济宁干部政德教育基地、胶东党性教育基地，设立沂蒙干部学院，加快建设王尽美、焦裕禄、孔繁森和泰山“挑山工”党性教育基地，不断丰富党性教育载体和平台。运用文学、戏剧、音乐、舞蹈等多种形式讲好红色故事，《沂蒙山》《乳娘》等红色文化题材作品引起社会热烈反响。2019 年 5 月山东省委宣传部牵头举办“红动齐鲁”山东省红色故事讲解大赛，依托各级各类爱国主义教育基地、党史教育基地、红色旅游景区，发挥讲解员、导游员和志愿讲解员作用，讲好红色故事，弘扬沂蒙精神。截至 2019 年底，山东省已建成红色旅游景区近百个，近 3 年来累计接待游客超过 2 亿人次，收入超过 1000 亿元，带动就业 60 多万人①，展现了红色文化的独特魅力和蓬勃活力。

3. 地域文化开发利用成为文化建设热点

山东文化底蕴凝实深厚，后李文化、北辛文化、大汶口文化、龙山文化、岳石文化一脉相承，儒家文化是中华传统文化主干，齐文化、泰山文化、大运河文化、海洋文化、水浒文化、泉水文化与红色文化、现代文化交相辉映，共

① 赵秋丽、李志臣：《山东：守护文化根脉　传承红色基因》，《光明日报》2019 年 11 月 27 日。

同沉淀出极其丰富的文化遗产，是山东文化繁荣进步也是经济社会发展的宝贵财富。山东省各地积极挖掘地域文化资源，加快发展文化旅游产业，服务经济社会发展大局，传承弘扬传统文化，实现大发展。

齐文化传承创新区建设快速推进。齐文化研究取得重要成果，先后出版了《齐文化丛书》《孙子集成》《齐文化概论》等著作33部，创办了《管子学刊》和《齐文化》等专业刊物，组织召开了稷下学讨论会、齐文化与现代化学术研讨会、管子学术研讨会等十几个国际国内的学术研讨交流活动，为齐文化资源挖掘奠定了坚实基础。齐文化保护取得明显成效，《齐长城国家文化公园建设实施方案》编制完成；对齐国故城48处重点遗址，临淄墓群150余座古墓，划定了建设控制地带，建立了文物保护档案；对东周墓殉马坑、齐故城城垣遗址、排水道口、临淄石刻馆、晏婴墓等文物古迹进行了整修。齐文化项目建设得到加强，规划建设了齐景公殉马馆、齐国历史博物馆、临淄中国古车博物馆、太公祠、穆公祠、管仲纪念馆、齐都文化体育城、姜太公祠、姜太公广场、足球博物馆等一批重大文化设施项目，初步形成了具有齐文化特色的博物馆群。齐文化旅游取得新进展，打造了齐长城文化旅游创意园、天鹅湖国际慢城、黄河安澜湾等旅游项目和《韶乐》等齐文化艺术项目，以齐文化旅游节为媒，不断加强与韩国姜氏宗亲会、我国台湾丘氏宗亲会的联系，进一步扩大了与韩国在旅游、经贸、文化等领域的交流合作。

大运河文化创意产业带强势崛起。2014年6月，中国大运河被列入世界文化遗产名录，大运河山东段共8个河段、15处遗产点列为世界文化遗产。近年来，山东省大力推进大运河文化带建设，各级财政共投入10亿元，实施43项文化遗产保护工程，台儿庄古城、微山湖湿地古镇、聊城中华水上古城、泰安白佛山文化产业园等一批投资大、带动力强的项目相继开工建设或营业，微山湖湿地古镇、水浒影视小镇、东平湖生态旅游小镇等一批大运河文化特色小镇已颇具规模。2018年，大运河（山东段）沿线5市共接待游客2亿人次，同比增长10.1%；实现旅游收入2019亿元，同比增长14.6%。沿运河各市倾力打造“鲁风运河”文化旅游品牌，“台儿庄模式”已成为联结海峡两岸和向世界游客展示大运河文化的典范；聊城市通过打造“江北水城，运河古都”品牌，城市文化影响力显著增强；在素有“中国运河之都”美誉的济宁市，大运河正成为促进经济文化社会发展的新增长点和驱动力；泰安市东靠泰山、西沿运河，正在形成泰安旅游的两个隆起带；作为“古典德州风韵之河”，大运河德州段正成为“生态德州活力之翼”，推动旅游产业链不断延伸，打造“运河全线德州亮点”。

泰山文化保护传承工作扎实有力。目前，泰安市《泰山文化保护传承总体规划》（2019～2035）已经编制完成，开展了泰山文化生态保护实验区申报国家级文化生态保护实验区工作，实施了石刻资源调查研究和数字化保护工程，出版《泰安市馆藏文物精品集》，完成“天网工程”省级以上文保单位现场勘察，开展了第八批国保、第六批省保申报和岱庙文化广场、东平湖、戴村坝遗址、泰山封禅文化遗址文物考古调查勘探。泰安深入贯彻落实习近平总书记关于勇做新时代泰山“挑山工”指示精神，扎实抓好泰山“挑山工”党性教育基地建设任务，重点做好史料征集、教材编写、产品开发等工作，目前已完成泰山“挑山工”LOGO设计全球征集评选。大力推进泰山文化旅游开发，新闻出版小镇、山东高速·康乐谷等项目进展顺利，曳尾园民俗旅游项目、力明艺术宫等12个项目列入全省重点文旅项目，商·客天下、中信陕旅集团“演艺秀都”、泰安冰雪大世界等项目完成签约。实施特色餐饮小吃工程，泰山区、岱岳区、高新区、旅游经济开发区和泰山景区各打造一个特色主题街区，推动泰山名吃城和高铁新区特色街区建设。突出泰山“国泰民安”文化内涵，强力宣传推介，打造了“中华泰山、天下泰安”旅游品牌。整合传统文化和现代时尚元素，组织实施每年一届的泰山国际登山节、东岳庙会，创新举办了泰山石敢当文化节、泰山MAO国际音乐节等节庆活动，开发了“泰山冠军”系列登山擂台赛、中华泰山成人礼、“108好汉闯山东”水浒之旅等文化旅游产品。

黄河文化保护传承弘扬掀开历史新篇章。习近平总书记在黄河流域生态保护和高质量发展国家战略座谈会上指示，“黄河文化是中华民族的根和魂，要深入挖掘黄河文化的时代价值，讲好黄河故事，延续历史文脉”。齐鲁文化是黄河文化的重要组成部分，在黄河文化几千年的演进中始终扮演着重要角色，并最终取得了黄河文化发展的主导地位，成为中华传统文化主干。山东作为黄河流域下游重要省份，必须自觉承担起保护传承弘扬黄河文化的历史使命，主动服务于黄河流域生态保护和高质量发展国家战略大局。山东沿黄地区历史文化遗产富集，共有国家历史文化名城6处，省历史文化名城6处，全国重点文物保护单位150处，省级文物保护单位1087处，国家级非遗项目107项，省级非遗项目449项。全省高度重视沿黄文化遗产保护工作，文化遗产保护力度不断加大，曲阜三孔、泰山建筑群、济南明府城、定陶汉墓等重大文物保护工程强力推进，非物质文化遗产保护名录体系不断完善，代表性非遗项目、传承人抢救性保护和全方位传播展示工作成效显著。依托黄河人文资源丰富独特、生态景观优良秀美的优势，山东沿黄地区文旅产业蓬勃发展，建成A级景区622处、旅游度假区13处，形成5个环城市游憩带、8个集群化发展县和一大批集群化发展乡镇、连片开发区，为黄河文化保护传承弘扬打下了良好的产业基础。

（五）文化体制改革进一步深化

1. 顶层政策设计深入微观层面

《山东省人民政府关于同意大众日报社印务中心等单位转企改制方案的批复》，同意大众日报社印务中心、大众日报社新闻研究所改制为大众报业集团出资的国有或国有控股文化企业单位，同意山东电影制片厂、山东电影洗印厂、山东广播电视物资供应站转制为省政府出资的国有文化企业单位。其中，大众日报社印务中心采取保留企业法人的形式直接转制为国有或国有控股企业，大众日报社新闻研究所改制后进入齐鲁传媒集团有限公司，山东电影洗印厂采取注销事业单位法人、保留企业法人的形式直接转制为国有企业。《山东省推进影视创作及产业发展“三个创新”的工作措施》明确了影视创作创新管理模式、创新用人机制、创新分配办法的工作要求。《关于进一步加强电视剧购播工作管理的通知》确定建立电视剧采购合同、黄金时段待播电视剧备案管理制度，实现由主要抓创作生产向播出监管的全链条转变。《关于支持山东影视传媒集团改革发展的意见》《关于对文学艺术、新闻出版、社科理论优秀成果实施奖励的规定》《全省百部影视精品创作生产扶持办法》等制定具体工作措施，鼓励原创精品创作，扶持创作优秀的电影、电视剧、纪录片、动画片，推动全省实现影视作品生产的数量规模增长和质量效益并驾齐驱。

2. 国有骨干文化企业集团改革力度不断加大

截至2019年底，山东电影制片厂、山东电影洗印厂、山东广播电视物资供应站三家单位全部完成转企改制，并启动与山影集团整合重组。广电产业与资本市场积极对接，山东海看网络科技有限公司上市迈出实质性步伐。为推动山东省电影发行放映事业做大做强，2019 年 10 月 28 日，山东电影发行放映集团有限公司在济南揭牌成立，为省属一级文化企业单位，纳入省文资管理理事会管理，拥有山东奥卡新世纪电影院线公司 1 家城市电影院线和山东新农村数字电影院线公司 1 家农村数字电影院线以及 27 家山东新世纪电影城连锁店，共有员工 468 人，总资产达 2.9 亿元，主营业务有电影发行放映、电影摄制、院线投资运营、电影设备营销、公益电影放映、电影衍生品开发经营和电影文化艺术培训等。为推进县级台改革发展，按照“改革、精简、瘦身、转型”原则，实施了县级台标准化建设，争取县级财政支持 8.08 亿元，新增设施设备投入 3.74 亿元，实现了县级广播电视硬件软件系统的升级换代，巩固了基层广电舆论阵地。

二　山东文化治理形势分析

近几年，山东省文化改革发展取得显著成效，文化政策法规不断完善，文化生产经营和管理能力明显增强，文化现代化建设迈出有力步伐。但是，文化治理体系上的一些欠缺，文化治理能力上的许多不足，仍然是当下山东文化创新发展的重要制约。在当前全球治理格局复杂多变和国内外各种不确定性事件频发的形势下，推进治理体系和治理能力现代化，对山东文化发展尤为重要。

（一）山东文化治理面临的机遇与挑战

1. 山东文化治理现代化建设整体上处于重大历史机遇期

无论是国际上经济文化不断扩大开放与合作，还是国内从中央到地方对文化发展的日益重视，以及现代信息技术的飞速跃进，都为山东推进文化治理创造了有利条件。

一是全球化进程不断加快。不可逆的全球化进程，推动文化资源和文化生产进行全球化布局整合，同样为山东文化企业、产品、服务“走出去”，扩大对外文化贸易提供了便利。经济全球化伴随并要求文化的全球化，不同国家、民族的人民更加广泛地进行思想文化上的交流、交融与交锋，为中国向世界展示中国价值、中国智慧、中国方案提供了更加广阔的舞台，也为山东建设世界文明交流互鉴高地、扩大齐鲁文化的世界影响力创造了机遇。目前我国许多省市正在推动文化发展定位从立足国内到面向全球的转变。上海市确立了打造全球影视创制中心、亚洲演艺之都、全球动漫游戏原创中心、全球电竞之都、国际设计之都、国际时尚之都、国际品牌之都、国际会展之都、国际重要艺术品交易中心等一系列面向国际的高端文化产业发展战略。山东文化治理要迎头赶上，以世界眼光、全球思维来确定文化发展战略。

二是文化在国家治理现代化中的地位日益突出。党中央、国务院高度重视发展社会主义先进文化，把文化建设视为社会主义建设“五位一体”的重要组成部分，通过加强顶层设计，深化文化体制改革，完善文化政策法规，大力推动优秀传统文化创造性转化创新性发展，推动中华文化“走出去”，我国文化发展环境不断优化，文化软实力不断提升。十九届四中全会进一步提出，“发展社会主义先进文化、广泛凝聚人民精神力量，是国家治理体系和治理能力现代化的深厚支撑”。① 山东推进文化治理现代化具备了科学理论指引和坚实政治保障。

三是文化已经成为现代经济发展的“激素”。当今社会，文化已经成为一种生产资源、一种符号表征、一种价值提升催化剂。与“互联网 +”一样，“文化 +”同样能为各行各业插上腾飞的翅膀。文化正在与现代农业、工业制造、旅游、教育、体育、信息产业等进行广泛而深入的跨界融合，丰富其产品内涵，提升品牌价值甚至增强城市竞争力。文化创意与精品旅游已经作为山东新旧动能转换的十强产业，大力推动“文化 +”，不仅对引领服务全省经济社会发展有巨大效用，而且能够不断拓展山东文化产业发展空间。

四是现代信息传播技术突飞猛进。以 5G 技术为引领，大数据、云计算、人工智能、4K 高清、区块链等新信息技术手段蓬勃兴起，推动文化创作流程“智慧化”、内容呈现“场景化”、传播时效即时化，网络直播、自媒体等新业态不断涌现，微博、微信、短视频、视频直播等网络媒体日益成为信息传播的

---

① 《中共中央关于坚持和完善中国特色社会主义制度　推进国家治理体系和治理能力现代化若干重大问题的决定》，人民日报海外网，2019 年 11 月 5 日。

主渠道、主平台，正在带来文化创作生产格局、舆论生态、传播方式的深刻演变。文化娱乐产业朝着虚拟式、沉浸式、互动式等方向快速延伸，以网络视频、数字媒体、直播销售等为代表的新媒体在实现爆发式增长，为文化发展注入无穷潜力。

2. 山东文化治理现代化需要正视诸多外在挑战

中国特色社会主义建设进入新时代，经济社会呈现新的阶段特征，国内外社会突发事件层出不穷，全球化和现代科技对文化发展也是“双刃剑”，都给山东文化治理进程带来负面影响。

一是经济发展下行压力巨大。当前，无论是全国还是山东，都处在经济增长放缓、新旧动能转换的关键时期，全省人民群众的收入水平、消费能力必然受到影响。文化产业、旅游产业都属于消费型、奢侈型行业，在居民消费结构中非常敏感，在经济增长减速时期必定首当其冲。今后一段时期，培育提升广大人民群众的文化艺术鉴赏水平，引导和扩大文化消费，应当成为山东文化建设的重要内容。

二是社会突发事件的影响。2020 年以来，影视、演艺、文旅、会展等行业遭受巨大冲击，许多文化企业将出现生产成本增加、营业收入下降甚至亏损破产的局面。预计 2020 年山东文化产业将出现较大幅度的负增长，受财政收入减少的连锁反应影响，全省文化事业投入也将受到较大制约。

三是全球化中的文化冲突。当今世界，人们的思想观念更加多元、多样、多变，全球化带动异域人群交流更加直接便捷的同时，意识形态、民族文化、宗教观念冲突不可避免。冷战结束后，萨缪尔·亨廷顿预言全球冲突会演变为儒家文化、基督教文化、伊斯兰文化等文化形态和价值观的冲突，实践证明确有其合理之处。近期，一些国家民族主义、贸易保护主义抬头，让世界文化交流合作更加困难。齐鲁文化要“走出去”，必须要时刻做好被审视、敌视、抵制的准备。

四是文化业态迭代更新中竞争加剧。实现山东文化治理现代化，离不开文化发展战略转型。以“文化 + 高科技 + 产业资本”为主要特征的文化科技产业是现代文化产业的核心，是带动文化产业创新发展的强大引擎。短短几年，北京的数字创意、广东的文化科技、上海的电子竞技与网络视听等新型文化产业就已经快速建立起巨大发展优势。反观山东，文化科技创新能力不足，技术研发基础较差，新一代信息技术应用不够深入，很多关键底层技术仍处于不断完善、不断迭代的过程，全省云、网、端建设尚不成熟。全省智慧广电等新兴业态缺乏规划指导和政策支持，工程项目建设进度缓慢，资源整合力度不够，分散投入、各自建设现象普遍，缺乏统一标准和互联互通。在新兴文化产业发展方面，用“一穷二白”来形容山东并不为过，若不奋起直追，将在此次历史性的文化业态更替中错失良机。

（二）山东文化治理的不足和制约因素

与党的十九届四中全会关于文化治理的要求相比，山东文化治理现代化还有很长的路要走，文化政策法规不够系统完备、科学规范、运行有效，治理的社会化、程序化、科学化水平不高，缺乏系统治理、依法治理、源头治理能力，在很多领域一些长期制约文化发展的桎梏未得到解决，亟须补短板、强弱项。

1. 思想道德建设领域

从山东全省人民思想状况调研来看，马克思主义在意识形态领域的指导地位还不巩固，理想信仰不稳，一些群众抱持“共产主义、社会主义虚无论”，社会凝聚力涣散，部分党员干部信念丧失、贪污腐化，严重影响党的执政根基。公民道德建设任重道远，“一些地方、一些领域不同程度存在道德失范现象，拜金主义、享乐主义、极端个人主义仍然比较突出；一些社会成员道德观念模糊甚至缺失，是非、善恶、美丑不分，见利忘义、唯利是图，损人利己、损公肥私；造假欺诈、不讲信用的现象久治不绝，突破公序良俗底线、妨害人民幸福生活、伤害国家尊严和民族感情的事件时有发生”。[①] 社会上，道德问题此起彼伏，负面现象层出不穷，“道德困惑”“道德焦虑”“道德沦丧”“道德滑坡”“道德失范”“道德淡漠”等论调长期存在，造成人们思想上的混乱，给山东思想道德建设带来不利影响。

2. 舆论宣传引导领域

在传媒向网络化、移动化转移的时代浪潮中，人们的新闻消费习惯也发生改变，造成广播电台、报纸、电视台等传统宣传阵地客户流失严重，而且越是

---

① 中共中央、国务院：《新时代公民道德建设实施纲要》，《人民日报》2019 年 10 月 28 日。

向基层延展客户群体就越少，一些县级电台、报纸几乎没人看，广告收入微薄，在市场竞争中举步维艰，造成主流媒体舆论引导能力普遍弱化。目前山东共有报纸132家，其中省级45家，市级26家，县级仅存2家；广播电视播出机构共124家，其中省级3家，市级26家，县级95家，整体生存状况不容乐观，市级媒体中只有5家、县级媒体中只有11家实现赢利，其余均出现不同程度亏损。从互联网时代迈向移动互联网时代，“人人都有麦克风”变成“处处都是直播间”，造成舆情信息源爆炸式增长、网格式分布，舆情事件爆发概率也相应地成倍增长，互联网治理难度显著加大。但是全省宣传思想的工作重心尚未转移到互联网上来，存在思维固化、本领恐慌现象，“营造风清气正的网络空间”面临极大挑战。

3. 文化事业建设领域

山东是历史文化大省，但是在对待传统文化的态度上容易走极端，一些学术团体盲目主张通过“复古”来拯救现代文明，一些人则认为儒家等思想完全是制约山东发展的糟粕应全部摒弃。在对待文化遗产上，保护传承与资源开发利用时常发生矛盾，缺乏理性思维、科学规划。在公共文化服务方面，文化产品与服务的供给方式、质量水平等方面存在一定不足和错位，有些地方农村居民看书难、看戏难、看电影难的情况依然存在，群众性文化活动内容陈旧老套、样式单调。一些文化部门文化治理能力不足，缺乏创新管理手段和运作机制，片面把公共文化等同于“靠财政拨款建文化设施”。一些地方热衷于把文化“送下去”，没能深入了解百姓对文化的真实需求，严重影响群众参与文化建设的积极性和创造性。一些文管干部对公共文化的“公益性”“惠民性”认识不足，把公共文化设施用来营利创收。全省一些经济落后地区的文化事业经费投入不足，文化遗产保护历史欠账较多，公共文化设施年久失修，设施建设、设备购买经费经常被挪用。

4. 文化产业发展领域

近几年山东文化产业增长步伐明显放慢，发展后劲不足。一是图书、报刊、广播电视、文化艺术等传统文化行业，在网络文化产业冲击下营业规模、收入、利润急剧下滑。有20多年办刊历史、在山东很有影响力的《生活日报》于2019年底正式停刊，全面转向新媒体阵地，并在最后一期刊文写道，“读者越来越习惯掌上阅读，媒体融合转型的方向和路径越来越明确，我们必须与时俱进"①。二是网游、动漫、网络视听、数字出版、智慧广电、创意设计等新兴文化产业发展滞后或实力弱小，不能承担起引领山东文化产业新旧动能转换的重任。三是山东文化市场体系不健全，国有文化企业占主导，增长主要依靠投资拉动，文化消费理念落后，导致产业发展转型缓慢。纵观这些年中国文化产业发展，正是百度、阿里巴巴、腾讯、字节跳动等互联网企业发挥了主导作用，而优秀的互联网科技企业与互联网娱乐企业正是山东所缺少的。四是管理理念落后，片面强调政府力量，政策干预过多，有限的财政资金过多投向夕阳行业，扭曲了市场资源配置，山东文化产业始终难以走上良性发展轨道。

5. 文化政策方面

科学完善的文化政策法规是现代文化治理体系的基石。必须清醒地认识到，文化政策法规应该是宏观的、指导性的，以不干预文化市场运转和文化企业经营活动为前提。但是山东在文化政策制定上急功近利，过多过滥，仅涉及文化改革的就有《山东省深化文化体制改革实施方案》《山东省文化领域供给侧结构性改革实施方案》《山东省深化新闻出版广播影视体制改革实施方案》《关于开展事业单位绩效考核工作的指导意见》《关于推动国有文化企业把社会效益放在首位、实现社会效益和经济效益相统一的实施意见》《推进省属经营性国有资产统一监管工作方案》《关于促进县级广播电视台改革发展的若干意见》等文件几十个。层出不穷、烦琐细致的文化政策法规导致文化发展思路的混乱、断层，严重制约了文化主体生产经营活动的自主性、主动性，束缚了市场活力。同时社会道德等急需规范的领域，却依然处于政策法规空白期。

三　推进山东文化治理现代化的思路对策

山东文化治理体系和治理能力现代化建设，要坚持以习近平新时代中国特色社会主义思想为指导，全面贯彻落实党的十九届四中全会精神，牢牢把握社会主义先进文化前进方向，围绕举旗帜、聚民心、育新人、兴文化、展形象的

① 《是告别更是相约》，《生活日报》2019 年 12 月 31 日。

使命任务，坚持“二为”方向、“双百”方针、“两创”原则，着眼于增强思想凝聚力、精神感召力、文化创新力，加快文化发展战略转型升级，改革文化体制机制，完善文化政策法规，激发文化创作生产活力，全面提升文化发展的现代化、法治化、多元化、信息化水平，形成文化强省建设的有力支撑。

（一）加强意识形态治理，巩固社会共同思想基础

1. 不断巩固马克思主义在意识形态领域的指导地位

马克思主义是社会主义文化发展的根本指导思想。山东文化强省建设，必须坚持以马克思主义理论指引航向，用马克思主义的立场、观点、方法来探求文化建设的本质要求和客观规律。坚持以马克思主义指导新时代文化建设，就是要用习近平新时代中国特色社会主义思想来武装全党、教育人民，用习近平新时代中国特色社会主义思想来指导思想理论建设、哲学社会科学研究、教育教学、文化事业发展等各个方面。要把培育和践行社会主义核心价值观作为巩固马克思主义指导地位的重要载体，完善弘扬社会主义核心价值观的法律政策体系，大力弘扬民族精神和时代精神，大力传承优秀传统文化和革命文化，推动理想信念教育常态化、制度化。① 要按照习近平总书记指示要求，大力弘扬“水乳交融、生死与共”的沂蒙精神，加强思想理论研究，深入挖掘沂蒙精神吃苦耐劳、勇往直前、永不服输、敢于胜利、爱党爱军、开拓奋进、艰苦创业、无私奉献的深刻内涵，把沂蒙精神通过各种艺术形式展现出来，把弘扬沂蒙精神与文化生产、旅游产业发展结合起来，引领全省扶贫攻坚、新旧动能转换全过程。

2. 努力推动形成健康向上的社会道德新风尚

全省社会道德治理，要全面贯彻《新时代公民道德建设实施纲要》，坚持公德、私德并重的内容导向，扬善、惩恶兼备的功能导向。道德治理需要制度硬约束与思想软约束有机结合，法治手段是解决道德领域突出问题的重要方式。要适应社会发展，把道德导向贯穿立法、执法、司法、守法各环节，推动广泛认同、较为成熟、操作性强的道德要求转化为法律规范，重构社会伦理规

① 参见《中共中央关于坚持和完善中国特色社会主义制度 推进国家治理体系和治理能力现代化若干重大问题的决定》。

范和乡规民约等非正式道德制度。道德治理与经济环境、政治环境、社会环境、法治环境、人文环境等密切相关。“仓廪实而知礼节，衣食足而知荣辱”，市场诚信、党风廉政、福利保障、家风家训、学校教育等都是社会道德治理的重要影响因素，需要统筹推进道德实践创建活动、社会道德教育、多元参与保障制度、舆论监督制度、文化企业履行社会责任制度、个人品德修养提升制度等。要努力实现社会道德治理主体的多元化，党政部门、社会组织、基层社区、公民个体共同参与，发挥各自优势，承担不同责任，有机协调配合，共享道德建设成果。其中最重要的是坚持以人民为中心，以人的全面自由发展为目的，抓好党员干部、青少年、公众人物三类重点群体，使人民的主体地位受到道德尊重，人民的价值追求受到道德肯定，人民的参与热情受到道德保护。[①]尽快制定《山东省道德建设条例》，科学指导全省公民道德建设。

（二）完善文化政策法规，保障文化建设行稳致远

1. 构建科学高效的文化发展规范体系

文化治理体系最终体现为包括党的文化发展政策和社会主义文化建设法规的一系列文化发展制度。要围绕文化立法、文化执法、文化司法等关键环节，推动山东新时代文化法规体系不断完善。要把文化体制改革与文化制度创新结合起来，彻底打通一些阻碍文化创新、制约文化活力释放、影响文化制度完善的关键环节，加快政府职能转变，健全现代文化市场体系，深化国有文化企业经营机制改革，推进基层主流媒体集团化改革，坚定推进科技类、学术类期刊制度改革，实施文化人才培养引进制度改革，不断优化文化生产关系。加快制定《山东省公共文化服务保障条例》，以创建国家级、省级公共文化服务示范区为引领，全面推进公共文化设施建设均等化、标准化，推动公共文化经费来源法制化、多元化，推动公共文化运营社会化、专业化、信息化，争取在全国率先建成现代公共文化服务体系，健全人民文化权益保障制度。

2. 构建依法治理的网络综合治理体系

没有规矩不成方圆，要坚持依法治网、依法办网、依法上网，在全省培育

---

① 《新时代公民道德建设实施纲要》，《人民日报》2019 年 10 月 28 日。

积极健康、向上向善的网络文化，营造风清气正的网络空间。

一要加快网络立法进程。要跟上互联网高速发展的要求，加快构建科学合理完备的网络安全法律体系，既包括基础性法律，又包括关于规范基础性法律实施的行政法规，还包含统筹兼顾、分工明确的各相关主管部门如网信部门、工信部门等制定的部门规章。重点完善网络安全、互联网信息内容管理、关键信息基础设施保护等法律法规，健全社交网络等融合创新领域的行业管理规章制度，对传统媒体和新兴媒体实行一个标准、一体管理，使网络空间行为做到有法可依、有法必依，执法必严、违法必究，维护公民合法权益。完善《党委（党组）意识形态工作责任制实施细则》，抓紧抓实网络意识形态工作责任制。

二要坚持依法管网治网。持续开展“治乱净网、强基固本”专项行动，根据网民举报和自主监管及时清理各类不良信息，处置属地违法互联网平台，保持对互联网违法违规行为的高压态势，使网络空间更加清朗。对利用网络鼓吹推翻国家政权，煽动宗教极端主义，宣扬民族分裂思想，教唆暴力恐怖活动的行为要坚决制止和打击，对利用网络进行欺诈活动，散布色情材料①，进行人身攻击及恶意诽谤、造谣，对一些演艺界人士及网红群体利用“水军”吸引流量、博眼球甚至冲击道德底线的行为，对兜售非法物品的言行也要坚决管控，营造风清气正的网络空间。此外，必须严格落实个人信息保护法律制度，重点检查网络运营商收集公民个人信息是否合法，收集后是否尽了告知义务。要注意区分政治原则问题、思想认识问题、学术观点问题，旗帜鲜明地反对和抵制各种错误观点。

三要增强网络行为自律意识。网络信息安全不仅仅是政府监管的职责，网络运营者和使用者同样负有相应的法律义务。建立互联网文化企业履行社会责任制度，对国有网络文化企业和新闻媒体进行社会效益考核。着力提升网民素养，推进网络空间法规的教育和学习，多措并举推进网络诚信体系建设，进一步规范党员干部和网民的网络行为，增强民众网络安全的法律常识和自律意识，自觉抵制网络谣言等违法犯罪活动，消除“网络空间就是法外之地”的错误观念，提高知网用网水平。网上有害信息的清除，不仅需要各级网信办

① 习近平：《在网络安全和信息化工作座谈会上的讲话》，新华网，2016 年 4 月 25 日。

举报部门和各网站切实履行自身责任，更需要依靠广大网民的力量，需要凝聚更多更广的社会共识。除了网信部门自己的官方网站、网络举报 App 外，需要协调更多网络平台畅通网络举报渠道，鼓励网民举报，积极处置有害信息。对广大网民，要多一些包容和耐心，对建设性意见要及时吸纳，对困难要及时帮助，对不了解情况的要及时宣介，对模糊认识要及时廓清，对怨气怨言要及时化解，对错误看法要及时引导和纠正，让互联网成为了解群众、贴近群众、为群众排忧解难的新途径，成为发扬人民民主、接受人民监督的新渠道。[①]

四要健全网络舆情应对机制。制定重大舆情应对方案，完善舆情研判、报送、快速响应、分级应对、处置保障以及档案管理机制，重视倾向性、苗头性问题的收集和反馈，对重大舆情敢于主动出击、发声“亮剑”，提高危机应对能力、突发事件舆论引导能力。

3. 完善文化企业履行社会责任制度

文化产品包含思想精神属性和意识形态属性，与一般企业相比，文化企业的社会责任有其特殊性。文化企业履行社会责任的根本遵循就是把社会效益放在首位、社会效益和经济效益相统一。所谓社会效益，就是符合马克思主义、社会主义核心价值观的要求，弘扬真善美，弘扬社会正能量，生产的文化产品要坚持健康向上的文化格调，自觉抵制粗俗、低俗、媚俗的生产倾向。文化企业的经济效益和社会效益是统一的，主动承担社会责任，主动迎合主流价值观，主动回应时代需求，文化产品才能被人民群众所喜爱，才有市场竞争力，同时也能增强企业声誉，扩大企业品牌影响力。所以，文化企业除要合法经营纳税、遵守市场规则、维护职工权益、参与社会公益外，更要履行好社会责任。建立健全文化企业履行社会责任制度，在国家层面，就是通过政策法规调节，建立文化企业社会责任认定标准、考核制度和激励机制，对履行社会责任的文化企业给予资金、技术、市场准入等方面优惠政策，对不履行社会责任的文化企业进行限制或惩戒，促使文化企业主动承担社会责任；在企业层面，要引导文化企业建章立制，把履行社会责任纳入企业的生产创作、发展目标、战略规划、机构设置、考核激励之中，主动培养职工的责任意识，定期发布社会

① 习近平：《在网络安全和信息化工作座谈会上的讲话》，新华网，2016 年 4 月 25 日。

责任履行报告；在社会层面，要加强行业组织引导监管，推行行业自律，强化舆论宣传，形成文化企业争相履行社会责任、积极追求社会效益的良好社会氛围。

（三）弘扬齐鲁优秀地域文化，守好民族灵魂根脉

1. 保护传承弘扬好黄河文化

黄河文化蕴含丰富的文化遗产、哲学思想、治国智慧、价值理念和道德规范，是宝贵的民族精神财富。保护传承弘扬好黄河文化，有利于推动黄河流域生态保护和高质量发展国家战略在山东落地生根，增强“同根同源”“大一统”的民族认同感，推动山东经济社会高质量发展，助力山东打造世界文明交流互鉴高地。要着眼于黄河流域生态保护和高质量发展国家战略全局，充分发挥山东文化大省优势，科学编制《黄河文化保护传承弘扬专项规划》。要突出黄河下游文化遗产谱系完整集中连片的优势，推进黄河文化遗产的系统保护，建设国家文物保护利用示范区。要突出齐鲁文化尤其是儒家文化资源优势，讲好山东“黄河故事”，延续历史文脉，建设中华优秀传统文化传承示范区。要突出尼山论坛、儒学大会和稷下学宫等世界文明交流的高端平台优势，大力推动黄河文化与儒家文化、大运河文化、泰山文化等融合发展、一体化交流，共同搭建世界文明交流互鉴高地，率先打响世界文明对话的黄河品牌。要突出黄河三角洲河海交汇、野生鸟类和新生湿地三大世界级旅游资源优势，塑造“中华母亲河，黄河入海流”独特文化标识，打造标志性国际文化旅游产品，建设国际著名生态旅游目的地。要突出黄河下游济南中心城市带动作用，以建设新旧动能转换先行区和自由贸易试验区为契机，以黄河文化引领相关文化产业发展，打造黄河流域文化旅游高质量发展增长极。要突出黄河山东段沿海区位优势，发挥山东半岛城市群龙头带动作用，打造黄河文化发展北接京津冀、南连长三角的纵向通道，“一带一路”欧亚大陆桥的东部桥头堡，面向日韩东北亚和广阔太平洋的出海大通道，面向世界开放、整合全球文化资源要素的新高地。加强黄河故道文化挖掘利用，以菏泽、济宁、聊城、德州、滨州等鲁西南、鲁北地区的汉唐宋元明清时期黄河故道为依托，深入挖掘黄河故道治理文化、农耕文化、民俗文化，充分利用黄河故道丰富的湿地、森林、田园、地质资源，推动黄河故道堌堆遗址、古建筑、历史城镇、传统村落等遗产保

护，打响农业文化遗产品牌，推动黄河故道沿线景观提升、生态环境营造与旅游设施建设，打造一批黄河故道生态观光、休闲度假、医疗康养旅游精品，形成全国重点休闲度假与黄河历史文化体验带。

2. 全力推进山东省大运河文化带建设

大运河山东段源远流长，大运河文化博大精深，文化遗产丰富多彩，是“古代文化长廊”、“古代科技宝库”和“历史名胜陈列馆”。要积极贯彻国家《大运河文化保护传承利用规划纲要》《长城、大运河、长征国家文化公园建设方案》《大运河文化和旅游融合发展规划》，做好京杭大运河文化带、国家文化公园山东段保护建设工作。全面落实《山东省大运河遗产保护管理办法》，全面实施大运河山东段文化遗产保护展示工程，切实保护好大运河山东段的原始风貌和文化特色。充分发挥大运河线性串联功能，以大运河世界文化遗产品牌、鲁风大运河文化旅游品牌为引领，整合大运河文化、水浒文化、墨子文化、微山东平两湖文化、红色文化、牡丹文化，加强大运河沿线考古遗址、古城镇、特色非遗资源的保护开发，推动黄河至济宁段运河通水通航，建设大运河国家文化公园、临清大运河文化生态保护试验区，重现“通江达海”的千年航运风貌，打造形成世界文化遗产活态保护样板间和对接长江经济带的特色文化创意产业带。整合济宁、枣庄大运河文化、红色文化、农耕文化与微山湖湿地资源，加强大运河及沿线古城古镇遗产保护，大力发展文化旅游、生态旅游、乡村旅游，大运河文化旅游风光带、微山湖湿地公园，打造一批历史文化名城、名镇和红色文化教育基地，构建“大运河文化走廊 + 运河古镇群”的空间格局，形成世界著名的大运河文化旅游目的地。

3. 积极打造山水圣人文化带

“泰山从这里崛起、黄河从这里入海、孔子从这里诞生”是山东最为显著的文化象征、旅游品牌、地理标志。要突出后李文化、北辛文化、大汶口文化、龙山文化、岳石文化延续相承的中华文脉，贯通曲阜、临淄、省会三大文物保护片区，以曲阜、泰山、济南、临淄为核心节点，以儒家文化、泰山文化、齐文化为引领，实施泰山—曲阜国家文化遗产保护利用示范工程，建设儒家文化、泰山文化、齐文化、泉文化研究基地，推动齐鲁优秀传统文化创造性转化创新性发展，推动文化产业与相关产业深度融合发展，推动历史文化精神空间的再现重构和展示体验，打造中华优秀传统文化保护传承示范带，形成

“国山”“圣城”“母亲河”交相辉映、一体发展的恢宏格局。要深入挖掘海洋文化、孙子文化、制盐文化、石油文化、移民文化、红色文化，充分利用黄河三角洲生态湿地资源、河海交汇的独特景观资源，建设黄河三角洲文化遗产保护区，打造“黄河入海”文化旅游品牌。要发挥济南黄河流域中心城市、山东新旧动能转换先行区对德州、泰安的辐射带动作用，实施泰山文化保护传承工程和山水林田湖草生态修复工程，不断提升“泉城济南”“平安泰山”文化旅游品牌影响力。要借助孔子的世界影响力，依托尼山世界文明论坛、孔子国际文化节、世界儒学大会、中华母亲文化节，加快建设曲阜优秀传统文化传承发展示范区、儒家思想国际交流中心、儒家文化世界培训与体验中心、儒家文明全球推广传播中心，打造一批重大文化旅游项目，打响“东方圣地”文化旅游品牌，打造不同文明交流互鉴的世界级平台，形成对外传播中华文化、中国价值、中国智慧的首要基地。

（四）培育壮大新型文化业态，助力全省新旧动能转换

1. 大力发展文化旅游业

充分发挥山东文化资源大省、旅游强省的优势，推动文化和旅游资源共享、优势互补、协同并进。大力推进“文旅+”“+文旅”，推动文旅产业与农业、工业、教育、科技、交通、体育、医养健康等跨界融合，拓展优化文化旅游产业链，增强文化旅游发展新动能。优化文化旅游产业布局，打造济南省会城市圈文化旅游发展极、青岛滨海城市群文化旅游发展极两大文旅产业高地，建设横跨东西的齐鲁风情文化旅游发展轴、纵贯南北的山水圣人中华优秀传统文化旅游发展轴，培育沿海休闲文化、鲁南红色文化、鲁北黄河口文化、鲁中民俗文化、鲁西南大运河文化组团，形成全省文化旅游集聚发展的态势。坚持市场导向、特色发展，围绕“吃、住、行、游、购、娱”六大主体要素，以世界文化遗产、文化保护试验区、文物保护单位、历史文化名城名镇名村为主体，构建美景山东、美味山东、好客山东、好品山东、好看山东、好玩山东的特色旅游产品体系。深入挖掘儒、墨、兵、阴阳五行等优秀历史文化资源，充分利用齐文化、泰山文化、水浒文化、大运河文化、泉文化等多彩地域文化资源，建设一批体现齐鲁优秀传统文化精髓，集休闲度假、文化创意、研学教育、展示体验于一体的文旅综合体，打造一批历史名人、古城

镇、宗教、民俗、文学名著、传统饮食等主题鲜明的特色文化旅游产品。充分发掘和利用革命历史文化资源，传承弘扬“水乳交融、生死与共”铸就的沂蒙精神，实施革命文物保护利用工程和红色旅游精品工程，全面提升红色旅游开发和管理水平，促进红色旅游持续快速健康发展。大力发展智慧旅游，推动互联网、物联网、大数据、云计算、现代信息技术、人工智能、AR/VR/MR、卫星导航、5G技术等同文旅产业实体经济深度融合，提升文旅休闲产品科技含量，实施“一部手机游山东”智慧文旅重点工程，推动文化旅游产业转型升级，提升山东文旅产业核心竞争力。积极发展夜间旅游，完善繁荣夜间经济政策措施，支持各地丰富夜间旅游产品，改善夜间旅游消费环境，强化交通、安全保障，鼓励引导夜间旅游消费，拓展文化旅游发展新空间。

2. 积极发展融媒体产业

坚持导向为魂、移动为先、内容为王、创新为要，在体制机制、政策措施、流程管理、人才技术等方面坚定不移持续推动全省媒体深度融合发展。加快传统媒体与新兴媒体从相加阶段迈向相融阶段，通过流程优化、平台再造，实现各种媒介资源、生产要素有效整合，实现信息内容、技术应用、平台终端、管理手段共融互通，催化融合质变，放大一体效能[①]，建立“学习强国”等重大主流网络宣传平台推广使用长效机制，形成一批具有强大影响力、竞争力的新型主流媒体。在深化融合过程中，要改变“重发端不重收端、重覆盖不重受众”的现象，真正以受众为本，充分利用数据分析、情景感知等先进技术以及社交媒体手段，在统一用户数据和内容数据管理的基础上，形成“随需而变”的传播方式。要突出移动优先，主动适应媒体服务泛在化、移动化、交互化、个性化的趋势，推动信息内容、技术应用、平台终端、人才队伍、管理服务共享融通，向移动端倾斜，增强融合传播覆盖面、影响力，让“无所不在、无时不在”加快变为现实。认真贯彻落实《关于加强县级融媒体中心建设的意见》，强化县级融媒体中心“媒体+政务+服务”功能定位，加强对县级融媒体中心建设的标准支撑、内容支撑、技术支撑、平台支撑，推动媒体融合上下贯通、不断深化，加快重构全省基层主流媒体深度融合、一体发

① 习近平：《加快推动媒体融合发展 构建全媒体传播格局》，《求是》2019年第6期。

展的新格局。全力建设好新时代文明实践中心、县级融媒体中心，实现“两个中心”线上线下融通互动。推进智慧广电建设，发展智慧广电网络，全力支持全省广播电视行业大数据平台、县级融媒体“闪电云”“轻快云”平台、省级融媒体技术平台建设，推动省市县三级广电媒体联通共享，提高广电行业在媒体融合发展中的引领能力。

3. 做大做强网络视听产业

加强网络视听重点项目创作引导，加大省级文化产业资金对全省优秀原创网络视听节目的扶持力度，力争推出一批有影响力的网络电影、电视、音乐、短视频。鼓励山影集团、山东广播电视台等实力强大的传统影视制作公司和专业团队，传承鲁剧弘扬主旋律、关注现实生活的优良传统，积极投入网络剧、网络电影、网络纪录片、网络综艺节目、网络动漫等的拍摄制作，加强对现实题材、历史题材以及重大主题的挖掘和创新。全力办好山东青年微电影创作大赛、山东省原创网络视听节目大赛，启动山东省优秀传统文化网络纪录片拍摄工程，以政府购买服务的方式，组织拍摄系列精品文化纪录片，向世界讲好山东故事。加强与“爱优腾”等主流网络视听平台的合作，推荐山东优秀网络影视制作机构和团队与主流网络视听平台开展合作，搭建合作共赢的平台，建立战略合作关系。支持国内外知名网络视听平台、短视频创作基地、专业制作中心落户山东，打造网络视听产业政策洼地、创新高地。[①] 加快培养网络视听内容制作专业人才，依托山东影视传媒集团、山东高校影视联盟等，打造山东省网络视听人才孵化平台，积极培育网络直播、网络音频和短视频领域的主播、自媒体或UP主，培养面向95后、00后的网络视听产品创作创新力量。多策并举，全面发力，尽快把网络视听产业打造成山东文化创意产业的先导中坚力量。

① 《山东省广播电视局印发〈关于加快推动山东省广播电视和网络视听产业高质量发展的实施意见〉的通知》，山东省广播电视局官网，2020年1月13日。

文化产业篇

Cultural Industry Section

B.2
2019年山东省广播电视产业发展报告

倪广宏　周　琛*

摘　要： 2019年，山东省广播电视系统积极优化精品供给，深化体制机制改革，加快媒体融合，努力推动产业由规模数量向质量效益转变，由传统业态向新兴业态升级，产业发展取得新进展新成效。面对传播格局和舆论生态的新变化，群众日益增长的文化生活的新期待，新时代对行业高质量发展的新要求，全省广播电视和网络视听业必须把握高质量发展大势，推动产业“高精尖”发展、融合发展和全产业链发展，积极开发新业态、丰富新模式、提供新服务，推进产业动能转换、转型升级。

关键词： 广播电视　网络视听产业　融合发展

---

* 倪广宏，山东省广播电视局规划财务处处长、一级调研员；周琛，山东省广播电视局规划财务处三级主任科员。

一　山东省广播电视产业发展概况

2019 年，山东省广播电视系统贯彻落实新发展理念和供给侧结构性改革要求，着力推进产业转型升级，优化精品供给，深化体制机制改革，推动广播电视产业由规模数量向质量效益转变，由传统业态向新兴业态升级，产业发展取得新进展、新成效。据初步统计，2019 年山东省广播电视业总收入为 172.72 亿元，实现了平稳发展，全年实现创收 126.07 亿元，其中新媒体业务收入 9.03 亿元，占比提高 2.2%。①

（一）围绕重大主题主线，壮大主流舆论宣传

组织协调全省广电媒体和网络视听服务机构，开设系列专题专栏，推出一批重点报道、新闻评论和新媒体作品。统筹网上网下，抓好庆祝新中国成立 70 周年宣传工作，圆满完成庆祝大会、阅兵、群众游行等重要活动实况转播任务，形成了浓墨重彩、昂扬向上的强大声势。做好新旧动能转换、打好三大攻坚战、实施乡村振兴战略等全省性重点工作宣传，指导办好“电视问政”等舆论监督栏目，营造了担当作为、狠抓落实的浓厚氛围。

（二）强化精品创作，优化供给质量

全省广播电视行业集中优势力量抓精品创作生产，着力破解低端平庸内容过剩、优质精品内容短缺等发展不平衡不充分问题。大力实施“百部影视精品创作生产推进计划”，设立“百部影视精品创作生产扶持引导专项资金”，建成“山东省影视题材大数据平台”，推进实施了一批思想精深、艺术精湛、制作精良的优秀电视剧、纪录片和动画片，“鲁剧”品牌的影响力和美誉度不断扩大。2019 年，5 部剧目入选“全国百部重点电视剧选题”名单，完成《大运河》《大英雄》《库尔班大叔和他的子孙们》等重点剧目，重点纪录片《国运文脉》完成拍摄，全年共备案公示电视剧 33 部、动画片 7 部，审查电视剧 8 部 342 集、动画片 3 部 106 集。抓好重点网络影视剧审核

---

① 本报告数据均来自山东省广播电视局统计所得。

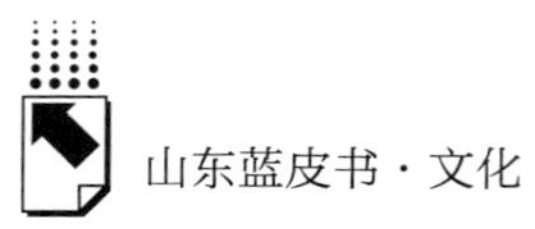

工作，规划备案重点网络影视剧239部，上线审核网络电视剧4部、网络电影7部。

（三）推进体制机制改革，激活产业发展动力

实现高质量发展，需向深化改革要动力、要活力。2019年，针对行业管理体制机制滞后、历史包袱较重的现状，山东省广电系统坚持自我革命，刀刃向内，在体制机制改革上取得了阶段性成效。持续深化“放管服”改革，梳理编制了全系统权责清单、“互联网+监管”清单、政务服务清单目录，优化了服务效能。加快高清改造步伐，省级台基本实现高清播出，市级台8个频道实现高清播出。积极申请5G组网试点，山东广电网络有限公司与华为联合组建5G实验室，“中国广电·青岛5G高新视频实验园区”揭牌，山东省委书记刘家义和国家广电总局局长聂辰席出席揭牌仪式。启动了全国首个基于云计算的视听新媒体监管平台建设，开展了济南、淄博、临沂3市的试点工作。海看网络科技（山东）股份有限公司完成股改，上市步伐不断加快。深化省级广电体制改革，“两厂一站”已全部转制为企业，山东电影发行放映集团正式挂牌，广电领域改革遗留问题取得明显进展。

（四）加快广电惠民工程建设，提升公共服务标准化、均等化水平

加快推进广播电视“户户通”，协调落实财政资金1000万元，全省90%以上地区实现中央、省、市、县16套数字电视节目无线覆盖，8554个省定贫困村实现有线电视“村村通”达99%；全省93.83万户建档立卡贫困户接入数字电视信号，占符合安装条件贫困户总数的93%。实施省级广播电视无线数字化覆盖工程，77个台站完成安装并进行调试，完成比例达90%。推进全省应急广播体系建设，制定了省级平台技术方案和全省建设推进规划，完成了省级应急广播平台招标工作，实现50个县级平台的对接。

二　山东广播电视业面临的新形势新问题

当前全媒体时代背景下，网络化、数字化、智能化等信息技术的迅猛发展带来了媒体传播格局和舆论生态的重大改变，山东省广电产业面临优势与劣势并存、机遇与挑战同在的新形势。

（一）跳出山东看山东，放眼全国看形势

推动新时代广播电视产业高质量发展，应遵循习近平总书记关于文化产业发展的思想指引，在更高的站位、更大的视野中推动改革创新和转型升级。一是从改革发展大局来看，广播电视体制机制改革是推进文化体制改革的重要组成部分。广播电视业要在改革发展的大背景中主动定位对标，把深化供给侧结构性改革作为推进产业高质量发展的重要抓手，正确处理好意识形态属性和产业属性、社会效益与经济效益的关系，努力完成广播电视业务重组、流程重塑和格局重构，不断提升广播电视和网络视听服务能力和发展水平。二是从历史发展角度来看，党的十八大以来，我国经济社会发展取得了前所未有的历史性成就，中国特色社会主义进入了新时代，社会主要矛盾已经转化为人民日益增长的美好生活需要和不平衡不充分的发展之间的矛盾。满足人民群众对精神文化生活的新期待，是新时期广播电视工作者的历史使命。广播电视业要在增强人民的文化获得感、幸福感中定责对表，切实担负起“举旗帜、聚民心、育新人、兴文化、展形象”的使命。三是从产业发展趋势来看，从中央到地方，都把推动产业高质量发展作为确定发展思路、制定发展政策、出台发展措施的根本要求，抓重点、补短板、强弱项，努力实现更高质量、更有效率、更加公平、更可持续的发展。特别是当前以数字化、智能化、移动化为特征的信息技术日新月异，大量涌现的新技术、新产品、新业态投资机会，为加快山东省广播电视和网络视听产业高质量发展提供了广阔空间和难得机遇。广播电视业要顺势而为，把握发展新趋势和新需求，推动“高精尖”发展、融合发展和全产业链发展，积极开发新业态、丰富新模式、提供新服务，推进产业动能转换、转型升级。

（二）站在山东看山东，对标对表查问题

面对新形势、新任务，当前山东广播电视工作还存在着“四个跟不上”：一是面对传播格局和舆论生态的新变化，发展观念还跟不上。受传统管理体制影响，广播电视业系统内还存在着思想保守、市场观念和成本意识淡薄等问题，对广播电视和网络视听产业属性、市场属性认识还不足，对传播方式和消

费方式的趋势剖析不到位，对技术变迁和媒体传播的特点把握不精准，惯性思维制约行业发展，敢试、敢闯、敢为人先的魄力还不强。二是面对群众日益增长的文化生活的新期待，精品生产还跟不上。山东省市场号召力强、上座率高的广播电视节目、电视剧、纪录片、动画片还不多，高质量、有匠心的文化供给仍显不足，“有高原无高峰”的现象仍待突破。三是面对新时代对行业高质量发展的新要求，融合创新还跟不上。随着技术飞速发展，网络平台日益成为信息传播的主渠道、主平台，传统媒体呈现边缘化态势，科技创新和新技术应用不够，产业链条较短，媒体融合整体水平亟待提升。四是面对标兵渐行渐远、追兵越来越近的新形势，发展后劲还跟不上。山东在广播电视和网络视听产业发展方面还存在着主业“大而不强”，市场“散而不聚”，产业链“全而不优”，发展速度“平而不快”等现实问题。京、浙、沪、粤、湘 5 省市在产业聚集、龙头企业数量、产业规模收入等方面都是山东省数倍，并且差距还在进一步加大。四川、福建、贵州等省区市，在 5G 布局、智慧广电、网络视听、媒体融合等方面也加快赶超步伐，有的方面已经领先于山东省。

直面问题，正视差距。加快全省广播电视和网络视听产业转型升级、高质量发展，既是重大责任，也是重要的机遇。山东省必须抢抓时机，奋起直追，在高质量发展上争取主动、赢得先机，实现广播电视和网络视听产业由大到强战略性转变。在这个问题上，不是要不要转的问题，而是转得快不快、转得好不好的问题。不转绝对不行，转得慢了也不行。山东省不能只和自己比、只和过去比、只和发展靠后的省区市比，要胸怀全局，开阔视野，积极打造具有山东优势、国内前列的广播电视和网络视听产业发展新高地。

三　推进山东省广播电视和网络视听产业高质量发展的对策建议

面对新时代对广电行业高质量发展的新要求，山东广电系统必须增强危机感和紧迫感，以改革创新为动力，以推动供给侧结构性改革为主线，以推动产业高质量创新性发展为目标，推动广播电视和网络视听产业结构布局优化调整，推动产业体系转型升级，提升产业服务水平和发展质量，更好地满足人民群众不断提升的精神文化新需求。

在工作把握上，山东广电系统重点围绕“一个目标”，突出“四个聚焦”。围绕“一个目标”就是以“高质量建设广播电视和网络视听强省”为目标，力争到2025年，山东省广播电视和网络视听产业市场竞争力、创新驱动力、文化辐射力显著增强，在文化产业中所占比重稳步提升。一是广播电视主流媒体阵地进一步巩固，转变媒体内容呈现方式、传播方式、互动方式和盈利模式，形成大屏小屏共振互哺、电视端与网端有机联动、电视播出与短视频传播相得益彰的立体融合传播格局。二是优质内容供给能力全面增强，“鲁剧”品牌持续提升，网络视听提质升级，推出一批既能在思想上、艺术上取得成功，又能在市场上受到欢迎的精品佳作。三是智慧广电建设取得重要成果，高新技术深入融合应用，网络综合承载能力和智能化水平显著提升，新技术新产品新业态研发应用能力走在全国前列，形成优势特色鲜明、创新活力迸发的“智慧广电”山东模式。四是产业结构和布局更加优化，培育一批特色鲜明、有较强实力和影响力的骨干集团、龙头企业、产业基地（园区），形成产业融合纵深推进、视听产业链条不断健全的新局面。形成传统媒体实现转型升级、视听全产业链较为完善、新技术新产品新业态研发应用能力大幅增强、产业融合纵深推进的发展新格局，媒体传播力影响力竞争力进入全国第一方阵。山东广电系统工作重心主要聚焦在以下四个方面。

（一）聚焦内容产业发展，提升创作生产新水平

推进产业高质量发展的核心是增强优质内容供给能力，全面提高精品质量。一是提高规划能力。在省级层面建立支持优秀作品创作生产的长效机制，聚焦讴歌党、讴歌祖国、讴歌人民、讴歌英雄，聚焦全面建成小康社会、中国共产党成立100周年、党的二十大等重要时间节点，聚焦弘扬齐鲁优秀传统文化和沂蒙精神，按照“找准选题、讲好故事、推出精品”的要求，编制电视剧、动画片、纪录片、广播电视节目、网络视听节目重大主题创作规划。建立山东省广播电视和网络视听重点作品种子库、优秀题材库、人才专家库，形成规划一批、储备一批、实施一批重点选题创作生产格局。全面发力网络视听产业，引导全省网络视听从业人员创作传播更多传承中华优秀传统文化、蕴含社会主义核心价值观、记录书写讴歌新时代的视听精品。二是顺应融合传播趋

势。引入互联网思维，重塑传统广电媒体的生产流程和产业形态，在电视节目策划、制作、播出、宣传推广等环节与新媒体深度融合，实现传播效果的升级。引导内容生产单位借助云计算、大数据、人工智能、5G、VR/AR等新兴技术，把握受众需求，研究用户习惯，挖掘市场需求，增强作品创作的针对性。引导广播电视机构从以节目为中心向以用户为中心转变，开展基于用户收视行为深度分析的内容生产，借助融合传播和新兴技术，再造制作、宣发、购销、播出体系和流程，创新内容呈现方式，提升视听体验，增强用户黏性。引导广电行业积极拓展产品开发、衍生产品市场，提升内容产业价值链，推进创意制作和相关产业创新融合，比如围绕经典节目品牌资源开发网络游戏、App等产品，提高精品视听节目的转化率、社会影响力和市场占有率。三是强化机制创新保障。优化对电视剧制作机构宣发、购销、播出等流程的跟踪服务，引导制作机构按需生产、以播定投，实现播出效益最大化。完善“深入生活、扎根人民”主题实践活动长效机制，探索省市县合作共创项目机制，支持影视工作者深入一线、体验生活、采风创作。通过政府购买服务、建设智库等方式，探索开展影视作品综合评价试点，建立多维度的公平、公允评价体系，综合解决过分强调收视率、点击率等问题。做好网络视听精品创作引导服务，强化对优秀作品的跟踪关注，推动题材规划关口前移、立项创作关口前移、备案审查关口前移，线上线下全方位做好网络视听作品版权保护。引导全省广播电视单位在用人机制、经费保障、经营管理、组织形态、流程再造等方面大胆尝试，打破体制机制束缚，打破单位内部壁垒，调动在职人员积极性、创造性，激发内生动力，解放生产力。建立科学合理的正向激励机制，在借鉴河北“十个名”（名栏目、名节目、名广播剧、名电视剧、名记者、名编辑、名主持人、名评论员、名编剧、名导演）创建活动经验基础上，探索经济激励、荣誉激励的机制措施，让创新创优者受重视、得实惠，有热情、有干劲。

（二）聚焦传统动能转换，重塑广电产业新优势

产业高质量发展，应准确把握媒体融合、智慧广电、5G新技术等新趋势新需求，加快科技创新、业态创新、管理创新和服务创新，推动“高精尖”发展、融合发展和全产业链发展，推进产业动能转换、加快升级。一是以技术创新促升级。山东应向广东、上海、浙江看齐，通过项目和技术合作等形式，

围绕人工智能、大数据、区块链、广电5G、有线无线卫星智能协同、5G高新视频等重点领域进行研发，推动先进技术和综合应用集成创新。加快有线电视网络升级改造，深化有线电视网络与新一代信息通信技术深度融合，积极参与全国有线电视网络整合，推动IP化、云化、智慧化、融合化发展，加快推进“享TV”智能终端发展，构建高速、泛在、智慧、安全的新型有线电视网络。支持智慧广电家庭物联平台建设，发挥广播电视互联互通、用户资源优势，建设智能公共服务体系，实现智慧广电对智慧家庭、智慧社区、智慧政务的服务引领。例如，支持全省广播电视机构依托智慧广电云平台和有线电视网络，广泛参与“数字山东”、雪亮工程、智慧交通、智慧医疗、智慧农业、智慧教育、智慧应急等建设，加快“齐鲁文化云”“学习强国”“灯塔在线”电视端落地推广。二是以延伸链条促升级。发展高清、超高清电视，支持有条件的省级、市级广播电视台开通4K超高清电视试验频道，开展体育赛事、纪录片、影视剧、文化科技等超高清电视节目制作，适时开展8K超高清电视制播试验。鼓励超高清视频自主关键技术和产品研发，推进4K/8K超高清芯片、机顶盒的产业化配套。结合山东省广播电视产业链实际，研究建立下游设备制造及销售对上游节目制作的反哺机制，推动上下游产业协同共进。例如，支持有条件的广电集团和海尔、海信等下游重点企业加快高清电视和4K/8K超高清电视采集制作、集成播出、互动分发、数据中心、管理平台等系统建设，推动高清、超高清电视频道建设，积极开展5G环境下的视频应用和产品创新。三是以资源聚合促升级。推动山东省三级广电媒体“合纵连横、共同发展”，建立山东省广电产业发展联盟，打造信息互通、资源共享、优势互补新格局，逐步打破“区块分割、各自为战”的不利局面，形成省域广电产业整体竞争优势。加快有线电视网络升级改造，深化有线电视网络与新一代信息通信技术深度融合。加快建立有线、无线、卫星混合覆盖的广电智能综合覆盖网，构建面向5G的移动交互广播电视技术体系，实现天地一体的有线无线业务融合。统筹建设省、市、县三级应急广播平台，完善应急广播有线、无线、卫星等传输覆盖网络，建成省、市、县三级统一协调、上下贯通、可管可控、综合覆盖的全省应急广播体系。

（三）聚焦载体功能提升，构建产业发展新支撑

企业、项目和基地（园区）是产业高质量发展的重要载体和有力抓手，

需要以新理念、新机制、新载体来引导企业改革发展，推进产业集聚，整体提升产业发展水平。一是做大做强企业。大力支持广电领域国有文化企业发展，推动企业改革创新、整合资源、放大优势，发展成为主业突出、实力雄厚、核心竞争力强的传媒集团。积极开展国有影视企业社会效益评价考核，引导推动各类主体履行政治责任、社会责任、文化责任。在政策允许范围内，支持国有影视企业通过增资扩股、股权激励、员工持股等形式开展混合所有制改革，完善企业治理体系，提升经营管理水平。鼓励民营影视企业、个人工作室参与重点项目创作，鼓励支持社会资本参与影视剧制作发行、影视基地建设、影视旅游开发、影视衍生品生产、影视文化服务，扶持培育一批“专精特新”民营影视企业。二是做精做实项目。大力实施项目带动战略，建立山东省广播电视和网络视听产业项目库和服务平台，紧密结合产业高质量方向，推出并实施一批对全局带动性强、转型效果显著的重点项目。积极将入库项目与中央和省里各类产业投资基金对接，争取多方支持与合作，在宣传推介、技术引导、成果应用等方面给予支持，带动各地各单位争上项目的积极性和主动性。加强与国内短视频头部平台、MCN 机构合作交流，聚合技术、内容、服务、用户、流量资源，打造具有齐鲁特色的短视频、微电影系列品牌。支持国内外知名网络视听平台、短视频创作基地、专业制作中心落户山东，打造网络视听产业政策洼地、创新高地。三是做好做优基地（园区）。支持各地广播电视和网络视听制作播出机构、网络视听企业、设备生产厂家、产学研等企事业法人单位，以特色产业、优势项目为依托，建设广播电视节目和影视制作、内容审核、网络传输、网络视听、智慧广电、超高清视频、新技术应用等方面的专业性或综合性产业基地（园区）。发挥示范引领作用和试验孵化作用，重点支持灵山湾影视文化产业区、中国广电·青岛 5G 高新视频实验园区等基地（园区）建设，形成科技创新、高新视听、融合发展、链条重构、平台云化等方面研发、实践、应用新高地。鼓励产业基地（园区）建立众创空间，构建文创、科创人才培养平台，精准推进影视产业招商，集聚优质影视资源要素，提升基地（园区）服务水平。

（四）聚焦服务体系完善，优化产业营商环境

与国内先进省区市相比，山东广电行政主管部门在企业贴心服务、营商环

境打造上还存在着差距，必须切实转变政府职能和工作作风，全心全意当好“店小二”，营造有利于产业高质量发展的制度环境和服务环境。一是加大“放管服”改革。持续推动“放管服”改革向纵深发展，在符合法律法规的前提下，进一步研究放宽市场准入条件，积极引导社会力量进入广播电视和网络视听产业，增强市场活力，指导民营企业参与广播电视公共服务领域建设。大力实施审批流程再造，提升政务服务效能，缩短备案立项审批时间，进一步打造审批事项少、办事效率高、服务质量优的政务环境。借鉴浙江“服务企业、服务群众、服务基层”经验，建立省局联系帮包服务制度，定期走访听取企业单位需求和建议，帮助解决或推动解决困难和问题。强化制度保障，将行之有效的实践成果转化为制度机制，加快推进制约产业发展的规章和规范性文件的立改废释工作。大力开展引资金、引人才、引机构，实行备案立项、摄制服务、审查发行等各流程“一站式”平台服务，引导更多省外大型制作机构、项目、优秀资本投资山东。二是用好财税优惠政策。落实国家关于经营性文化事业单位转企改制、支持文化企业发展、文化产品出口、民营企业发展、小微文化企业发展、高新技术企业发展等财税优惠政策，推动经营性事业单位转制企业免征企业所得税、有线数字电视基本收视维护费和农村有线电视基本收视费免征增值税、国家重点鼓励的文化产品和服务出口实行增值税减免等政策落到实处，让广电企业轻装上阵。落实国家广播电视总局专项扶持资金、广播电视和网络视听产业发展项目库、国家广播电视和网络视听产业基地（园区）建设等项目政策。三是强化人才智力保障。坚持早发现、早储备、早培养，探索实施行业“领军人才工程”和“青年创新人才工程”，重点遴选推荐一批广播电视和网络视听行业的领军人才与青年创业人才。围绕增强脚力、眼力、脑力、笔力，通过专题培训、阶段轮训、以干代训等多种方式相结合，重点培养媒体融合、采编制作、视听技术、业务营销、监测监管等领域的专业人才，以及特殊技能型人才、复合型人才，推动专业人才队伍整体素质提升。健全人才选拔使用和奖励激励机制，建立竞争上岗、薪酬绩效、优胜劣汰机制，打破地域、所有制、人员身份等限制，在项目申报、业务培训、评比奖励、职称评定等方面给予同等对待，打通广电媒体单位技术职称与行政职务互通的晋升通道。

B.3 2019年山东省旅游产业发展报告

闫　娜*

摘　要： 2019年山东文化旅游产业发展以习近平新时代中国特色社会主义思想为指导，全面贯彻落实习近平总书记视察山东重要讲话、重要指示精神，坚决落实牢牢把握高质量发展根本要求，积极推进新旧动能转换重大工程，以文化强省建设为目标，大力推进文化旅游业产业结构优化、转型升级，积极培育文化旅游融合新型业态，全省文化旅游业呈现良好发展态势。

关键词： 山东旅游产业　山东文化旅游产业　文旅融合

2019年山东以全域旅游为导向，全面推进文化与旅游深度融合，十大文化旅游目的地建设加快推进，“好客山东”品牌内涵不断丰富，文化创意产业、文化扶贫、乡村旅游，公共文化服务、弘扬传统文化以及艺术创作等各个方面都有新突破。政府加大扶持引导力度，推动产业提质增效、做大做强，旅游业对山东省经济增长的贡献率逐年稳步增加，助推山东实现高质量发展的引擎作用日益突出。文化旅游融合发展不断深入，旅游公共服务体系不断完善，品牌影响力不断增强，文化休闲游、红色文化游、乡村文化游等业态不断壮大。

一　山东旅游产业发展的基本情况

2019年山东接待国内外游客9.3亿人次，同比增长8.5%；实现旅游总收

---

* 闫娜，山东社会科学院文化研究所副研究员。

入1.17万亿元，同比增长12%。完成旅游投资2400亿元，实现旅游消费继续增长，同比增幅分别超过9%和13%。文化旅游业已经成为山东国民经济重要的支柱产业和人民群众的幸福产业。山东拥有A级旅游景区1290家（其中5A级11家，4A级222家），数量居全国第一位。以全域旅游为发展契机，充分借助各地文化旅游资源优势，全力打造十大文化旅游目的地特色品牌。采取全方位多层次、各种视角的传播与营销方式，通过在线旅行服务商合作推广、垂直渠道推广、自有网络推广营销、媒体联盟推广、自媒体矩阵推广、地面营销、跨界营销与活动推广等打通众多渠道，实现联合推介捆绑营销，加大品牌宣传力度，东方圣地、平安泰山、鲁风运河等品牌宣传取得明显成效。山东旅游综合竞争力站稳全国第一梯队，成为北方地区旅游发展的领头羊。

（一）传统文化旅游创新亮点频出

曲阜优秀传统文化示范区建设带动传统文化旅游开拓新模式，呈现新气象。充分利用媒体宣传和交流平台提升曲阜“东方圣城”旅游城市品牌，通过承办央视春晚分会场，中国曲阜国际孔子文化节、世界文明论坛、世界儒学大会等重大节会活动，取得良好营销成效。划分不同旅游功能区，更加优质地开发孔子文化资源，对“老三孔”以保护为主，重点推进鲁国古城大遗址保护、三孔景区彩绘修复、文物景区消防改造，充分开发尼山圣境、孔子博物馆、孔子研究院“新三孔”的旅游体验、旅游纪念品生产等，为明故城减负，拓展传统文化旅游空间。尼山圣境一期和孔子博物馆开馆运行，传统文化研学旅行基地建设取得较大进展。旅游与历史文化、民俗、科普知识、工农业、技能体验相结合，打造拜圣习儒修学之旅、中华成人礼修学之旅、崇文尚武修学之旅等，水浒文化修学、禅修养生文化、湿地生态科普修学旅游以及园艺科普修学旅游等一批研学旅游品牌逐步建立。

（二）红色文化旅游结出累累硕果

以文化旅游目的地品牌为抓手，发力“亲情沂蒙”的品牌宣传，配合旅游线路产品策划开发各类旅游节事和营销活动，加大在中央和省及媒体的宣传报道，积极策划“沂蒙好时节”旅游营销活动，打造节事文化品牌，“亲情沂蒙”旅游品牌不断深入人心；胶东革命纪念馆、杨子荣纪念馆等在文旅融合方面做了许多探索，以庆祝“新中国成立70周年”“五四运动100周年”等重大节点为契机，抓住重点、突出亮点、创造新点，采取灵活多样的形式，扎实开展“不忘初心、牢记使命”主题教育，坚持以学促知、知行合一，打造胶东红色文化旅游品牌，创造良好的社会效益。东营、滨州、德州等地不断挖掘丰富的革命历史和红色文化资源，弘扬“不屈不挠、艰苦奋斗，顾全大局、无私奉献”的老渤海精神，努力打造渤海老区红色文化旅游品牌，传承红色文化基因，逐渐使红色研学旅游成为开展党性教育、爱国教育和革命传统教育、国防教育的重要方式。

（三）乡村文化旅游蓬勃发展

2019年，山东乡村旅游游客为5.4亿人次，实现乡村旅游消费2709.9亿元。乡村旅游不但促进农村传统产业升级带动农民脱贫致富，而且极大地改善了乡村的生态环境和基层文化建设。首先，不断提升乡村旅游的治理水平，完善精品乡村旅游标准体系。其次，大力实施旅游精准扶贫。通过建立贫困地区传统工艺振兴目录，对一些具备一定传承基础、生产规模、发展前景并有助于带动就业的传统工艺项目予以扶持开发。再次，促进乡村旅游提档升级。通过举办全省第六届乡村文化旅游节，推广交流各地发展乡村旅游成功经验，推动乡村旅游实行差异化和优质化发展。最后，乡村旅游的人才队伍日益壮大。

（四）文化和旅游深入融合

“好客山东”品牌引领山东文化和旅游融合发展的实践已经得到社会和国内业界的广泛认同。济南加快推进联合国教科文组织“创意城市”创建工作，依托中国非物质文化遗产博览会，促进全国各省区市之间的非物质文化遗产旅游文化交流。青岛有得天独厚的自然文化资源，将文化内涵注入旅游业，建设名人故居游、文保建筑游、博物馆游等地方特色显著的旅游业态；建设和修复各类文博场所30余处，达到全市每3.7万人拥有一座博物馆的国际领先水平，增加城市旅游的文化厚度。烟台获得最佳避暑旅游城市称号，入选“2018十大中国旅游影响力自驾游目的地城市”。“泰山国际登山节”的引领作用持续发挥，登山节坚持以山为题，借题发挥、文体搭台、旅游经贸唱戏，全面整合节庆资源，将旅游、文化、经贸、体育和科技等产业完美融合，同时不断开拓创新，使“泰山国际登山节”不再限于体育赛事，而成为一项大型的全民性、综合性、国际性的节庆活动，成为招商引资、旅游洽谈、文化交流、体育竞技和科技合作的大舞台。

（五）新业态激发旅游市场活力

“旅游+演艺”和夜间旅游等业态丰富了文化旅游产品，文化旅游市场活力得到进一步释放。旅游演艺作为景区由观光向休闲度假转变的重要方式，打造夜间旅游核心吸引力，一方面增加了演出票房收入，另一方面带动了住宿、餐饮、休闲等夜间消费，成为文化和旅游新旧动能转换的重要突破口。青岛奥帆中心《有朋自远方来》之“琴屿秀”、济宁兖州兴隆文化园《菩提·东行》、日照奥林匹克水上公园《日出东方·海之秀》、烟台罗山黄金文化省级旅游度假区《金山佛谕》等均已揭开面纱，取得良好的社会和经济效益。青岛市出台《关于推动夜间经济发展的实施意见》，提出打造“购物休闲、特色餐饮、文体娱乐、演艺体验、观光旅游”五位一体的夜间经济模式，全方位推进夜间经济发展。2018 年的上合组织青岛峰会的“上合灯光秀”作为常态化文旅项目被保留，借“上合灯光秀”的东风，青岛旅游集团推出了“夜游浮山湾”项目，打响了繁荣青岛夜间经济的“第一枪”，“夜游浮山湾”被打造成为独具青岛特色的游客“打卡”地，2019 年游客已达 16 万人次。青岛不少景区也开始试水“夜游模式”，比如夜宿极地海洋世界、方特梦幻王国开放两个月的夜场等，市场反馈非常好。为了营造旅游夜间经济氛围，青岛各级财政投入 3 亿元，吸引社会投资 2. 5 亿元，按照“一街一特色”“一街一模式”的标准打造了 21 条酒吧街并专门出台了淡季补贴政策，通过政策留住人才，保持淡季不淡。

二　山东旅游产业发展的机遇与挑战

2019 年旅游业经历结构性改革和融合发展的深度改造。各地旅游业在加快有效整合和重组的同时，坚持差异化发展战略，共同缔造不同所有制企业共同发展，大中小微企业相互促进的旅游产业格局。

（一）科技推进文旅市场发展空间进一步拓展

科技推动下文化旅游新业态层出不穷，文化旅游消费产品的体验性和便捷度产生质的飞跃，科技将成为文化旅游优化供给和转型升级的重要引擎。2019年中央各部门集中出台一系列促进文化旅游与科技融合发展的文件，如科技部、文化和旅游部等六部门印发《关于促进文化和科技深度融合的指导意见》、国务院办公厅发布《关于进一步激发文化和旅游消费潜力的意见》、国家发展改革委等部门印发《关于改善节假日旅游出行环境促进旅游消费的实施意见》。这些指导实施意见，进一步强调了科技在文化旅游中的地位与作用，明确了科技与文化旅游融合的重点领域、实施主体以及目标任务，为新技术服务旅游业指明了方向。2020 年，科技创新助推文旅产业发展新一轮政策利好还将密集释放，在科技进步和消费升级的双重驱动下，旅游产业的质量和规模将得到巨大的提升。具有较强创新能力的旅游企业将会脱颖而出，内容型、社区型互联网旅游企业迅速成长，智能语音、短视频等新型旅游业态发展活跃。

（二）网红城市旅游保持持续增长

短视频的发展带动了网红城市旅游，第一代旅游网红城市以旅游城市、中小城市为主，第二代旅游网红城市集中到成都、重庆、西安等旅游强省会城市和大城市，大都市旅游业日趋火热。国家中心城市和各区域中心城市建设的深入，旅游网红城市集合的各种旅游消费要素更加丰富，交通更为便捷，城市游乐项目丰富多彩，旅游网红城市的打卡式消费将是旅游发展新热点。

（三）传统文化和非物质文化旅游逐渐发力

以习近平同志为核心的党中央高度重视传统文化的弘扬和发展，以及非物质文化遗产保护、传承和利用。《国民经济和社会发展第十三个五年规划纲要》《国家“十三五”时期文化发展改革规划纲要》把建设国家文化公园确定为国家重大文化工程。各地在文化旅游建设中重视发掘好、利用好丰富文物和文化资源，让文物说话、让历史说话、让文化说话，推动中华优秀传统文化创造性转化、创新性发展。2020 年传统文化和非遗文化旅游将释放出更大的消费潜力，传统文化旅游更加侧重对文化内涵的挖掘，一系列非遗文化传承旅游线路设计日趋成熟，借助旅游，中华优秀传统文化展现出永久魅力和时代风采。

三　推动山东旅游产业升级发展的对策建议

信息技术革命正带来文化旅游业新一轮的旅游产业结构调整和产业升级，山东旅游业必须从高处谋划产业布局和转型升级，对当前旅游产业结构的变化做出准确的判断和定位，在未来的旅游格局中占领先机。山东旅游业发展要以满足人民群众追求美好生活的需求为宗旨，切实提高政府的行业治理能力，优化产业发展环境，不断丰富旅游产品的有效供给，推动山东文化旅游现代化发展。

（一）树立文化旅游融合的统筹发展思路

文化旅游的发展是一个涉及多部门和全社会的综合工作，需要各种力量的密切配合。首先，要增强文化旅游与其他部门的协调管理能力，把文化旅游各项工作落到实处。每年召开全省性工作会议，不定期召开各门类专题座谈会，形成融合发展的新机制。协调教育、科技、工业和信息化、财政、人力资源社会保障、自然资源、住房城乡建设、商务、文化和旅游、外事、市场监管、金融、税务等部门协同推进解决旅游发展的难点问题。其次，梳理融合发展的基本要素，梳理全省“一盘棋”的发展理念，提升发展境界，促进机制整合、产业融合、城乡联合、人才聚合，引导区域经济社会综合发展，将文化和旅游与乡村振兴、经略海洋、林水会战、双招双引以及精神文明建设等有机结合，推进全域融合性顶层设计。再次，对全省文化旅游发展业态进行整体评估和重点引导，避免重复建设，进行高质量发展。

（二）激发黄河和大运河山东段文化旅游开发新潜力

黄河和大运河山东段是山东文化旅游开发建设新的增长点，黄河和大运河山东段沿线市县区要正确处理保护传承利用文化遗产与融入国家战略的关系，确立共同的发展目标和导向，找准符合区域实际的融入结合点，激发融入交流

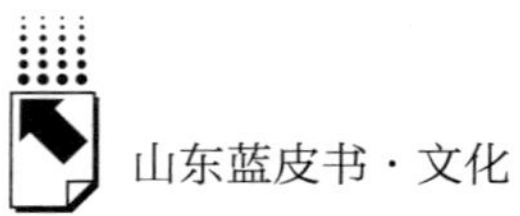

的新动能，加快打造新的增长极，在服从服务国家战略中拓展区域文化发展空间，在借势借力中提高融入国家战略的质量，努力推进大运河山东段发展与国家战略实现互联互通，与周边省市实现共同发展、共同繁荣。大运河山东段全长 963. 5 公里，其中古运河 643 公里，流经德州、聊城、泰安、济宁、枣庄 5 市，支线延伸到菏泽市，大运河山东段北系京师，南控江淮，连接南北，承上启下，处于关键性位置。大运河山东段与苏皖豫冀 4 省交界，人口众多、资源丰富，产业基础好，是山东省最具发展潜力的地区，是大运河活态性、融合性的典型代表，在建设大运河山东段文化带中具有十分重要的地位。开发大运河山东段文化旅游对于推动大运河文化创造性转化、创新性发展，将大运河打造成为中华民族伟大复兴的标志性文化品牌起着关键支撑作用。建议遗产保护机构和文旅部门共同牵头做好保护管理工作，制定遗产保护方案、风貌恢复、公共空间及市政设施提升等工作的相关机制。研究财政资金用于历史建筑、历史风貌恢复的相关政策，同步研究对特色文化旅游业态及非物质文化遗产传承表演类业态的奖励和补偿政策。

（三）推动科技创新成为文化旅游发展新动力

尽快出台关于科技支持文化和旅游转型升级的指导意见。首先，科技推动文化旅游的政府治理能力，提升以“好客山东网”为核心的全省智慧文旅信息公共服务平台，推进“好客山东、智游齐鲁，一部手机游山东”建设，融合文旅海量资源，优化政府管理，促进产业发展，为游客提供精准服务。建设文化和旅游重点区域监测平台，实现对山东省重点景区、文博单位实时客流监测与预警。其次，科技支撑文化旅游业的产业竞争力，应用“云旅游”“云景区”“云民宿”“云展馆”“云娱乐”等数字产品，构建文化和旅游产业升级的数字化基础与智慧化提升。推进文旅技术应用创新。把获得山东文化创新奖的成果予以推广应用，重点培育一批特色鲜明、创新能力强的文化旅游科技项目。加快培育文化旅游新业态。创建一批工业旅游、中医药健康旅游、研学旅游、体育旅游示范基地，探索推动数字文旅产业创新发展。再次，进一步创新营销模式，强化新媒体的应用，综合利用网络信息新技术、展陈与互动体验新技术、资源与环境保护新技术、设计制造新技术等，推进文旅产业智慧化发展。

（四）推动高质量成为文化旅游发展新活力

推动供给侧改革，通过挖掘文化特色与亮点，创新旅游展现形式，更好地满足人民日益增长的美好生活需要。首先，打造山东文化旅游的领军企业。落实文化旅游重点项目建设，举办文化和旅游重点项目投融资对接交流活动，积极培育文化创意、精品旅游产业“雁阵形”集群和集群领军企业。其次，提升文化旅游空间的艺术水平。开展精品景区和旅游度假区培育工作，推动高等级景区创建工作，推进旅游度假区软硬件提升，把山海天、好运角、齐河、雪野湖创建为国家级旅游度假区。再次，推进红色旅游健康发展，做好红色旅游资源普查工作，使红色旅游成为人们体会革命精神、感受美好生活的重要场所和平台。最后，对标先进，学习借鉴浙江等乡村旅游发达省区市的经验，推进村庄景区化建设，开展乡村旅游资源普查和精品旅游小镇、精品旅游特色村创建，组织实施精准交流培训，加快乡村旅游提档升级。

B.4
2019年山东省动漫产业发展报告

杨　梅*

摘　要：　2019年，山东省动漫产业在动漫展赛活动、动漫品牌创造、动漫园区建设、电视动画片创作和动漫对外交流合作方面都取得了较大的进展。但与先进省区市相比，仍有较大差距。山东省动漫产业应进一步扩大产业规模，提升产业质量，更新动漫观念，加强品牌建设，发挥文化优势，加强人才培养，全面提升山东省动漫产业发展水平。

关键词：　动画片　山东省动漫产业　动漫品牌

近年来，中国动漫已从数量扩张转向质量提升。中国动画片从顶峰时期的每年生产26万分钟到2019年的15万分钟左右，下降了42%。但从产量与体量来看，中国动画产业已位居世界前列。2014～2019年，国产动画电影上映30余部。2019年的《哪吒之魔童降世》创下国产动画电影的票房奇迹，打破全球单一市场动画电影票房纪录。该片在国内外获得30多个大奖，包括第26届德国柏林国际短片电影节国际竞赛单元最高奖项“评委会特别奖”。动画电影《白蛇：缘起》和《罗小黑战记》也引起了广泛关注。从2016年开始，中国在日本动漫界的地位也发生了彻底的改变，随着中日合作改编的电视动漫《从前有座灵剑山》的播出，中国由参与日本动漫制作跃升为中日合作制作，并使这种合作模式逐渐成为一种常态。如今在日本播出的动漫剧集中，有15%是与中国合作的作品。这表明，中国已成为动画生产大国，并正向动画生

---

* 杨梅，山东社会科学院科研组织处研究员。

产强国迈进。

在全国动漫产业快速稳健发展的形势下，2019 年山东省动漫产业也取得了不俗的业绩。与此同时，制约山东省动漫产业发展的一些重要问题仍然存在，需要尽快解决。山东成为动漫大省强省的道路任重而道远。

一 山东省动漫产业取得新成就

（一）动漫展赛依然活跃

2019 年 1 月，“2019 山东动漫游戏嘉年华暨鲁中首届文化创意博览会”在淄博国际会展中心举行，其间举办了动漫主题高峰论坛、动漫游戏企业成果展示、ComicLove 动漫嘉年华、电子竞技等活动，揭晓了“2018 山东动漫行业十大新闻”。

2019 年 6 月，“2019 ChinaJoy 华东北赛区晋级赛暨世博动漫嘉年华”在山东省科技馆举办。

2019 年 9 月，第八届山东国际文化产业博览交易会举办。济南动漫游戏行业协会组织 21 个动漫项目齐聚文博会，以“动漫融合、创新体验”为主题，展出面积为 216 平方米，构建了全产业链体验场景。展出内容包括馨漫园动漫衍生品、龙喵新语动漫手工微场景、国学互感体验机、爱动动漫一线 IP 玩具产品、儿童电影、原创动画、动漫影视作品、动漫应用平台、国家动漫游戏产业基地动漫融合作品展示等。

2019 年 10 月，由山东世博动漫产业集团主办的第 21 届齐鲁国际动漫节在济南举办。该展会是山东省历史最久、规模最大、市场运作最成熟、影响力最广的动漫品牌展会。本次展会有舞台大赛、电竞大赛、Cosplay 红毯秀、次元拍卖会、创意展区等。

2019 年 10 月，山东省大学生国际动漫游戏大赛暨第十一届齐鲁国际动漫游戏大赛举办。大赛旨在展示全省动漫、游戏以及相关专业大学生的科技创新成果，作品类别有动画、游戏类（包括动画短片、手机动画、游戏、手机游戏等），漫画、静帧作品类（包括单幅漫画、四格漫画、故事漫画、插图、CG 静帧作品、角色设计、场景设计）。

2019 年 10 月，IDO 烟台国际动漫游戏嘉年华举办。该次嘉年华划分了十大专区，如动漫游戏作品专区、动漫周边衍生品区、三大舞台 Cosplay 及才艺大赛专区、舞台电竞大赛区、二次元自我娱乐展示专区等。

2019 年 11 月，QICAF 青岛国际动漫节在青岛国际会展中心开幕。动漫节内容涉及动漫体验展区、国风文创展区、娱乐与潮玩展区、动漫、游戏、Cosplay、宅舞、同人作品、动漫游戏周边等。本次展会现场 IP 商区邀请到玄机科技、仙剑奇侠传、第五人格、康师傅及画江湖等知名 IP 商携旗下产品参展。

为推动国内原创特色动漫创作，QICAF 2019 青岛国际动漫节举办了 24 节气原创动漫人物征集大赛，要求以 24 节气为主题设计具有国风特色的原创动漫人物形象。

“2019 山东省大学生新媒体艺术大赛”，是第十一届山东省大学生科技节的组成部分，大赛涉及游戏界面设计、游戏原画设计、游戏衍生品设计、动画设计、漫画和插画设计等。

第二届“平安山东”“法治山东”微电影微视频微动漫比赛、第七届济南国际泉水节等都有动漫方面的内容。

（二）动漫品牌形象受到重视

2019 年 7 月，“2019 青岛国际版权交易会”在青岛开幕，8 家中国地域吉祥物原创运营企业及院校发起的中国地域吉祥物 IP 联盟正式成立。

2019 年 9 月，第十六届齐文化节在山东淄博临淄开幕。本届齐文化节围绕“泱泱齐风”主题，共举办 40 余项活动。开幕式上，首次展示了淄博齐文化形象“小牺宝”。该形象外观造型设计取材于临淄齐文化博物馆的镇馆之宝战国牺尊。牺尊是一件青铜礼器，长 46 厘米、高 28.3 厘米、重 6.5 公斤，造型别致，像一头可爱的小牛。“小牺宝”外观整体设计参照牺尊，结合现代动漫技术以卡通形象灵动呈现。另外，造型设计中还加入了淄博陶瓷琉璃、周村烧饼、临淄蹴鞠等元素。

2019 年 9 月，国内首部以蹴鞠竞技为题材的大型动漫《蹴鞠小子》在临淄齐文化博物馆举行了发布仪式。国际足联于 2004 年认定，足球起源于中国古代的蹴鞠，淄博临淄是世界足球起源地。大型系列动画《蹴鞠小子》以我国古老的竞技项目“蹴鞠”为题材，旨在打造全新的城市 IP 品牌。作品将临淄人文景观融入其中，展现了齐文化博物馆、足球博物馆等地标性景点，将临淄独一无二的古今风貌搬进荧幕之中。

（三）动漫园区建设再上新台阶

2019 年 3 月，济南新旧动能转换先行区“双招双引”暨重点项目集中签约，世博动漫产教融合园为签约重点项目之一。该项目由山东世博华创动漫传媒有限公司建设，规划占地 500 亩，总投资为 33.6 亿元，主要包括世博影视动漫学院、动漫产业基地、文创企业总部、数字创意公共服务平台，集数字影视动漫人才教育、项目制作研发、版权交易、众创空间、文化旅游等于一体。世博影视动漫学院计划设动画、漫画、游戏、数媒、版权、设计等 7 个二级学院，开设 30 余个专业，在校生规模拟定为 1 万人。动漫产业基地和文创企业总部将承接京津沪数字创意产业转移，聚集百家以上优秀影视动漫游戏企业，实现年产值 20 亿元以上。

（四）电视动画片创作取得新成就

根据国家广播电视总局发布的《全国国产电视动画片制作备案公示剧目》，2019 年（截至 9 月），山东电视动画片备案 5 部，共 1374 分钟。这些备案动画片是《豆神战队——圆梦计划》《龟兔赛跑后传》《不一样的语文故事》《毋忘在莒》《孟子学堂　第二集》。

（五）对外交流合作取得新进展

2019 年 5 月，应俄罗斯圣彼得堡市布良采夫青年剧院邀请，济南市儿艺动漫话剧《孔子》参加了圣彼得堡“2019 彩虹国际艺术节”，并演出 3 场。“彩虹艺术节”是俄罗斯圣彼得堡市久负盛名的戏剧节之一，至今已举办了 11 届。动漫话剧《孔子》是该届艺术节邀请剧目中唯一一台来自亚洲的剧目。该剧通过形体和语言结合多媒体动画，展现了孔子不同时期的几个故事，深入浅出地阐释了孔子的教育思想。

2019 年 9 月“第八届山东省文博会”期间，韩国动画协会山东代表处、中韩新光影文化贸易创客基地落户泉城国际文化创意产业园。韩国动画协会副会长朴载模、被尊称为“蓝精灵之父”的原韩国动画协会会长金世一、韩国

JM 动画株式会社董事长丁美等一行 4 人前来参加揭牌仪式。中韩新光影文化贸易创客基地由山东漫博通教育科技有限公司与韩国动画协会共同打造，总投资 1500 万元。该创客基地由中韩企业共同组建创客孵化平台，平台将提供创业孵化、国外项目接发包、产品开发和技术培训四大服务功能，每年将为创业者提供 200 个创客工位。计划 3 年后，创客基地内可达到 20 家日韩文化和动漫企业，基本形成规模化的动漫产业集群。

二　山东省动漫产业存在的问题

从电视动画片生产情况看，2019 年 1 ~ 9 月，山东电视动画片产量仍位列全国第 15 名，与先进省区市相比还有不小的差距。而且，2019 年动画片制作备案数比 2018 年减少 4 部，时长也减少近 1000 分钟。

2019 年（截至 9 月）全国共有 28 个省区市以及中直有关单位制作了国产电视动画片，排在前列的是浙江、广东、江苏、北京，总时长均在 15000 分钟以上。山东制作备案公示的动画片为 5 部，共计 1374 分钟，居全国第 15 位，与先进省区市有不小的差距。

从播出的优秀国产电视动画片情况看，经国家广播电视总局组织动画机构、专家和观众代表评议推荐并向社会公示的 2019 年度第一、第二季度优秀国产电视动画片共 25 部，山东无作品入选。

总的来看，山东省动漫产业在 2019 年仍位居全国各省区市排名之中游，与山东经济文化大省的地位不相称。山东省动漫产业存在的主要问题仍然是产业小而散，缺少龙头企业带动；动漫作品少，在全国有影响的作品更少；传统题材多，现代题材少，创意能力严重不足；动漫创意和营销人才不足，且流失严重；盈利模式单一，衍生产品开发滞后，未形成完整的动漫产业链等。

三　加快山东省动漫产业发展的对策

（一）实施产业聚集，扩大产业规模

从全国情况看，中国动漫产业已进入稳步发展和质量提升阶段。特别是广

东、浙江、江苏等动漫产业发达省区市，其动漫产业已达到相当的规模。但山东的情况有所不同。一方面，同全国情况相似，近年来，山东动漫企业数量减少1/3，电视动画片产量减少40%；另一方面，山东动漫企业总量少、规模小，国产电视动画片年产量还不及发达省区市的10%，面临着扩大规模和提升质量的双重任务。同时，山东已有的动漫企业除济南、青岛等少数地市集中于动漫园区外，大部分比较分散，难以形成合力和规模效益。因此。必须采取有力措施，进一步促进动漫企业融合集中，形成龙头企业，并向相关产业园区聚集，以形成规模效益。

（二）打造动漫品牌，完善赢利机制

动漫品牌是动漫产业的根本，离开这一根本，动漫产业的持续稳定发展就无从谈起。山东动漫作品少，优秀作品更少，在全国卓有影响的动漫品牌几乎没有。

打造动漫品牌（动漫 IP），必须从原创做起。一个好的动漫品牌，要有精彩的故事，要有个性鲜明的形象，要有令人耳目一新的画面，更要有深厚的人文内涵。既要好看、好玩、引人入胜，又要耐看、耐品、启人心智。要在脚本创作、形象设计阶段大胆创新、反复提炼，在制作阶段精益求精、一丝不苟，确保打造出艺术精品；同时也要根据市场需求，及时设计制造衍生产品。衍生品开发能够数倍放大动漫 IP 的价值。影视收入仅占迪士尼总营业额的15%，绝大多数收入来自主题公园和衍生品授权。日本动漫衍生品的市场规模基本是播映市场的8～10倍。而我国2017年国产动漫衍生品市场规模大约为764亿元，是内容市场的约2倍。可见，我国本土动漫 IP 的衍生品开发潜力远未激发出来。2019年，《哪吒之魔童降世》票房大获全胜，而衍生品的开发却显得滞后。美、日动漫衍生品几乎与影片同步上市，值得我们学习。

（三）更新动漫观念，拓展发展空间

要树立大动漫观念。一是发展应用动漫。动漫不仅是动画片和漫画书，它还是一种表现形式，可以应用于诸多领域，如教育、科普、体育、工程设计、机械制造、医疗手术等。动漫可以服务于传统产业，如模拟生产车间场景、演示各种机械设备运行、进行三维设计及演示等，不仅很受用户欢迎，也可为动漫企业带来可观的经济效益。二是发展成人动漫。动漫不仅是低幼读物，同样也为成年人所喜爱。动画片作为一种艺术载体，可以与真人电影一样展现世间万物和丰富的主题。美国和日本的许多动漫大片雅俗共赏、老少皆宜，具有深厚的人文底蕴，获得了巨大的商业成功。近年来，我国面向成人的动漫作品比例正在攀升，影响力亦与日俱增。有人统计，《哪吒之魔童降世》的观众 20 岁以下的仅占 3.8%，本科及以上学历的占 62%，其成功进一步打破了动画电影低幼定位的惯性思维，对于动画理念的更新以及动漫产业的发展无疑具有重要的意义。

（四）发挥文化优势，增强创新能力

文化是动漫发展的深厚根基。山东深厚的文化基础为动漫发展提供了丰富的素材。我们应充分利用山东文化和中华文化的丰富资源，进一步推进齐鲁文化动漫工程，积极参与国家动漫精品工程，用动画语言讲好中国故事山东篇。只有根植于中华优秀文化，才能彰显中国特色，赢得世界认可。

同时我们也应看到，山东动漫的创意能力严重不足。往后看的传统题材多，向前看、向身边看的科幻、现代题材少，具有颠覆性创新的人物形象和天马行空般想象力的故事很少。要坚持文化创新，促进优秀传统文化的创造性转化和创新性发展，只有用当代意识激活传统文化，才能使传统文化在新时代焕发生机与活力，并为当代文化注入新的内容。作为互联网时代迅速发展起来的动漫文化，只有体现时代特征，适应时代要求，体现当代价值，才能为人们所喜爱。

（五）加强人才培养，完善用人机制

山东与全国一样，在动漫人才培养方面偏重技术制作而忽视创意人才和营销人才的培养。这在我国动漫以外包加工为主的初始发展阶段有其合理性，但随着我国动漫产业的升级发展，创意和营销的重要性开始凸显。

动漫 IP 是动漫产业的核心，也是动漫产业持续稳定发展的基石。没有成熟的有影响的动漫 IP，动漫产业就不可能做大做强。IP 形象打造、IP 授权模式已经成为制约山东动漫发展的关键。创造动漫 IP，最重要的是动漫创意，即内容创作、剧本撰写，包括形象设计、人物性格、故事内容、人文内涵等。

有了知名动漫 IP，才可能进入衍生产品的设计、生产、销售，以扩大营销收入，形成良性循环和完整的产业链。当然，制作、播出等环节对整个产业的发展也至关重要，缺一不可。

目前，我国动漫产业最缺产业链前端的从事编剧、绘画和策划工作的创意人才，也缺从事授权代理和品牌经营的产业链后端的营销人才。我们必须大力培养创意端和衍生开发端的人才，并采取有力措施吸引优秀动漫人才留在山东或来山东工作，为山东省动漫产业的升级发展提供人才保证。

B.5
中国“文化+”发展大趋势与山东的应对之策与建议*

李然忠**

摘　要： 在当今中国“互联网+”的大趋势下，还有一个并行的大趋势就是“文化+”。我们用心观察就会发现，在“互联网+”大趋势下，互联网平台本身却正在全力进行“文化+”，而且不仅是互联网平台，全社会、全产业都在进行“文化+”，显示出对文化的极大渴求。面对当今中国这一“文化+”发展大趋势，山东应该积极创新推进“文化+”，以推动山东新旧动能转换的顺利实现，积极打造代表性“文化+”项目，创造高吸引度的良好营商环境，吸引和留住高新技术人才，从而实现山东经济社会发展的新超越。

关键词： “文化+”　“互联网+”　数字文化产业　消费升级

当今中国，在“互联网+”大趋势下，互联网平台本身却正在全力进行“文化+”，而且不仅是互联网，全社会、全产业都在进行“文化+”，显示出对文化的极大渴求。所以，在当今中国“互联网+”的大趋势之下，还有另一个并行的大趋势就是“文化+”。从更深层次和未来发展看，“文化+”或许会是超越“互联网+”的一个更为强大的发展趋势。面对当今中国这一

---

* 本报告系齐鲁文化英才资助课题“中国内容+大趋势与山东的应对之策与建议”的阶段性成果。

** 李然忠，经济学博士、新闻传播学博士后，山东社会科学院文化研究所研究员。

“文化＋”发展大势，山东如何适应和抓住机遇，制定适宜的应对之策，是一个具有重大现实意义的研究课题。因此，我们要对“中国内容＋”的发展大势和最新态势做出全面系统的分析，在此基础上对“山东内容＋”的发展提出具有前瞻性和可操作性的对策建议。

一　中国“文化＋”发展大趋势

（一）互联网平台的“文化＋”发展大趋势

在中国，“互联网＋”是发展大趋势，这一大趋势迅猛而全面，而在互联网本身，“文化＋”却成为发展大趋势。

以BAT（百度、阿里巴巴、腾讯）为代表的互联网超级平台，是推动“互联网＋”大潮的主力和主导方，但是，反观BAT本身，却表现出对文化的极大渴求，都在竭尽全力实现“文化＋”，在社交、影视、游戏、文学等方面进行全力投入、并购和建设。而新兴互联网超级平台公司字节跳动，正是因为其抓住了互联网平台对文化的渴求，开辟了对新闻分发和短视频应用的新天地，对文化传播和开发进行了真正具有创新性的开拓，终于成就了其与BAT这三大互联网超级平台并列的地位。

腾讯作为BAT三大超级互联网平台之一，最早以社交起家，以QQ和微信社交为主导。但是，腾讯后来真正站稳脚跟，却是靠文化业务，依靠发展游戏这一文化业务来实现商业变现，才得以真正发展壮大起来。近年来，腾讯不断在内容领域倾力投入，腾讯视频、阅文集团、腾讯音乐、腾讯电影通过投资和并购迅猛发展起来。腾讯视频已经成为中国三大互联网视频平台之一。阅文集团不仅是世界上最大的网络文学平台，而且已经在香港上市。腾讯音乐也已在美国上市，这是世界上第二家互联网音乐媒体上市公司，腾讯音乐刚上市不久，其市值就赶上了世界最大流媒体音乐上市公司Spotify。腾讯借此搭建了强大完善的内容生产、分发、变现的平台，不断加固其护城河，因此得以不断发展壮大，并且依托文化优势，在电商、互联网金融等方面全面不断扩展，一度成为中国市值最大的公司。

阿里巴巴是三大超级互联网平台中的电商平台。而从现实发展来看，阿里巴巴却是对文化更投入，对文化的渴求更为强烈。就阿里的财报数据来看，2019 年第一季度内容业务的运营亏损达到创纪录的 42.9 亿元，而这样的亏损已经持续了多年。即使这样，阿里还是不断投入，不断进行并购建设。正是在持续不断的投入之下，阿里的文化业务已经搭建了良好的生态，优酷土豆、UC、阿里影业、阿里体育、阿里游戏、阿里文学成为阿里内容的完整生态。阿里对文化的全力投入和建设，也获得巨大回报：一是完善优化了电商平台，大大促进电商业务的发展；二是内容业务自身取得了不凡成就，优酷的《白夜追凶》成为中国第一部输出世界最大视频网站奈飞的网剧，而阿里影业作为联合出品方出品的《罗马》，成为获得 2019 年奥斯卡最佳导演和最佳外语片的电影。

在 BAT 之后，最新强势崛起的超级互联网平台就是字节跳动（今日头条和抖音的母公司），业内普遍将其看作是 BAT 三大平台之外的第四大平台。这一平台公司，从 2012 年创立，短短六七年时间就发展成为与 BAT 相并列的公司。字节跳动首先创立今日头条，以新闻分发起家，依托其强大的算法使今日头条成为新闻分发超级平台，然后切入短视频应用，创立抖音，并且使其短视频应用迅速在中国风行，同时积极拓展世界市场，世界最大的互联网社交平台脸书也感受到了抖音的猛烈冲击，抖音已经迅速发展成为世界上最大的短视频应用平台。之所以字节跳动能获得这样迅猛的发展，能在 BAT 三大超级互联网平台严酷的围剿之下强势崛起，正是因为其抓住了互联网对文化的渴求，开辟了对新闻分发和短视频应用的新天地，成为一家真正具有创新性的互联网文化公司。不仅如此，字节跳动现在正进行全方位的拓展，在电商、广告等领域都取得良好发展，被誉为中国最具活力的互联网超级平台，这也是拜其所搭建的内容高台所赐。

（二）地方政府的文化 + 发展大趋势

在全国各地，地方政府对文化的渴求十分强烈，表现出了十足的热情，全力支持和大力倾斜文化发展和建设，既是迎合经济社会发展转型升级的需要，也是提升地方吸引力和营商环境的需要。

上海市对文化投入和建设的大背景和具体做法，在全国颇具代表性。上海提出要打造“上海服务”“上海制造”“上海购物”“上海文化”四大品牌，这是为上海当前和未来发展的定位。在要打造的四大品牌中，第一大品牌就是服务，而“购物”和“文化”，也都是服务业。由此可以看出，上海的发展，越来越以服务业为主导，这是经济社会发展到一定阶段的必然结果。服务业的发展，一定意义上就是“文化+”的过程；制造业的发展，要树立品牌，“文化+”也是题中应有之意；而无论是服务业还是制造业，要获得真正发展，都离不开人才，对人才的吸引，地域环境的“文化+”的营造也是根本前提条件之一。因此，对上海来说，“文化+”是地方政府必须全力推动的基础工作。

不仅如此，上海的经济社会发展，长期以来一直都走在全国的前沿，其经济科技优势地位一直是稳不可摧，但是，在新经济发展大潮之下，上海的经济科技优势开始发生动摇。BAT 三大互联网平台，及 TMD（今日头条、美团、滴滴）新的三大超级互联网平台，无一诞生在上海。这一现象，引起全社会激烈的讨论，问题被归结为“上海为什么出不了马云”，“在新赛道上上海已被杭州甩下半个身位”。面对此一巨大挑战，上海积极作为，大力营造“出马云”“吸引马云”的营商环境，这其中一个重要方面，就是依靠营造文化环境来增加城市吸引力。因此，一定意义上，文化环境的建设和优化，是吸引新型科技企业入驻的重要竞争手段。

上海在文化建设和发展上，有着全力推动的决心和行动，也有着宏大视野和驾轻就熟的把控能力。把拥有百年历史的亚洲最大水泥厂这一历史遗存经过创意策划就改造成为上海梦中心的创意改造项目，是上海“文化+”建设的代表性项目。上海市对这个重要历史遗存十分重视，经过反复论证，最终确定将其建设改造成为独具特色的文娱中心。在这个项目的规划设计上，设计规划者全力强化加大内容创意策划的力度，最为注重的就是保留传承已有的内容，把已有的历史建筑元素纳入最重要的考量之中，将其赋予现代化的都市形态，实现对历史建筑元素和工业遗存的完美呈现。

因此，在这样的创意设计理念下，拥有百年历史的亚洲最大水泥厂这一历史遗存经过创意策划就改造成为上海梦中心，这将是一个全新的艺术文化项目，将是上海新的地标性的文化及娱乐街区。业内人士评论，这一项目建成后，将是全中国乃至全球非一般的发展项目，将成为世界级文旅中心。

上海对废弃水泥厂这一历史遗存的改造，只是其在文化建设上的代表性项目之一，但其中反映出上海地方政府对内容的极大渴求和在内容建设上的高超创意策划能力和产业转化能力。[①] 近年来，上海在文化投入和建设上，在影视产业、文旅产业，反映了上海在四大品牌建设和营造良好营商环境的全力投入。

全国各地许多地方政府都大力进行文化投入和吸引文化投资。上海在文化建设上的现实大背景和做法，实际上也代表和反映了全国各地方政府对文化全力拥抱的趋势。

不仅是在中国，如果我们用心观察，在美国也是如此的趋势和做法。美国的科技中心在硅谷，但是纽约也积极营造文化氛围，极力吸引科技企业。亚马逊欲在纽约设立第二总部，就得到了纽约市政府的积极反应。尽管遭到一些市民的反对，亚马逊放弃了在纽约设立第二总部的设想，但是纽约市政府还是反复邀请并提供各种优惠条件。通过近年来的不断努力，现在纽约也成为新的科技中心，吸引大量美国高新技术企业进驻纽约。一定意义上，上海在中国的地位就相当于纽约在美国的地位，而上海通过“文化+”大力营造吸引科技企业的做法，也是纽约近年来大力吸引美国科技企业的做法。

（三）全产业的“文化+”发展大趋势

随着中国经济社会的平稳健康发展，大众收入和消费水平的不断提升，中国的大众消费越来越个性化，对体验的品质要求越来越高，日益追求个性化消费、体验消费、精神消费。因此，在这种情况下，全产业供给必须满足大众对个性化消费、情感消费、体验消费的日趋强烈的需求，全产业的供给必须与对个性化、体验化的需求保持同步匹配，这必然是对“文化+”的强烈发展需求，也由此带来了经济社会发展的急剧转型升级。因此，在中国消费升级的大背景下，全产业的“文化+”成为必然，这是消费升级需求带来的经济社会发展转型升级和供给侧改革的发展大趋势，而这在作为中国前导产业的房地产业和旅游业中有着最鲜明的体现，也最具有代表性和示范意义。

中国的房地产行业对经济发展一直起着至关重要的作用，甚至是牵一发而动全身的作用，是极为重要的前导产业。因此，地产行业的最新举措，往往反映和代表了中国经济社会发展的最新动向。近年来，中国房地产业正在急剧转

---

① 外滩君：《上海又出打卡新地标！全球首例油罐改造登上纽约时报》，《外滩画报》官方微信，2019年2月27日。

型，其急剧转型的一个大方向就是“文化+”，具体说来就是向文旅地产转型和进军文旅影视产业，其这样做的一个根本性目的就是强化和赋予其房地产产品和服务以个性化和符号化，增强其房地产产品和服务的良好体验性。全国代表性的房地产商，在一定意义上都做出了如此的转型举措，其对全产业的导引和示范意义巨大，已经引起热烈的反响和响应。

万达曾是中国最大最成功的房地产商，其成功正是在于能超前把握经济社会发展大势并不断调整其发展大方向，而且在其房地产产品个性化、符号化的塑造上获得了最大的成功。应该说，万达是最早向文旅地产转型的房地产企业，在全国各地大量建设旅游主题公园；也是在全国房地产商中最早进军文旅影视产业的房地产企业，在全国各地大量建设并运营电影院线，并收购世界上的重要电影院线。万达近年的激烈转型，更有代表性，其激烈转型既是无奈之举，也是主动选择的结果。万达较早就提出向轻资产转型，本来这一转型会经历较长时间，但由于突然而至的变故，万达在很短时间内就一举实现了向轻资产的转型。其大量的房地产项目和酒店都一次性地实现了转让，但是牢牢抓住其影视产业项目不放手，最终还是保留了影视产业项目，由此可见万达对文化影视资产给以最高的价值评估和对其未来发展有着最坚定的信心。作为全国另一大著名房地产企业，融创集团最早大举进军文旅影视产业的举动，就是在全社会都引起极大反响的投资接手乐视的案例，尽管这不是一个成功的案例，但是可从中看到融创对文旅影视产业的青睐和兴趣。融创后来在接手万达地产项目后，既是为了整合与万达文旅相关的地产项目，同时也是为了更好地定位未来发展方向，即成立了融创地产、融创物业、融创文旅和融创文化四大集团，由此可以看出，文旅和文化成为融创的四大业务中的两大业务，应该说这是融创为其通过激烈并购而获得的庞大的地产业务赋予个性和良好体验的激烈之举。恒大集团近年来也提出转型文旅产业，实施多元化扩张，其为这一战略转型所做的准备就是集团名称由“恒大地产集团公司”修改为“中国恒大集团”，并持续深入布局文旅产业，其重点打造的一大拳头文旅项目就是在全国布局15个儿童主题乐园。

中国的旅游业，近年来有着迅猛的发展，而竞争也愈演愈烈。旅游者的品味不断提升，倒逼旅游业全面转型升级，因此，“文化+”在中国旅游行业有着最直接最迅捷的体现。在中国的旅游业，IP概念近年来变得相当火爆，这是“文化+”在旅游业加速扩张现象的直观反映。IP 概念，本来是在影视娱乐行业盛行的专业名词，之所以在旅游行业获得全面发展，与中国旅游业近年来的发展变化密切相关。因为随着中国旅游业的迅猛发展，旅游业的竞争日益激烈，旅游景区要真正吸引旅游大众，就必须具有独特性。而 IP 的打造，实际上就是打造特色元素和符号，因此赋予旅游景区以独特的形象和故事，实际上就是打造 IP 旅游。通过打造 IP 旅游，旅游景区的旅游产品的内涵和附加值就会获得大大丰富和提升。在运营模式上，传统旅游主要通过投资建设景区、营造景观来吸引游客获取收益，而 IP 旅游则是通过对文化资源进行创意转化，使其成为独具特色的旅游产品，以此获取更大的文化附加值，从而获得持续不断的经济和社会效益。因此，打造 IP 旅游无论是对旅游景区的营销，还是对旅游景区项目的运营和旅游产品的广泛传播，都会起到事半功倍的作用。

不仅是在旅游景区，甚至在酒店业，IP 的概念也是风生水起。在酒店业，最有代表性的就是亚朵酒店的“文化+”创新，其在业内引起极大反响，并赢得消费者的极大肯定。从 2016 年杭州的亚朵·吴酒店开始，亚朵先后与同道大叔、果壳网、腾讯、知乎等互联网文化品牌进行合作，极力营造酒店业的文化消费场景。上海的亚朵 S 虎扑篮球酒店大堂不仅有商品展示区，还打造了一个 24 小时“篮球博物馆”，因此在抖音上大火，成为新潮流酒店的代表。不仅如此，亚朵还激进地推出了 IP 叠加 IP 的做法。① 亚朵 AT Lab 推出的比利时快闪酒店，实际上是在原有 IP 酒店中叠加新 IP，不仅由此打造了比利时主题房间，还通过创新性地将目的地多 IP 形态呈现在酒店中的方式，大大强化消费者对目的地和酒店的印象，因此让消费者获得了极佳的消费体验，在业界也引起极大反响。近年新开业的大英博物馆×兰欧酒店也在业内引发广泛关注，并赢得消费者的极大欢迎。大英博物馆×兰欧酒店秉承“从艺术中醒来”的宗旨，与大英博物馆进行 IP 合作，通过 IP 合作授权、艺术展览、主题 IP 客房、IP 文创衍生品，积极探索打造“文艺+商旅”的高端时尚酒店品牌。这些酒店对 IP 应用的积极探索，实际说来也就是对代表了未来酒店业发展方向的 IP 酒店的开拓性探索。

① 郭鸿云：《“亚朵们”的场景消费 2.0，能否为泛住宿业打开营销新通路?》，劲旅网，2018 年 12 月 29 日。

二 山东的应对之策与建议

“文化 +”这一发展大趋势，正与“互联网 +”发展大趋势一样，对中国当下发展产生着巨大的影响，并且对中国的未来发展将会产生更为巨大的影响。对山东来说，面对“文化 +”这一发展大趋势，抓住难得的机遇，做出超前和适宜的应对，这是一个具有重大现实意义的研究课题。

（一）积极创新推进“文化 +”，推动山东新旧动能转换的顺利实现

山东现在正全力推进新旧动能转换，这是山东推动经济社会发展的最大挑战和机遇。山东要实现新旧动能转换，积极推动“文化 +”的大发展，既是实现新旧动能转换的应有之义，也是山东新旧动能转换最终得以实现的重要路径。

所谓新旧动能转换，就是用新动能替代旧动能，而新动能就是新一轮科技革命和产业变革中形成的经济社会发展新动力，如新技术、新产业、新业态、新模式等，尤为重要的是，全球新一轮科技革命和产业革命呈现多领域、跨领域突破的全新态势。无论是新技术、新产业、新业态、新模式，往往都要和文化相交融，都需要“文化 +”。以美国苹果、亚马逊、谷歌、微软、脸书为代表的当今世界最大科技公司，都是“文化 +”的公司，都是与文化相融合的公司。

就山东新旧动能转换来说，最根本的是推动十大产业的发展、崛起。新一代信息技术产业、高端装备产业、新能源新材料产业、现代海洋产业、医养健康产业，是五大新兴产业；高端化工产业、现代高效农业、文化创意产业、精品旅游产业、现代金融服务业，是五大传统产业。无论是五大新兴产业，还是五大传统产业，要想真正发展、崛起，都需要“文化 +”的深入实施和助力。

在五大新兴产业中，新一代信息技术产业、现代海洋产业、医养健康产业，都是与“文化 +”密切相关的产业。国内一些超级互联网平台就是颇具代表性的新一代信息技术产业企业，无论是百度、阿里巴巴、腾讯，还是新崛起的字节跳动、拼多多、美团，这些企业由于有其强大的背后互联网业务作依托，因此，其新一代信息化技术应用和研发，也都走在了业界的最前沿。这些企业都是“文化 +”企业。所以，发展新一代信息技术产业，就要深入研究

和探索信息技术、超级互联网平台和文化融合关系，依托“文化+”实现超级互联网平台的建设和新一代信息技术的互为互动和互为成就。而现代海洋产业、医养健康产业，不仅仅是海洋科技开发运营和日常的康养运营，还特别需要文化的融合和提升。在五大传统产业中，文化创意产业、精品旅游产业、高效农业，都与文化的融合息息相关。精品旅游业，实际上就是IP旅游，就是文旅融合，依靠强化旅游的文化含量，大大增强旅游的独特性和体验性，形成精品旅游，实现旅游业的差异化竞争。高效农业，一个重要发展方向就是休闲体验农业，就是要依靠“文化+”，形成农业的独特体验性和休闲化。文化创意产业本身就是文化项目，只是融以文化创意和现代技术，这也是具有极大发展潜力的产业，是消费升级推动的未来代表性的重点产业。

（二）积极打造代表性“文化+”项目，创造高吸引度的良好营商环境

作为地方经济社会发展政策主导方的地方政府，强烈需要“文化+”为其引流，以此吸引和留住高新科技企业和人才，这是中国代表性城市上海的做法，也是世界代表性城市纽约的做法。山东要吸引高新技术企业和人才，也要创新性地推进“文化+”，以此营造高吸引度的良好营商环境。营商环境，不仅仅是政府服务环境，创意文化的营造也是现代高新科技企业和人才极为看重的考量因素。

对山东来说，影视产业的发展，长期以来就有着突出优势，而在新时期又有着巨大潜力，有着新的潜在增长点，以此作为打造文化营商环境的突破点和代表性项目，就会达到事半功倍的效果。山东影视产业，一直以来主要是在内容制作上有突出优势，有巨大成就。山东影视集团的电视剧，多年来一直在全国都占据优势地位，而且不断创造新的辉煌。伴随着中国自制科幻电影《流浪地球》的成功，山东影视产业又铸就了新的辉煌，就是山东在拍摄影视基地上又有了历史性的突破。《流浪地球》巨大的成功，也是山东影视产业的影视基地创新发展的成功，《流浪地球》也是“山东造”。

作为《流浪地球》拍摄基地的青岛东方影都，最早是由万达集团建立的，当时就是为了全力发展影视拍摄产业。万达为了实现转型，后来把包括东方影都在内的文旅地产都转让给了融创集团。融创接手东方影都后，进一步进行整

合，为其提供更强大的支撑，使其具有了更大发展潜力。融创整合东方影都的具体做法就是，为了发展文化产业，融创将东方影都和其并购的乐创文娱等一起整合进融创文化集团。融创创始人孙宏斌把文化集团交给自己的儿子孙喆一，由孙喆一出任文化集团的总裁，由此可见，融创文化集团在融创的地位和影响。

东方影都作为影视基地，与国内大多数影视基地的定位明显不同，国内大多数影视基地都定位为影视旅游基地，以“外景地+影视旅游”模式为主，而东方影都的清晰定位，就是电影工业化生产、全产业链配套。东方影都抓住中国电影向重工业化转型之机，借鉴好莱坞标准工业化流程体系，建立符合中国影视产业发展实际的全流程工业化标准，打造中国影视拍摄业的标杆和龙头，成为国内全新崛起的工业化影视基地。《流浪地球》的成功，一定意义上就是对此最好的证明。[①] 而在此之前，在国内外获得广泛影响的中美合拍大片《长城》以及《环太平洋2》也都是在此拍摄完成的。目前中国电影史上投资规模最大的电影《封神演义三部曲》，也一直在此紧锣密鼓地进行拍摄，该项目由乌尔善执导，是华语电影史上首部神话史诗三部曲作品，总投资将达到30亿元人民币。该项目一旦获得成功，将会在国内外获得无比巨大的影响。

由此可见，东方影都正在全面崛起，这一代表性影视项目的打造成功，将极大提升山东影视产业在全国乃至全世界的影响，也将因此大大提升山东营商环境，这对于山东吸引高新技术企业和高新技术人才，将会发挥良好作用。

---

① 赵伟：《工业电影基地助力中国电影开启新纪元》，《人民日报（海外版）》2019年2月21日。

文学艺术篇

Chapter of Literature and Art

B.6
泰山文化研究的进程、局限与对策

姜维枫*

摘　要： 新中国成立70周年，泰山文化研究走过了沉寂期、活力激发期、创新创造期。从文献整理、理论建构、实践应用三个维度衡量，三个时期的研究形态均与不同的历史场域、历史语境相关，整体呈现为回归传统与走向现代化两种研究路向，泰山文化研究不断走向开放、多元、深化、细化，对泰山文化价值的认识与思考不断深入。泰山文化研究尚存在宏观统筹、顶层设计与整体推进不足，理论研究与应用研究对接不畅等局限，未来泰山文化研究有必要在研究指向、研究视野、研究方法等方面寻求突破。

* 姜维枫，山东社会科学院文化研究所研究员。

关键词： 泰山　泰山文化　泰山文化研究

泰山是中华民族最重要的象征，“是中华文化史的一个局部缩影”（郭沫若语）。泰山著述始于东汉，盛于明清。明嘉靖年间汪子卿《泰山志》的刊行可作为系统研究泰山文化的起点，泰山文化研究已400多年。明清期间的泰山著述，以史地资料性著作为主；现代学术意义上的泰山研究，始于19世纪60年代末德国学者李希霍芬对泰山的地质研究；泰山人文科学研究始于1879年美国传教士马提尔发表的《泰山之寺庙及其祭拜》。民国时期，泰山人文社科研究主要关涉泰山宗教、泰山封禅、历史人物、民俗信仰、泰山石刻等内容，王价藩、王次通父子所编百卷《泰山丛书》，堪为此期压卷之作。① 本文主要回顾新中国70年泰山文化研究的历史进程，将其分为三个时期，并从三个维度加以厘析，蚊力负山，冀以对泰山文化研究或有助益。

一　泰山文化研究的历史进程

新中国成立70年来，泰山文化研究可分为三个时期：新中国成立初期30年（1949～1978）、改革开放至2012年（1979～2012）、“十八大”至当下（2012～2019）。泰山文化研究的三个维度为：文献整理、理论建构、实践应用。三者关系正如马克思所言：“研究必须收集丰富的材料，分析它的不同的发展形势，探寻这些形式的内在联系，只有这项工作完成以后，现实的运动才能适当地叙述出来。”② 在泰山文化研究的三个维度中，前者是后者的前提与基础，后者未必不对前者起到促进生成作用。

（一）1949～1978年：泰山文化研究的沉寂期

新中国成立初期30年泰山文化研究以普及性的知识读物或游览手册为主，如1958年山东省泰山管理处编《泰山游览手册》（山东人民出版社）。学术研

① 参考朱俭编纂《泰山研究资料索引》，北京图书馆出版社，2004，第20～21页。

② 《马克思恩格斯全集》第23卷，人民出版社，1972，第23页。

究方面，文史专家顾铁符、李锦山关于泰山无字碑的研究、张鹤云关于灵岩寺塑像的研究与考释，对泰山文化有所揭析，深得精要。整体而言，此期泰山文化研究力作较少，许多研究领域呈空白或停滞。此期泰山的政治化与社会化象征较突出，如《泰山压顶不弯腰——一不怕苦、二不怕死革命精神赞续集》（上海人民出版社，1971）、《泰山劲松——记毛主席革命路线的好战士边树生》（山东人民出版社，1971）、《泰山压顶不弯腰——南堡大队用毛泽东思想战胜特大洪灾的英雄事迹》（浙江人民出版社，1971）、《泰山压顶不弯腰——南堡大队农业学大寨事迹》（农业出版社，1975）。1958 年出版的泰山歌本《泰山之土谁敢动》，以泰山象征中国，表达了中美之间的紧张关系，借此可管窥泰山形象以及当时的社会风潮：

> 东风早已压倒西风，社会主义满天红，六亿人民力量大，泰山之土谁敢动。警告美帝狗强盗，快快滚蛋休做梦，若敢武装来挑衅，汪洋大海做坟墓。①

相对于大陆泰山文化研究的沉寂，同期国外与港台地区的研究视野宏阔、深造有得，凌纯声、刘子建、苏雪林、孔德成、饶宗颐等学者对泰山宗教、封禅、泰岱文明等的探研，将泰山文化研究推向新的高度。日本学者栗原朋信、平野良夫、福永光司、竹内弘行等参与泰山封禅文化等研究，亦有创见。

（二）1979～2012年：泰山文化研究的活力激发期

以改革开放、经济建设、文化复苏为大背景，此期泰山文化研究活力得以激发，泰山文化研究整体呈现开放、多元趋势。

第一，泰山文化研究呈现开放多元态势。20 世纪 80 年代，泰山文化研究进入黄金时期，“一些比较松散的学术团体和实体性的研究机构相继建立。一支知识结构合理、老中青结合、相对稳定的研究队伍基本形成。无论是资料发掘、整理，还是理论研讨、开拓，均取得了许多可喜的成绩。对泰山文化、政治、历史、宗教、建筑、风景、金石、文艺等等方面的研究，均已全面铺开，

① 缪文心词、陈桂兰曲《泰山之土谁敢动》，载《“大家来唱新民歌”第一辑　泰山之土谁敢动》，上海文艺出版社，1958，第 1 页。

并陆续产出相应的成果”①。此期学术成果如《泰山文史丛考》《泰山大全》《泰山文献集成》《泰山志校正》《泰山大典》《泰山通鉴》《泰山历史纪年》《泰山历史年表》《泰山研究资料索引》《泰安历代书目提要》《泰山石刻大全》《泰山历代石刻选注》《泰山石刻大观》《泰山文化概论》等相继出版。知识普及类成果，主要关涉泰山名胜、传说、旅游导览、摄影、文艺作品等，如《泰山天下雄》（泰安市旅游局编，五洲传播出版社，1999）、《岱宗览胜》（张用衡著，齐鲁书社，2000）、《东岳泰山》（崔秀国著，中华书局，1983）《中华名山之首泰山》，（魏建著，山东文艺出版社，2004）

第二，泰山古籍文献的系统整理考订、工具书的编纂进入繁盛期，并吸引了一批学院派泰山文化研究者，为下一阶段的理论研究打下基础。《泰山历代著述提要》（李芸芳著，青岛海洋大学出版社，1991），是第一本泰山简明书录，介绍了历代泰山著述的内容、版本和作者；《泰山文史丛考》（舟子，泰山区档案馆，1992）收入作者文章 20 篇，发掘出一批泰山文史资料，钩沉探赜，见解独到；《泰山大全》（刘秀池主编，山东友谊书社，1995）400 万言，内容宏富、学科齐全，集自然与人文资料于一书；《泰山石刻大全》（泰山管理委员会编，齐鲁书社，1996）为泰山史学与书法研究提供了珍贵的素材，填补了泰山石刻研究的一块空白；《泰山大典》（周谦编纂，西泠印社，2003），八册十一卷，分自然门与文化门，收入各类泰山图照、拓片，以图释文，让读者可以较直观感受到泰山两千年来山水景观、神祠古迹的变迁；《泰山通鉴》（曲进贤主编，齐鲁书社，2005）以记述史实为主，概论统领全篇，系统地展现了泰山的历史全貌，揭示泰山文化的实质；《泰安历代书目提要》（吕云芳、于庆明主编，山东省地图出版社，2004）著录历代泰安地方书籍 1400 余种，其中泰山著述 440 余部，每书均有提要与作者简介，为研究者提供了有价值的检索线索；《泰山研究资料索引》（朱俭编，北京图书馆出版社，2004），收录范围包括古今中外（下迄 2004 年），包括 20 多个学科门类，辑录文献合计 8862 条，其中“人文社会科学类约 6937 条，自然科学类约 1925 条”②，资料宏富，对泰山研究助益良多；《泰山文献集成》（汤贵仁、刘慧主编，泰山出

① 刘凌：《泰山文化研究的多元深化》，《泰安师专学报》1996 年第 3 期。

② 朱俭：《泰山研究资料索引·引言》，北京图书馆出版社，2004，第 12 页。

版社，2005）对明清以来的《岱史》《泰山纪事》《岱志》《岱览》《泰山图志》等13种著述进行了点校辑存，400万字，具有较高的学术价值；《岱览校点集注》（清唐仲冕编纂，孟昭水校点集注，泰山出版社，2007）以果克山房版《岱览》为底本进行校注，考证并澄清了很多疑难问题，补充了大量史料，吸收了最新研究成果；《泰山志校正》（明汪子卿撰、周郢校正，黄山书社，2006）以嘉靖三十四年（1555）《泰山志》原刊本为底本，校以万历、顺治递修本《岱史》及其他泰山著述，征引文献达千种，并对重要内容加以归纳，视角见解独到，是为该书特色。其他如《百年泰山》（山东画报出版社，2001）为一部老照片图集，史料价值极高。

第三，关注泰山文化与民族国家精神特质等探研。20世纪80年代，正是泰山文化研究由沉寂期向活力期转变，徐北文先生关于“泰山与中华民族精神”“泰山与中华民族政治心理”“泰山与中国祭祀文化”“泰山与中国宗教信仰”“泰山与中国山岳建筑艺术”（“泰山五论”）的研究，将泰山文化研究由资料文献汇编层面推向泰山文化研究的深层与肌理；世纪之交，张用衡、刘凌、吕芸芳、吕继祥等研究者开始关注泰山精神研究，认为“泰山精神就是中华民族精神”①“泰山作为中国人民文化精神的象征，已深深地植入每一个中国人的心理潜层，它不断地唤醒着民族的灵魂，滋润着民族的精神，陶冶着民族的集体意识”②“泰山是民族心灵的风骨，是我们民族精神的象征”③。值得注意的是，这一时期，冯骥才先生的散文《泰山挑山工》（1981年创作），1983年被收录中学语文教材，引起了中学生及社会大众对泰山文化、挑山工精神的广泛关注。

第四，注重泰山文化的国际国内交流研讨。改革开放开启了泰山文化对外传播的大门与视野，启发了泰山文化对外传播研究，如周郢的《泰山与中外文化交流》，“作者分别考证了印度、韩国僧人卓锡泰山，泰山崇拜东传日本、越南、波斯、阿拉伯等国与泰山封禅，利玛窦与岱庙壁画以及东、西方的‘泰山学’等诸多史实。作者并对泰山在中外文化交流中的作用、地位、特点、影响等问题提出了自己的看法，指出历史上的泰山不仅对中国历史进程产

① 季羡林：《季羡林泰山语录》，《泰安日报》2009年7月20日。

② 张用衡：《“泰山精神”论识》，《泰山研究论丛》第五集，第12页。李嗣水等：《中华民族精神论》，泰山出版社，1998，第420页。

③ 李嗣水等：《中华民族精神论》，泰山出版社，1998，第420页。

生过重大影响，而且也影响到历代王朝的周边国家及至欧亚非等地。泰山文化史堪称是中外文化交流史的一个侧影”①。此外，还有专门的《泰山文化与日本》《泰山信仰在日本》等专述。

泰山文化的国内学术研讨也不断增多，以“泰山本体”或“泰山边缘”为专题的学术研究活动不断增加，如“左丘明与肥城”“罗贯中与东平”“范蠡与陶山”“柳下惠与新泰”等学术会议的召开，吸引了国内外众多学者参与交流研讨，“泰山本体”研究和“泰山边缘”研究交相辉映，泰山文化研究不断得以拓展与深化。

第五，关注泰山非遗研究与申报工作。1987 年泰山入选世界自然与文化遗产名录，2005 年文化部开展了非遗名录申报评审工作，泰山石敢当信仰与泰山东岳庙会先后成功列入“国家非遗名录”。非遗申报工程带动了泰山非遗文化研究，出现一批非遗民俗研究成果。列入《非物质文化遗产丛书》之《泰山石敢当》（叶涛著，浙江人民出版社，2007）从泰山石敢当探源、传播分布、形态分析与仪式性活动等方面介绍了石敢当信仰的人文内涵和历史传承，成为该项目的破题之作。与此相关的尚有《泰山民俗》（严民著，济南出版社，2010）、《泰山岱庙考》（刘慧著，齐鲁书社，2003）、《泰山》（刘慧、郑澎编纂，上海世界图书出版公司，2008）、《泰山与中华文化》（周郢著，山东友谊出版社，2010）等，以及相关学术论文。

概言之，此期泰山文化研究整体态势：第一，古籍整理、工具书编纂占主流，理论建构尚未形成。泰山文化研究“存在以史代论倾向。至于泰山金石、文艺等领域，基本上停留于资料收集、整理阶段，尚未进入理论概括和提升。即如比较热门的泰山政治研究，也尚存在被忽略的课题。如神秘主义是东方文化的突出特色，并至今在生活中产生影响，它在泰山传统文化中也有突出体现，但迄今缺少深入理论探讨”②。值得称道的是徐北文先生的“泰山五论”等及北大教授杨辛的《泰山的美学考察》（《北京大学学报》1998 年第 1 期），后者从美学角度对泰山文化进行细致考察与梳理，发掘“泰山壮美——阳刚

① 顾吉辰：《研究泰山文化的新篇章——谈〈周郢文史论文集〉》，《学术月刊》1999 年第 12 期。

② 刘凌：《泰山文化研究的多元深化》，《泰安师专学报》1996 年第 3 期。

之美的自然特征、精神内涵以及对审美主体的重要作用"①。第二，泰山文化研究在实践应用层面，表现为文化与经济发展的关系。在市场经济与商业意识的驱动下，出现文化研究为经济建设服务的现象，出现"文化搭台，经贸唱戏"的口号，文化成为经济建设的手段。

（三）2012年至今：泰山文化研究的创新创造期

泰山文化研究在新时代文化自信背景下迸发创新创造活力，整体发展呈现"文化+"态势，以文化为依托，泰山优秀传统文化得以进一步发掘，泰山文化研究进入理论建构期，新科技融入泰山文化实践助推文化产业发展，泰山文化研究模式守正与创新并举。

1. 文化自信政策下泰山文化研究呈现创新繁荣态势

在前期研究的基础上，此期泰山文化研究在山岳文化比较、泰山历史、泰山宗教、泰山祭祀、泰山文学、泰山石刻、泰山玉石文化、泰山美术、泰山民俗文化、泰山旅游、泰山书院、泰山遗产保护、泰山文化的时代价值、海外泰山研究等方面均有创获，相较第二阶段，此期的泰山文化研究数量与质量均有提升。

2. 系列大型图书、文库相继出版，古籍文献编纂兼发掘、汇辑、笺释于一体

2016年《中华泰山文库》大型丛书编纂工作启动，"《中华泰山文库》丛书计划由四部分组成：第一部分是《泰山文库》古籍书系（发掘、整理），分三编，分别是泰山志史校注编、'四库'泰山集成编、泰山宝卷编；第二部分是《泰山文库》著述书系（传承、发展），分为集成编与当代研究编；第三部分是《泰山文库》口述影像书系（记忆、形象），分为口述泰山编与影像泰山编；第四部分是《泰山文库》外文书系（影响、反馈），分为译注编与影印编"②。"拟出版丛书120卷，五千万言，计划3~5年内完成。编纂完成后，《中华泰山文库》将成为迄今为止囊括泰山自然和人文文化最全的文献丛书，

① 杨辛：《立岱宗之弘毅——序〈中华泰山文库〉》，载（清）马大相编，王玉林、赵鹏点校《灵岩志》，山东人民出版社，2019，第1页。

② 见山东大学图书馆藏《泰山志》，（清）金棨辑，陶莉、赵鹏点校，山东人民出版社，2019，提要文摘附注。

对宣传泰山和弘扬泰山文化起到不可估量的作用。”① 该文库的特点是，不仅搜罗宏富、旨在集成、包含原典，而且还增加了对原典的点校工作。这套丛书的编纂对于泰山文化的集成、研究、创新、传承，均善莫大焉。截至2019年5月27日，已出版图书21种23卷册，总字数为680万字。

《泰山编年通史》的整理研究。著名泰山文化研究学者周郢先生煌煌120万言的《泰山编年通史》已于2019年10月杀青，即将付梓，该书历时33载，在前期纂著的《泰山历史纪年》《泰山通鉴》的基础上完成。作者立意“‘以古今为经纬，为岱宗勒成一史’（按：清阮元语）——即编纂一种以历史年代为序、内容贯通古今的泰山通史”②。该书编纂内容包括“记‘实体山’与记‘精神山’”“记‘山体’与记‘近域’”“记‘朝’与记‘野’”“记‘史’与及‘文’”“记‘事’与记‘言’”，被称为是“把握住了历史中的思想过程，就找到了历史演变的真正原因”③。作者视野开阔、研究方法科学，书中采用“新资料”、提出“新观点”、借鉴“新理论”，堪为此期泰山文化研究的“压舱石”。

泰山石刻研究方面。此期研究在第二阶段的《泰山石刻大全》等著述的基础上，进行诠释性研究工作。张用衡著《泰山石刻全解》（山东友谊出版社2015年版）上下两卷，全书7章36节170万言，收录了岱庙、应灵宫、登山古道、泰山极顶、泰山西溪、扇子崖、玉泉寺天烛峰、桃花峪、灵岩寺等景区几乎所有的石刻，作者自云：“据专家21世纪初统计，泰山存历代石刻1587处。……在本书中我们能够看到其中的几乎全部。”该书的特点一是所收石刻“全”，二是对石刻有“解”。作者“对其中绝大多数都进行了简单的说明、对有的古诗和碑文还作了现代汉语的翻译，表达了自己的见解”④。同年，齐鲁书社出版陶莉著《岱庙碑刻研究》，“该书选取岱庙主要碑刻近50通，为读者提供第一手宝贵材料的同时，试图就碑刻的文物、书法及其历史文化价值做出

① 《〈中华泰山文库〉，打造泰山最全文献》，齐鲁晚报齐鲁壹点，https://baijiahao.baidu.com/s?id=1634672731775854901&wfr=spider&for=pc。

② 周郢：《泰山编年通史·编纂大旨》。

③ 陈文新：《中国文学编年史研究》，中华书局，2009，第122页。

④ 张用衡：《泰山石刻全解·前言》，《泰山石刻全解》，山东友谊出版社，2015，第1页。

阐述。……为读者了解泰山、游览岱庙、赏析碑刻提供了有益的帮助。”① 两书的共同点为均已突破前一阶段的资料汇编模式，可作为此期泰山碑刻文化研究的代表。

3. 泰山文化国际交流与研究：由单向的关注走向交流互鉴

新时代泰山文化的国际交流有了更多面对面的交流。2015 年由国际历史学会主办、中国史学会和山东大学承办的第 22 届国际历史科学大会，特设“全球视野下的泰山文化”学术研讨会，来自我国大陆和台湾地区，以及美、日、韩、越等国的 100 多位学者莅会，围绕“山岳文化与区域社会”“泰山文献研究”“泰山宗教信仰研究”等展开研讨。2019 年 10 月由中国社会科学院和中国艺术研究院主办、泰安市人民政府承办的首届“泰山国际文化论坛”，设“国泰民安与泰山文化”分议题。泰山研究院与来自德、美、日、韩等国的汉学家针对泰山石刻、族群认同、文化认同、泰山文学等进行广泛与经常性的交流研讨，如德国波恩大学顾彬教授的学术报告《从泰山谈中国文人的自然观》，美国惠特曼学院达白安教授的《泰山与民族主义：一座象征国家的圣地》（《民俗研究》2018 年第 2 期），从世俗化与神圣化两种历史走向，诠释泰山何以成为民族象征；学术报告《康熙与泰山：满汉身份合一》，从帝王与泰山作为国家象征的视角，诠释出清代帝王的满汉身份认同。日本九州产业大学教授须永敬教授的学术报告《日本古典文学中的泰山》梳理了日本古典文学中与泰山相关的俗语、传说、“死”意象、泰山神（泰山府君）等，以见泰山文化对日本的影响，并认为 1980 年之后日本对中国文化的关注越来越强，研究愈多，体现了中国国际地位的提升。

泰山文化海外传播方面，如《中华泰山文库》的外文书系，自 2019 年起，计划在未来两年内，“将与德国海德堡大学合作，完成《泰山地区佛教摩崖石刻的考察研究》英文卷的出版；与清华大学历史系合作，完成《泰山文化在日本》史料集及研究论文集中、日文卷的出版；完成沙畹《泰山》法文卷的出版”②。此外，泰山文化研究也关注到对外传播与外译策略等，如赵艳萍《中国文化走出去语境下“泰山石敢当文化”外宣英译策略研究》（《教育

① 张琰：《2015 年泰山文化研究综述》，《泰山学院学报》2016 年第 5 期。

② 《〈中华泰山文库〉，打造泰山最全文献》，齐鲁晚报，齐鲁壹点，https：//baijiahao. baidu. com/s? id = 1634672731775854901&wfr = spider&for = pc。

现代化》2019 年第 21 期），陈静《文化走出去语境下泰山文化的对外传播与外译策略研究——以泰山诗词为例》（《教育现代化》2018 年第 34 期）；泰山文化国际交流研究，如周郢《漫话泰山与琉球的文化交流》。泰山文化输出，尚有泰山文化研究专家周郢多次应邀到韩国庆尚大学、日本信州大学讲授泰山文化。

4. 泰山文化研究得以演进：由资料汇编到理论建构，由理论研究到实践研究

其一，由资料汇编到理论建构。此期对泰山文化的研究，逐渐深入历史、进入国学研究的维度，如叶涛论文《试论泰山文化的历史轨辙——从国家宗教到民间信仰》《论泰山信仰与中国传统生死观》，王赛时论文《泰山历史文化研究理应上升到国学的高度》，张鹏论文《泰山日出的文化隐喻与文献梳理》，刘兴顺专著《泰山国家祭祀史》（山东人民出版社，2017）等均突破地域研究局限，将泰山文化研究上升到国家层面。叶涛认为："山岳崇拜与神灵信仰是泰山文化的核心内容……使国家与民众两个方面都可以在泰山寻找到自己的崇祀对象，开启了中国历史山上国家与民众共享泰山的先河。"[①] 王赛时认为："泰山历史文化研究还始终没有突破区域研究的有限范畴……我们理应从泰山放眼到全中国，从全民族所共有的文化认同感去研究泰山，从全民族的精神感应区衡量泰山的高度，从而把泰山学提升到国学的高度。"[②] 李俊领著《天变与日常：近代社会转型中的华北泰山信仰》（社会科学文献出版社，2017），从区域社会与日常生活的角度，探讨了近代华北泰山信仰的演进及其境遇，从一个侧面揭示近代华北社会变迁的路径与机制。典实相参，建构泰山文化研究的理论理念，研究模式远远超越前一时期的泰山文化研究以文献汇编为主的形态。

其二，由理论研究到实践研究。研究者开始关注学术与现实的关联，泰山文化研究进入现实与时代价值层面。一是关于泰山"国山"的研讨。泰山"国山"讨论肇事于民国时期，首倡者为易君左（1898 ~ 1972），其于民国二十一年（1932）重阳登泰山，同年 11 月写成《定泰山为国山刍议》。21 世纪

① 叶涛：《试论泰山文化的历史轨辙——从国家宗教到民间信仰》，载李森、聂立申主编《全球视野下的泰山文化》，新华出版社，2018，第 1 页。

② 王赛时：《泰山历史文化研究理应上升到国学的高度》，载李森、聂立申主编《全球视野下的泰山文化》，新华出版社，2018，第 9 页。

关于泰山“国山议”进入学术层面，参与探讨的学者有王雷亭、宋体金、汤贵仁、周郢、刘凌等。2013 年 12 月周郢先生著《泰山国山议：文献校释与学术新诠》出版，该书分上下两编，“上编校勘、笺注民国时期易君左所撰《定泰山为国山刍议》一文，下编则从中华历史、地域、民族、信仰与精神等层面论证泰山当为国山，进而考察了先秦至民国时期泰山“国山”的文化地位与历史命运，对《刍议》未及之处作了匡补”①。2017 年，《东岳论丛》设泰山文化研究专栏，刊载 4 篇文章，分别从历史、法学、政治文化象征、相关碑铭等视角阐述论证泰山国山的因由、依据、意义等。这些研讨尝试从理论历史层面推进文化中国的发展。二是关于泰山文化与核心价值、泰山文化创新驱动研究。泰山文化与核心价值研究，由理论到实践，出现如下研究主题：泰山文化进校园、泰山文化与大学生社会主义核心价值观、泰山文化的时代价值及保护利用；泰山文化创新驱动研究方面，如甄惠等在《新时代背景下泰山传统文化创新驱动研究》中提出，要“在对泰山文化进行深入的哲理思考的前提下去发展经济，在发展经济的同时去探索富有传统文化底蕴的泰山文化创新驱动模式”②。《泰山区旅游发展规划研究》（王雷亭等编著，山东人民出版社 2014 年版）则从文化旅游的角度“对泰山区境内泰山石、水、苗木、花卉、豆腐等五大文化进行了系统的梳理，并创意了泰山灵石部落、泰山水街、大汉文化城、泰山温泉谷等系列旅游项目。针对不同乡镇、不同地段、不同时期以及与泰山、周边县市区的关系等提出了不同的发展模式，设计了丰富多彩的旅游产品，等等。这一系列战略思路还未等规划结束就在泰山区进行了实际应用，极大地推进了泰山区的工作”③。

此外，在传统文化与现代科技对接方面，传统文化以现代科技为载体，出现了基于数字技术的泰山文化发掘与保护传承研究，如《泰山皮影与动漫产业融合发展路径探讨》《泰山皮影的竞争力分析与发展对策研究》《泰山封禅

① 李俊领：《泰山知己 一家之言——读周郢〈泰山国山议：文献校释与学术新诠〉》，《高校社科动态》2014 年第 3 期。

② 甄惠、谭娜、郭笃凌：《新时代背景下泰山传统文化创新驱动研究》，《人文天下》2019 年第 7 期。

③ http：//xueshu. baidu. com/usercenter/paper/show？ paperid = 20414ff973ec69d6557ccb77eb41e458&site = xueshu_ se.

大典与文化演艺产业开发的思考》等文，引领泰山文化由实践研究走向实践应用。

概言之，此期泰山文化研究成果丰硕，有开拓创新，有传承总结，不足之处是理实对接不畅。

二　泰山文化研究的局限

上述三个时期三种形态的泰山文化研究，均与不同的历史场域或历史语境相关，整体呈现为回归传统与走向现代化两种路径，泰山文化研究不断走向开放、多元、深化、细化的研究路向，对泰山文化价值的认识与思考不断深入。如由第二阶段的“文化搭台、经贸唱戏”到第三阶段的“资本助力、文化唱戏”，由“旅游经济”到“文化旅游”的思考等。文化与经济的关系开始转变，文化不再是经济发展的手段或工具，经济助力文化的挖掘保护与传承，文化成为经济发展的依托。泰山文化研究的主要局限表现为如下几点。

（一）缺乏宏观统筹、顶层设计与整体推进

早在20世纪80年代，有学者曾设想成立“泰山学”“泰山文化学”以及相应的“泰山学研究会”“泰山学研究中心”等，徐北文教授曾刊文《建立泰山学刍议》等，《泰山研究资料索引》（朱俭编纂）即冠以“泰山学书系”出版，但由于种种原因，以“泰山学”为中心的学科建设、研究机构、著述出版等均搁浅。

目前，国内外冠名“泰山”的文化研究机构团体情况如下：泰安市层面有泰安市泰山研究会和泰山管委会主管的泰山研究院，两家均非科研部门；省级层面的山东省泰山文化研究院，旨在传承发展中华优秀传统文化，并非以研究泰山文化为主，相当于一个讲国学的社团；国家级的泰山文化研究机构没有；法国有一个“法国泰山文化协会”，为在法山东籍人士的民间团体，旨在宣传泰山文化为代表的中国文化，没有相关的学术研究。此外，国内民间尚有“泰山产业研究院”“山东泰山创意策划研究院”“泰安市泰山研学研究院”“泰山茶叶研究会”“泰山象棋研究会”等，或取“泰山”的国家象征寓意，或以“泰山”为名目，宣讲“国学”，与本文所谓“泰山文化研究”无涉。

泰山文化研究的专门学术机构，目前只有泰山学院泰山研究院一家，目前在编研究学者只有3位，近几年出版了一系列有价值的泰山文化研究成果。因此，目前看，国家级与省级层面的泰山文化研究机构尚付阙如，“政府搭台、人才唱戏”的泰山文化研究局面尚未形成。鉴此，有必要成立“泰山学”专学，成立“泰山学”或“泰山文化”高层研究机构，以凝心聚力整体推进泰山文化研究与发展之路。

（二）研究视野、文献整理、理论研究等均尚待拓展

目前的泰山文化研究仍局限于主要将泰山文化作为地域文化研究的范畴，没有提升为齐鲁文化、国家文化、世界文化的视野；泰山文化与海外汉学的交流虽已起步，然更为广泛深入的交流尚未形成。文献整理方面，近几年尽管成绩斐然，然仍有工作可做，比如文献整理方面，有必要从持续公布的清代档案（包括满文档案）中整理检索，发现泰山文献著述等；理论研究方面，文史哲学方面均需拓展，比如泰山文学研究，目前尚局限于零星的文体（诗歌、小说、辞赋）研究，缺乏系统的泰山文学研究或泰山文体专史研究。

（三）理论研究与应用研究对接不畅

文化理论研究、文化应用研究如何有效融合对接，为社会整体的发展提供实践指导与理论支撑，如何避免理论应用研究与社会发展需求两张皮，值得深入思考。钱锺书先生一贯认为：“一切义理、学说，如果无补于人心，无利于摄生治世，而又发为高头讲章，振振有词，其为害有甚于洪水猛兽。”①

在泰山文化研究的第二阶段，尤其是80～90年代，曾出现理论研究与应用研究的两张皮现象。应用研究以经济效益为目标，出现实证薄弱、主观随意性强等特点，以此形成的文化作品很快被淘汰。第三阶段，这种现象得到缓解，如围绕泰山文化旅游而制作了大型实景演出“泰山封禅”等，但不足亦很明显，这种大型实景剧仍限于场面的恢宏和大制作，观众看完演出，对什么是“封”、什么是“禅”，对封禅文化所承载的传统国家仪典缺乏文化层面的

① 钱锺书：《管锥编》，中华书局，1986，第1133页。

体认。再如新近泰安高铁片区修建的几座公园（石腊河公园、泮河公园）内部的文化景观均值得商榷。如何实现理论与实用的融合，无视理论与不屑实践，这两种情形目前尚存，没有得到合理解决。文化研究如何为文化发展提供理论指导与支撑，文化实践如何借鉴学术研究成果，学者与实践者、管理者之间关系如何理顺，尚有待深研。

（四）研究成果良莠不齐

历史学有信史与伪史之别，从学术研究到现实应用亦有真伪之别。泰山文化研究资料不全而冠以“全”名者，张冠李戴者均有。无论是学术研究还是现实实践都要做到不说大话、不言过其实，应坚持实事求是。

三　泰山文化研究的对策建议

70 年泰山文化研究走过沉寂期、活力激发期，进入创新创造活力期，有成绩、有经验、有局限，针对泰山文化研究的未来走向，拟提出如下建议对策。

（一）研究指向

泰山文化研究的指向是什么？以文献、理论、应用为维度的泰山文化研究，如何相得益彰？如何实现有效对接？均值得探研。顾准认为：“历史的探索，对于立志为人类服务的人来说，从来都是服务于改革当前现实和规划未来方向的。”[①] 刘凌认为：“当代泰山文化研究不是单纯地发思古之幽情，更不是嗜古成癖，而是借此反思民族文化传统，以建构新的精神文明。当然，这种‘服务’，是以纯学术形态，以自由的逻辑求真服务于民族和时代……。总之，就每个研究者来说，资料和理论可以各有偏重；但对学科整体而言，却不可偏废。”[②] 杨辛认为“学习泰山文化要与时代精神相结合”[③]，张晖认为“学术研

① 顾准：《顾准文集》，贵州人民出版社，1994，第 311 页。

② 刘凌：《泰山文化研究的多元深化》，《泰安师专学报》1996 年第 3 期。

③ 杨辛：《立岱宗之弘毅——序〈中华泰山文库〉》，载（清）马大相编，王玉林、赵鹏点校《灵岩志》，山东人民出版社，2019，第 2 页。

究应该在更深的层次上回应现实人生和社会的问题”①。历史探索、学术研究、文化学习、文化研究的最终指向是一致的：反思传统、回应现实、认知社会、服务当下、规划未来。泰山文化研究何尝不如是呢？建立以文献整理、理论建构、社会服务为目的的泰山文化研究的基本路向，为泰山文化的时代发展提供理论支撑，为泰山文化的现代化、现实化转化提供历史与理论指导，为中华文化、中华精神建构打好文化根基，是泰山文化的研究指向。

（二）研究视野

处于旨在构建人类命运共同体的新时代，学者与实践者均需要宏观与微观两种文化研究视野。微观研究方面，泰山文化既需要做好文献整理、挖掘、保护、传承研究，做好泰山石刻、宗教、信仰、民俗、考古、美学、民族学、社会学等研究，做好帝王、士人、民众等不同群体的文化研究。宏观研究方面，需要“对泰山文化整体作总的考察分析，明确其在中国传统文化中的地位，以及与中外其他名山文化，与历史上的齐文化、鲁文化的异同和交融。理论研究，特别是整体研究，应该有鲜明的时代感，为新时代的文化建设服务”。② 未来的泰山文化研究要突破区域研究的范畴，将泰山文化放在中国文化、世界文化的大视野下加以观照与比较研究。泰山文化与中华文化同步，今天的泰山文化是五千年中华文化积淀下生成的一颗璀璨明珠，泰山文化研究要采用历史观，以文明互鉴的方式，思考研究泰山文化对未来区域文化、国家文化、世界文化发展的创新创造驱动引领作用。

（三）研究方法

泰山文化研究要吸纳融合文史哲、文献学、民俗学、宗教学、人类学、社会学、考古学等多学科的研究成果与方法，做好实证研究、理论研究、应用研究，处理好考据与思辨、批判与继承的关系，避免方法单一。袁世硕先生提倡学术研究要以问题意识为引领，认为“问题意识可以使我们对一些理论有清

---

① 转引自鲁大智《〈帝国的流亡：南明诗歌与战乱〉带给学界哪些启示》，《中华读书报》2014 年 3 月 19 日。

② 刘凌：《泰山文化研究的多元深化》，《泰安师专学报》1996 年第 3 期。

晰的判断力”“有助于学术研究的理论升华”，有助于将研究对象“放在历史发展中加以考察”联系和比较。① 问题意识是泰山文化研究多样方法的引领与导向。

泰山不仅是一座实体山，也是中华文化的精神之峰。文化始终照临现实，文化是人类生存的背景，也是生活本身。文化研究不是向风而行的时尚，不是研究对象的扩大、不是研究方法的更新，文化研究需要情怀，文化研究的指向是它“能成为人们为理想的社会和更美好的生活而奋斗的一部分”②。对于泰山文化研究，笔者尚属“望夫子之门墙，而不入于其宫者”，囿于闻见与学识，对于泰山文化研究的回顾与前瞻，只为一孔之见，对于泰山文化研究的学术规范与方法的讨论，自己亦远未达到。“虽不能至，心向往之”。

① 袁世硕：《以问题意识引领学术研究》，《人民日报》2015 年 11 月 30 日。

② 〔英〕吉姆·麦奎根编《文化研究方法论》，李朝阳译，北京大学出版社，2011，第32 页。

B.7
70年：山东当代文学巡礼

薛忠文*

摘　要： 新中国成立70周年，山东当代文学经历了“十七年”、“文革”和新时期三个阶段。从作家本身以及他们的作品来衡量，这三个时期的文学创作都不同程度地与时代生活息息相关，整体呈现反映现实社会发展的面貌特征。山东当代文学展现了自己不同时期的历史面貌，具有自己独特的艺术价值和历史合理性，也承担了历史赋予它的文学使命，在中国当代文学史上，有自己独特的地位和影响。但山东当代文学创作尚存在观念陈旧，思路不够开阔，与外部世界融入不够等不足。

关键词： 山东当代文学　创作人才　创作质量

“文章合为时而著，歌诗合为事而作”这句话，历经历史沉淀，成为文学时空名言，亦符合山东当代文学传统发展。山东当代文学是时代的产物，是运动、发展的美学；是山东新时代政治、经济、文化的反映；它与山东地域的古代文学、现代文学相比是与社会发展、生活现实联系更加紧密的年轻文学。它既要积极地“入世”，又要适时地“跳出”，以顺应繁复又变动不居的文学现实。

山东当代文学曾经是中国当代文学中处于领先位置的重要部分。山东当代文学之所以能够在中国文学中发挥重要作用，其生命力和表现力来自其基本精神：自强不息的刚健精神、崇尚气节的爱国精神、经世致用的救世精神、人定

* 薛忠文，山东社会科学院文化研究所副研究员。

胜天的能动精神、民贵君轻的民本精神、厚德仁民的人道精神、大公无私的群体精神、勤谨睿智的创造精神，这些，充分表现在山东当代作家作品中。山东土地幅员辽阔，由于地域的、风土的、民俗的原因，形成了多姿多彩、斑斓璀璨、各具特色的文化，又浸润出多种风格的文学作品。

山东当代作家在当今社会市场化、欲望化的写作环境下，坚持脚踏实地、不卑不亢的写作姿态；坚持山东当代文学光荣传统，展现出深切的忧患意识，坚定的道德理性与真诚的人文关怀，为山东当代文学焕发独特风采贡献了青春才智。有道是“才高者菀其鸿裁，中巧者猎其艳辞，吟讽者衔其山川，童蒙者拾其香草”。鸿裁者必是天赋异禀，即便可“猎”、可“衔”、可“拾”，也已是文坛高手了。新一代山东作家多方面地展现出自己的创作才华。

一　绝处逢生的山东当代文学

从20世纪50年代开始，在祖国大地广袤的田野上，在旧中国凋零的废墟上，山东作家与旧中国历史一起成长的文学家们，跨越新旧中国的门槛，开始了社会主义文学的艰难探索。

新中国是经历了巨大的社会历史阵痛的，血与火的涅槃也为新的历史时期奠定了第一批坚实的基石。从旧中国脱胎而来的新中国，以及亲历了中国社会大变动的人民其中包括文学家在内都不能忘记，新的社会生活，是用千千万万、一代一代先烈的生命换来的；他们的生命创造了新中国诞生的奇迹，为幸存者展示了生命的传奇；也激励后来者高扬理想旗帜，为捍卫来之不易的新生活贡献自己的聪明才智。还没有适应这改天换地变化的文学家、艺术家们，踉踉跄跄地走进新时代，走进新生活，望着满目疮痍的大地，义无反顾地肩负起了讴歌新生活、新社会的历史重担。

20世纪五六十年代的新文学以崭新的面目展示在世人面前。她有自己新的题材、新的内容；她不同于20世纪上半叶的文学，她以宣扬革命热情和生活理想为主题，以英雄叙事为主导。她书写从旧到新的沧桑历史，感怀国家民族忧乐，放眼曾遭蹂躏的大好河山，俯仰历史回声、时代精神。新时代山东作家普遍以“书写新的人物，讴歌新的时代”作为自己的使命，进行了深深的探索。由于特殊的历史原因，这一时期的文坛控制严格而艺术相对单一，文本特殊，叙述瘦弱，但她同样展现了自己的历史面目，具有自己独特的艺术价值和历史合理性。她承担了历史赋予她的文学使命，贡献了自己的新儿女英雄谱，在中国当代新文学史上，有自己独特的地位。她有自己的历史记忆，足以抵挡逝水流年，成为新中国文学的历史刻度，她的历史成就，文学的碑铭是不可或缺和无法取代的。

不同时期的文学是要求贴切于自己的历史、生活现实的。新文学初期，有过自己曲折的社会主义文学进程。轻视理论，蔑视知识，忽视艺术，甚或“以阶级斗争为纲”，喜欢发动“运动”，制造“高潮”，致使当代文学早期像四季天气，忽冷忽热。许多作家有时热情奔放、轻盈欢快，有时怀疑困惑、荡入深渊。一场接一场的政治运动，残酷无情的斗争哲学，对文学规律的粗暴干涉，对作家精神、人格、身体的无情凌辱。山东也无例外地成为重灾区。

山东由于特有的地域风情而使其文学独具特色。新的时代、新的风貌首先激发了诗人的诗兴。山东诗坛随着战争与和平的转换而迎来了新诗转型期，政治抒情诗逐渐被颂歌与战歌取代。和平与建设、憧憬与追求成为主旋律，内容也从追寻社会意义转向讴歌自然美。宋协周、王耀东、郭廓、纪宇等诗人唱出了自己心中的歌。反映新的时代，需要大容量的体裁，小说创作当仁不让。这一时期，山东诞生了一批载入史册的作家作品：刘知侠的《铁道游击队》，继承借鉴中国民族民间艺术传统中的表现手法，塑造了一批形象鲜明、个性突出、富有传奇色彩的人物。曲波的《林海雪原》，从民间吸取艺术营养，书写英雄传奇，作品带有“神化”的传奇色彩。冯德英的“三花”（《苦菜花》《迎春花》《山菊花》）及《染血的土地》，塑造了一批充满人情味的革命妇女形象，还成功刻画了一些具有独特个性、有一定缺点的被称为“中间人物”的人物形象，丰富了山东当代文学的人物画廊。峻青的《黎明的河边》《党员登记表》，王愿坚的《党费》《足迹》等短篇小说，充当革命英雄主义的歌者，发掘革命者的人性美。但是时代新创，百废待兴，一切都经验不足，处于摸索阶段。作家们虽群情振奋，但有时也茫然四顾，或盲从于指令、时政，或被大量非文学事务所累，做不到精心创作，无法进入充分的、审美的自由状态，难以自觉地解决好思想与艺术的创造问题。“历次运动中我都没有独立的思考，而是按一种既定的要求材料去否定别人，也否定自己。在精神上完全丧失了自己。尤其是‘文革’，它的极深的毒素至今在我的脑子还留存。有些是我意识到的，有些是我根本意识不到的。但它却在起着可恶的作用，甚至阻碍我的创造。这是非常痛苦而可怕的悲剧。”曹禺的话成为同时代作家处境的真实写照。

二　艰难跋涉中的山东当代文学

问题的发现与提出永远是判断文学史的切入点，无论是创作还是批评，其意义与价值，虽然挖掘艰难，但是快感存在于问题的展开、探索和解决中。意识的简单外化和主观的先验认定绝不是问题的本来面目，必须历史地、客观地、辩证地判断。只有按照问题事物产生的根源对照事物本来面目来理解事物，才能找到问题事物的本源。

“文革”十年，是一个特殊时期，就像时间不能割断，这段历史也不以人的意志为转移，不以人的好恶而化为乌有。“我们应该准备随时重新考虑问题，随时准备勾销最珍爱的体系、所选择的事实或所谓事实的态度，假如进一步研究要求这种改变的话。这不仅是由于发现或构成了新的事实，而且也是由于对存在所谓事实进一步进行思考的结果。”① 重审文本史实，客观地重读作品，重新发现问题，重新探究问题的意义之所在，是我们必做的功课。“文革”10 年的当代诗歌就走过了“颂歌—战歌”的演进与变异之路，但要深究产生这一切的原因，不能简单武断地判断，要从事实出发进行选择和发掘。在小说方面，茅盾在 20 世纪 60 年代初对许多作品就有所批评：“政治挂了帅，艺术脱了班，故事公式化，人物概念化，语言干巴巴。”② 然而，我们细读这一时期的山东当代文学作品，读到的也并非完全简单地图解当时的政策，也有大量的作家所熟悉的乡村生态、乡村农人、乡村故事，那里有泥土的芳香和精神的气韵，亦有历史的痕迹和真实化的笔墨。自然，在“重新思考问题”时，我们也不难读出时代带给作家的局限性。具体问题具体分析是马克思主义活的灵魂，这些作品是时代的产物，是那个时代生活的记录，散发着那个时代的真实气息，就像出土文物，它就静静地躺在那里，需要今天的我们客观的还原，

① 田汝康、金重远选编《现代西方史学流派文选》，上海人民出版社，1982，第 215 页。

② 茅盾：《60 年少年儿童文学漫谈》，《上海文学》1961 年第 8 期。

真实的解读，历史的定位。这一切，都给我们一个启示：“文变染乎世情。”文学家无法回避时代的思潮和艺术的要求，现实、人生、审美有自己发展的客观规律，无法更改只能顺应。“问题”意味着原创；“问题”对读者来说意味着吸引力；而“问题”对文坛则意味着文学的生命力。没有问题就没有作品，大问题才有高品质。问题须用专业的、审美的眼光和文化的、学术的立场去发现，二者缺一不可。

三　生逢其时的山东当代文学

1976年，中国历史山崩地裂的一年，悲剧岁月过去了，真的是历史拉开新篇章，又一次开天辟地。经过徐徐地胎动，隐隐地阵痛，直到1979年，中国文学才真正翻开了“新时期”的第一页。文学与政治须臾不可分离，党的十一届三中全会无疑起到了破天荒的作用，促成了从强制文学“为政治服务”“为观念服务”到文学“为人民服务、为社会主义服务”的观念的转折，可谓解脱了思想和艺术的层层枷锁。生活回归、文学回归、艺术回归，个性回归，“百花齐放、百家争鸣”；文化思潮涌动，文学创作井喷。作家们获得了创作自由，开始了无怨无悔的上下求索和心无旁骛的专注思考。作家成为创作的主宰，成为新文学思潮、新意识形态创造的参与者。“想象”作为作家的最大优势得到充分发挥。苦难的生活、屈辱的经历、焦灼与痛苦、奔突与追求、肉体与灵魂；劫后余生、人情世态、心路历程、酸甜苦辣、再生的欢欣等都倾泻于笔端。人的日常生活和精神世界在复杂社会关系中的“荒谬”与残损、遮蔽于主流价值取向中的问题与矛盾，终于大白于光天化日之下。各色人等的心性结构与生存方式、生活日新月异的改变、生活的道路更加宽广；开辟了更广阔的思想艺术空间，走向了更广阔的天地。

文学生逢其时，进入了更宽广的发展时期。一代新的青年作家如初升的朝阳在齐鲁文坛的地平线上涌现，令人振奋。他们的生活经历更加丰富，他们有的当过“红卫兵”，有的参加过“上山下乡”运动；他们到过内蒙古草原、陕北高原；到过北大荒、云南边境；见证过荒凉、艰苦的岁月；他们曾经被遗弃、被流放；宝贵的青春被搁置、浪费，成为“被忘却的纪念”。文学怎么能与生活分开呢？怎么能与祖国大地和民族精神隔离呢！每一代人都有自己独特的经历，他们有自己的历史背负，他们有自己的发言权、说话方式。青春的印痕、往事的追忆、事态的疤痕进入他们的创作，使他们的作品充满人生感慨和对命运的思考。

成长于20世纪六七十年代的山东作家，生逢其时；他们大多受过高等教育、心胸开阔、精神开放；处身于全球化经济、多元化文化的环境中；创作的自由度、思维的想象力得到空前发挥。

山东是文化大省，也是文学大省，山东人才辈出。作为齐鲁文化的发祥地，山东当代文学也当之无愧。但是，“文学鲁军”的地位对比“齐鲁文化”的地位是否当之无愧？齐鲁文化在诸多方面影响了一代代山东作家的创作，齐鲁文化已经沉积在他们的血液中成为一种集体无意识。在齐鲁文化浸润下、在齐鲁文学传统熏陶下的当代山东作家作品的价值是否已经被充分挖掘出来？

当代山东作家中诞生了中国第一位诺贝尔文学奖获奖作家。莫言自20世纪80年代以一系列乡土作品崛起，充满了“怀乡”以及“怨乡”的复杂情感，被归类为“寻根文学”作家。写的是一出出发生在山东高密东北乡的“传奇”。莫言在他的小说中构造独特的主观感觉世界，天马行空般的叙述、陌生化的处理、塑造神秘超验的对象世界，带有明显的“先锋”色彩。莫言的创作是植根于古老的中国传统文化，当然也包括源远流长的齐鲁文化，脱胎于中国古老的叙事艺术，比如中国神话、民间传说等。莫言的《红高粱》入选《亚洲周刊》评选的“20世纪中文小说100强”。2005年莫言的《檀香刑》全票入围茅盾文学奖初选。2011年8月，莫言凭借长篇小说《蛙》获第八届茅盾文学奖。2012年10月11日，获得诺贝尔文学奖。他的《红高粱家族》《檀香刑》《丰乳肥臀》……进入了世界文学殿堂。

张炜，1999年《古船》分别被评为“世界华语小说百年百强”和“百年百种优秀中国文学图书”，《九月寓言》与作者分别被评为“九十年代最具影响力十作家十作品”。《声音》《一潭清水》《九月寓言》《外省书》《能不忆蜀葵》《鱼的故事》《丑行或浪漫》等作品分别在海内外获得70多项奖项。新作《你在高原》获“鄂尔多斯文学大奖”、香港《亚洲周刊》全球华文十大小说之首、华语传媒大奖杰出作家奖、中国作家出版集团特别奖、出版人年度作家奖、茅盾文学奖等。

陈杰的小说《大染坊》（《山东文艺出版社》2003年版）以及根据小说改

编的电视剧《大染坊》引起极大反响，荣获了2004年第24届电视剧“飞天奖”长篇电视剧二等奖，2007年全国第10届精神文明建设“五个一工程”优秀作品奖。高满堂，孙建业的小说《闯关东》（《山东文艺出版社》2008年版）以及根据小说改编的电视剧《闯关东》也取得了骄人战绩：荣获2008年第24届中国电视“金鹰奖”长篇电视剧奖；2009年第27届中国电视剧“飞天奖”长篇电视剧一等奖；2008年韩国首尔国际电视节最佳编剧奖。

山东作家曾取得骄人战绩，出现了一批在中国文坛很有影响力的作家，比如马瑞芳、赵冬苓、张炜、李贯通、刘玉堂、刘玉民、赵德发、尤凤伟等，很多作品进入了中国当代文学史；后起之秀刘玉栋、王方晨、凌可新、卢金地、宋潇凌、瓦当、张锐强、王秀梅、东紫、李辉等也后生可畏，频频获奖。当代山东作家作品无愧于这个伟大的时代。

多样的文化机制、宽松的文化环境、多元的文艺观念、个性化的文学书写，生逢其时的山东作家，把这一切进行了淋漓尽致的发挥，推动了山东当代文学乃至中国文学的全面复兴。

20世纪90年代中期以后，“经济全球化、文化多样性”、市场经济取代了计划经济、域外文化蜂拥而入；促使中国本土民族文学自身观念的“影响与效应”也更加显现；“差异、分化与选择”摆在人们面前。文学不再是受观念支配的附庸，而成为有个性的自我。文学既困窘又繁华、既深刻又浅薄的“世俗化”扑面而来。“世俗化”对社会意识带来冲击：长久的精英意识被消解，作家身份被重塑；视觉文化被新媒体创造出来。大众文学消解了“大手笔”“大叙事”；传统文学的精神品格地位被弱化，老百姓喜闻乐见的娱乐、多元化的消遣样态大行其道；作家的创作也呈多样化甚至被影像、新传媒“收编”；文学艺术作为现实生活的写照，“道德”不再高高在上占统治地位，“信仰”也呈现个体化、多样化，打破了过往的“大一统”模式；长久对立的“传统”与“现代”的模式逐渐淡化，他们之间的对立与边界也逐渐消解。“传统”与“现代”之间的文学批评与争论日渐消沉，“主义之争”让位于具体问题的务实讨论，“世俗”不再纠缠于“主义”与“问题”，“主义”与“问题”也逐渐在分离。

真正的成熟需要时间的沉淀。世俗化的文化、涌动的文学思潮需要时间的检验，哪些作品真正能激发人们思想的潜力；哪些作品对生命、对生存敏感；

哪些作品自生自灭、来去匆匆。山东当代文学的“深夜看门人”决不放弃自己的理想，顽强地坚守在文学的精神高地。他们抱定信念，持之以恒，使他们的创作在铺天盖地的作品中升腾为寥若晨星的经典。

历史会记住山东当代作家经历了多少慷慨忧忿，岁月会体会血泪成河的记忆沧桑。大浪淘沙，他们的辛劳将载入史册。

现实与人生，永远是有距离的。文学传统、文学长河诞生于代代作家的共同不懈的努力。山东当代作家用诗歌、用小说、用戏剧、用散文；回应世事、记录历史、针砭时弊、暴露黑暗；他们走在风雨中，跋涉于泥泞上，成就了一条由汗水、泪水与血水交会的文学大道，保持文学传统永远年轻，民族精神永不衰老。

每一个文学时代都希望诞生自己的经典。“经典”不是自封的，它是具有历史文化价值、不受时空所限、拥有众多读者的作品，是经得住时间检验的作品，是“超时空”“超地域”“可流传”的作品，是“世界潮流”和“中国经验”相结合的作品，是具有厚重美学品格、具备“时空共享”特点的作品。“经典”带有“艺术共鸣”的魅力，这也是山东当代作家的共同追求。

四　山东当代文学的问题与展望

文学都是写人的，写人心、写社会、写生活，而人性的进化是极其缓慢的，最根本的东西是不变的，文学属性没有变，但是文学风格、表达方式在不断地进步、不断地变化。社会矛盾改变了，人民对文学的要求也随之改变了。文学作品中批判的锋芒不再是主要甚至首要的而特别彰显了。文学从根本上来说是艺术，不是工具，而很多前辈山东作家由于时代的原因在写作的时候，目的性、政策性比较强，针对某种意识形态而书写，有很鲜明的时代特点。而年青一代作家，则一开始就从审美的角度，找准了自己的个性，更加鲜明、更加灵动。这势必带来山东当代文学的一些社会和个体问题。

第一，当代山东拥有众多有实力的作家，但是，他们在中国乃至世界的影响与地位有待提高，除却作家自己的天赋和努力外，今天的这个畸形阅读的时代遮蔽也是一大因素，改革开放初期的“文学热”时代一去不复返了。随着时代与社会的日新月异的进步和改变，文学已不可能一枝独秀。娱乐方式多样，信息铺天盖地，刺激八面来风，读者已不是过去时代的读者了，他们已失去对精神事物的耐心了。山东当代作家处于被压抑和遮蔽的状态，不能勇立潮头，这严重影响了他们走向全国乃至世界的速度。山东当代作家的创作沿袭已有的习惯的创作路数，作品数量相对较少，创作力没有大的爆发，声势不够，影响太小。

第二，山东当代作家现代观念滞后，与全国各路文学大军相比缺乏创新的闯劲。山东当代作家文学自身造血功能不足，很多作家囿于已取得的成就，风格、写法功能固着，一成不变，缺乏吸引力。山东社会文学氛围观念陈旧、思想保守，对新生事物敏感度低，习惯于追风而不善于独立潮头。山东当代作家审美主体性不够强，文学敏锐性和预见性欠缺，习惯守成、疏于创业。因此在文坛上只能当配角。山东作家竞争意识不强，超越意识淡薄，习惯于严肃、沉重的写作姿态，对文学上的一些“新潮”或“先锋”的东西持拒斥态度；这使得山东当代文学的发展总是滞后，似乎山东当代文学永远只是一种追赶文学、落伍文学，特别是在形式创新层面上。形式变革是文学发展的必有之意，“五四”开始于打破文言文枷锁、新潮小说发迹于形式的变革，形式和技术创造有待突破。

山东当代文学不能眼睛只盯着获奖，不能太讲究功利。山东当代文学有现实感、时代感强、贴近主旋律的特点，容易争得头彩。但是，获奖与成就相符吗？获奖与能力成正比吗？山东当代文学作品面貌相似度高，审美千篇一律，艺术感染力差。无法适应世界先进的文学思潮，无法适应中国现代化速度和都市化的进程。山东作家要加强“技术”和“审美”意识，在突出忧患意识、使命感、责任感的同时，加强对外部世界的了解和融入。在坚持现实主义的强项的同时也要拥抱现代主义。

第四，山东当代文学要突出齐鲁大地的文化特征，增强自己的文化底蕴。改正风格的过于单调、面孔的过于单一、写作路子的过于“主流”以及艺术感的过于滞后。不要沉湎于“沉重”的写作姿态，而丢失了齐鲁文化本应具有的丰富、深厚的地域性特征和自身的品格以及自己的特殊规定性。不能单单追求为中国文化的“共性”添砖加瓦，更要去考虑作家的个性和文化的个性。

山东作家应努力追求创造能拨动时代神经，在文学史、思想史和精神史上具有划时代意义的作品。力图使它们汇入历史长河，在思想上、艺术上都各有建树和光彩。历史是波澜起伏的，有的作品，是曾经不被认识且有争议却对文学进程起过重要影响的、是容易被忽略却在社会变迁中具有一定文化价值的；和无棱角、无声息、自生自灭的作品比起来是好的，不应该被忽略。期盼山东作家创造出更多的经得起时间检验的“经典”作品。

山东当代文学征程，给人们留下了欲说还休的记忆。它们影响了历史，进而参与了改变时代，不可磨灭地进入了我们的心灵！

文化案例篇

Chapter of Cultural Cases

B.8

乡村振兴战略下济南市农村公共文化服务体系建设研究

闫　平*

摘　要： 基于我国实施乡村振兴战略的要求，全面理解认识农村公共文化服务体系建设的内涵与功能，大力推进乡村文化振兴，是推动实施乡村振兴战略的紧要任务。本文深入分析济南市农村公共文化服务体系建设实际，立足现存突出问题，探寻蕴含现代文化治理理念的合理性制度安排，并提出推动农村公共文化服务体系建设的实践策略。

关键词： 乡村振兴　文化振兴　农村公共文化服务体系

* 闫平，济南市社会科学院文史哲研究所副研究员。

搞好基层农村公共文化建设，构建“广覆盖、保基本、促公平”的农村公共文化服务体系，是繁荣乡村文化、培育文明乡风、推动实施我国乡村振兴战略的重要任务和有效手段。

一 基于乡村振兴战略视角的农村公共文化服务体系建设的内涵、特征、功能和作用

作为决胜全面建成小康社会、迈步我国社会主义现代化建设新征程的重大决策部署之一，党的十九大报告首次提出实施“产业兴旺、生态宜居、乡风文明、治理有效、生活富裕”的乡村振兴战略。2018 年中央 1 号文件继续聚焦关切国计民生的“三农”问题，进一步规划部署乡村振兴战略，下半年印发了《国家乡村振兴战略规划（2018～2022 年）》，至此，我国乡村振兴战略开启全面实施阶段。尤为值得一提的是，2019 年 3 月，习近平总书记就实施乡村振兴战略对山东做出推动“产业振兴、人才振兴、文化振兴、生态振兴、组织振兴”的重要指示，同时，要求山东“充分发挥农业大省优势，打造乡村振兴的齐鲁样板”。对山东省落实乡村振兴工作注入了极大动力。省会济南理当在打造乡村振兴齐鲁样板中争做排头兵、先锋队，以更大目标和更实举措，把济南乡村振兴战略推向深入。

近年来，济南“三农”改革发展站在了新的历史起点上，农业发展水平、农村发展活力日趋增强，农村生活环境、农民整体素质得到较大改善和提升，为济南全面实施文化振兴、乡村振兴战略筑牢了基础。怎样通过推进基层公共文化建设，构建“广覆盖、保基本、促公平”的农村公共文化服务体系，是乡村振兴战略背景下，亟待思考和实践的重大现实问题。从另一个角度讲，基于我国乡村振兴战略新的历史机遇，重新理解认识农村公共文化服务体系建设的内涵、特征、功能和作用，加快推动乡村文化的再造与振兴，提升农村人口整体素质，是实施乡村振兴战略重要而紧迫的任务。依据《中共中央国务院关于实施乡村振兴战略的意见》和国务院印发的《国家乡村振兴战略规划（2018～2022 年）》，农村公共文化服务体系建设的内涵、特征、功能和作用重点体现在如下方面。

(一)农村公共文化服务体系建设的内涵和特征

构建公共文化服务体系，作为21世纪初我国文化体制改革的一项重要措施落地。公共文化服务体系立足点在于满足大众基本文化需要，通过文化体制改革与创新以及服务型政府公共政策、投入管理的规范实施，使人民日益增长的精神文化需求得到保障。当前我国下大力气搭建的遍及城乡的公共文化服务网络体系，当属面向广大人民实施的公益性文化服务举措，是保障公民基本文化权益，增强城乡大众文化获得感、幸福感的有效方法。公共文化服务组织架构平衡、运行合理有序的体系化建设，在于依托结构完备、制度缜密的文化服务设施和服务手段，并将相互补充、协调发展的强大组织力体现于广泛实施的群众性文化活动或重点文化工程之中。需要强调的是，当下我国公共文化建设，应注重发挥市场配置资源和多元社会力量的作用，充分运用现代理念、科技手段和传播方式，努力建构政府主导、社会力量参与的公共文化服务事业发展格局，从而更好地满足城乡人民不断增长的精神文化需求。

“文化是人类精神和思想的一种表达方式，抽象的精神和思想需要通过有形的文化产品和服务承载并传播……文化产品及服务的价值或意义必须经过集体、社会的认同才能获得持久的生命或影响，因而，文化在本质上具有社会交往意义上的公共性。”① 文化产品和文化服务的公共性实质，就是以面向最广大社会成员开展文化建设为要旨，建立和完善城乡民众共同享有、全社会普遍受益的体系化、专业化、规模化的公共文化服务网络系统，切切实实保障每位公民的文化权益。人的基本权利得到保障，合理需求、正当利益得以实现，就能够促进人主动参与社会建设的积极性和承担应尽社会责任的自觉性。在构建农村公共文化服务体系过程中，应着重强调“共同创造、共同享有”的基本理念，让农民以文化建设的主体身份、享有与市民同样的文化权益。这是因为，缺少了广大农村居民对文化的参与、享有、鉴赏与创造的权利，文化本质具有的社会交往意义上的“公共性”就会受到误读与扭曲，农村文化建设的

① 张晓明、李河:《公共文化服务:理论和实践含义的探索》,《出版发行研究》2008年第3期。

动力和发展的生命力就会被削弱。乡村振兴战略视域下的农村公共文化，是通过城乡文化融合以及文化资源向农村倾斜，以制度完备的供给方式推进农村基础文化设施建设和重点文化工程建设，从而达到提高农村文化覆盖面的文化事业。“农村公共文化服务则是由政府以及非营利主体供给，为满足农民的基本文化需求，提高农村文化文明素质，改善农村人口生活方式以及农村社会发展所需文化条件的公共文化产品和服务的总称。具体包括：农村文化基础设施建设、乡镇综合文化站和村级文化大院建设，文化信息资源共享工程、农村广播电视‘村村通’工程、农村电影放映工程、农家书屋建设工程以及民间文化遗产保护工程等，这些改善农村居民精神文化生活的基础工程，是保障广大农民基本文化权益的主要手段和硬性措施。”① 构建与完善体系化的农村公共文化服务，应着力突出公共文化服务的“公益性、均等性”的本质要求，努力让农村居民享有便利又多样的文化产品和服务。同时，还应明晰，“以人为本”是我国公共文化服务体系建设的逻辑起点和价值基础。坚持“以人为本”的价值理念建设农村公共文化，首先要明确农民的建设主体地位并充分调动其内在驱动力；其次要力除城乡文化供给差别，解决农村文化发展不到位、不充分的问题；再次要“全面整合并利用城乡人力资源、文化资源、设施资源、管理资源以及社会经济资源，创新农村公共文化服务方式”②，为农民群体提供多向度的公共文化服务，改善乡村文化民生；最后要最大限度地满足每一位农民的文化需求，尤其要体现对农村未成年人、老年人、残障人士等弱势群体的人文关怀。

现阶段，在乡村振兴战略背景下加强农村公共文化服务体系建设，应重点抓住以下环节：一是明确主体责任。政府是担当农村公共文化服务供给和管理的主体，要以现代服务型政府姿态和理念，建立农村文化目标管理责任制，加强绩效管理与评估。二是加大投入力度。把农村公共文化建设经费纳入财政预算，并随经济社会发展逐年增加拨付，完善文化经济政策。三是探索新型模式。以现代理念和创新意识推动实践，积极探索“公益性 + 社会化 + 市场化”

---

① 闫平：《关于农村公共文化建设若干问题的思考》，《中共青岛市委党校　青岛行政学院学报》2009 年第 10 期。

② 闫平：《关于农村公共文化建设若干问题的思考》，《中共青岛市委党校　青岛行政学院学报》2009 年第 10 期。

的农村文化建设模式。四是引导多方力量。加大规范强度和引导力度，鼓励社会力量和民间资本支持农村文化建设。

（二）农村公共文化服务体系建设的功能和作用

综观上述公共文化服务体系建设体系不难发现，代表乡村振兴目标的两个重要支点即乡村文化的振兴和乡风文明的重构，皆离不开体系化、制度化、常态化公共文化的有力支撑。

1. 加强农村公共文化服务体系建设，是推进乡村文化振兴、助力乡风文明的必然选择

乡村振兴背景下的农村公共文化服务体系建设，分别指向乡村振兴目标之一——“乡村文化振兴”以及乡村振兴主体——“农村社会个体”两个方面，其目的就在于对新时代农村文化形态的重建和新型农民主体性能的重塑。首先，农村公共文化服务体系是提升农民思想道德素质和科学文化素质的有效载体。与政府宣传、组织说教相比较，公共文化服务对人的涵育与淳化更具广泛性、日常性及亲和力，可谓促进“人的全面发展”的重要化育平台。在农村精神文明建设当中，利用生动形象、易于接受、便于享有的公共文化产品和服务大力开展群众性活动，有利于社会主义核心价值观教育入脑入心，转化为人们的情感认同和行为习惯，最大限度地形成农村社会全面、协调、可持续发展的共同思想基础，从根本上促进乡村文化乃至整个乡村走向全面振兴。其次，农村公共文化服务的关键与重心，在于向农民提供国家大力倡导的“标准化、均等化”的基本公共文化服务。必须坚持“统筹城乡、普遍均等”的公共文化服务原则，让农村居民拥有与城市居民同等的文化权益。然而，当前我国还有不少农村地区的公共文化服务体系距离国家制定的基本公共文化服务的“标准化、均等化”要求相差尚远。调研中我们了解到，济南城乡文化供给的标准化、均等化差距较大，城乡文化发展不平衡状况突出。实则，在农村无论是已经富裕的农民，还是尚未富裕的农民皆怀揣着对美好文化生活的向往与渴求，亟待通过搭建完善的农村公共文化服务体系，让广大农村居民在村子边、家门口的文化参与里，于赏心悦目的文化享有中，收获教益、启迪思想，提高自身综合素质和自我发展能力，塑造成为“有文化、懂技术、会经营”的“新型农民”，真正能够为乡村振兴提供智力支持和人才保障。

由农民道德文化水平普遍提升而促成的农村社会崇尚科学与文明的良好风气，可谓乡村走向振兴的逻辑前提。一方面，作为一种社会进步的标志，乡风文明意味着乡村地区除了具有繁荣的社会文化、良好的社会秩序、优美的居住环境，更要拥有具备良好思想道德素质和科学文化素质的农村人口。另一方面，作为一种社会治理方式，乡风文明要以建立自治、法治、德治相结合的乡村治理体系为主旨，规范乡村社会群体的文明意识和良好行为习惯，保障农村社会和谐稳定与健康发展。乡风文明建设的文化意义，在于培育居民对所在乡村的归属感、认同感，提升对家乡的热爱之情、建设之志以及建设家乡的素养技能。这些亟待为农民“还权赋能”的关键之处，何尝不是乡村文化振兴的核心要义。

2. 加强农村公共文化服务体系建设，是推动文化扶贫乃至乡村振兴战略整体进程的重要任务

从人类演进史看，导致贫困的原因有多个方面，归根结底在于文化教育的落后、认知水平的低下以及价值观的缺失等精神文化的因素。美国人类学家刘易斯的贫穷文化理论定义贫困是一种生活方式，这种生存状态可以代代延续。这种落后的生活方式、欠佳的心理素质和消极的精神状态，阻碍了人类文明的脚步，拉开了发展的差距。可见，文化的贫困乃是贫困的本源。更为可怕的是“贫困的自然传递性以及贫困人口脱贫动能与素质的匮乏，易于引发原地打转式持续性‘贫穷螺旋’，这无疑加大了脱贫工作的难度。”① 然而，文化作为一种精神力量，天然具有“以文化人”的特质与功能。以强大的文化力量扶贫解困，“就是要从改变贫困人口的思想观念、精神状态出发，从提高贫困人口的文化素质、生存技能入手，激发贫困人口脱贫致富的原发动力，提升贫困人口脱贫致富的智力，增强贫困人口脱贫致富的能力”②。拔掉贫困之根在于强化贫困人口的综合文化素质，有赖于地方经济发展与文化建设的紧密结合，有赖于满足贫困人口“求知、求乐、求富、求美”的多元精神文化需求，最终达到“以文育人”“以文启智”“以文脱贫”的目的。这些方面，显然离不开

① 参阅傅才武在首届特色文化产业与扶贫攻坚高峰论坛上的主旨发言。

② 闫平、赵迎芳：《山东省创新实施文化精准扶贫工作分析报告》，载涂可国主编《山东文化发展报告（2017）》，社会科学文献出版社，2017，第 224 页。

公共文化服务传播知识、宣传教育、科学引导的责任，以及公共文化建设在促进全社会凝聚团结奋斗共同思想基础的使命担当。

加强农村公共文化建设不仅是实现农民基本文化权利、改善文化民生的重要途径，更为重要的是，对于通过文化施策与精准扶贫，在乡村振兴进程中发挥引领作用和“造血”效力，“坚决夺取脱贫攻坚战全面胜利”，也有着无可替代的重要意义。乡村振兴既要“塑形”，更要“植根、铸魂”，而文化振兴正是乡村振兴的根与魂。从根本上改变农村落后面貌，不只是保障农民物质生活上的满足，更需要乡村振兴主体——农村社会个体的思想观念、精神品质、行为习惯的整体提升。坚持以社会主义核心价值观为统领，培育农村居民建设家园的主人翁意识和相应的生产生存技能，增强农民群众的思想道德素质和科学文化素质是推动乡村振兴战略中最基本、最深沉、最持久的力量。因而，抓住了以文化振兴促进乡村振兴这个根本，就抓住了乡村振兴的关键之处。历经十余年的探索实践，我国农村公共文化服务初步形成了以“农家书屋、电影放映、文化大院、文化信息资源共享等”的系统化供给模式，这种以大众均等享有为基底，以普适惠民的公共资源为框架支撑构筑的公共文化服务体系，构成当前我国农村文化建设的主要手段，必将成为推动乡村振兴战略进程的引擎之力。

3. 加强农村公共文化服务体系建设，助益乡村文化生态建设，对内提高乡村凝聚力，对外增强辐射力

众所周知，社会转型期网络文化、外来文化的强势浸入使得我国大众文化、传统文化受到一定冲击，农村文化建设呈现前所未有的衰微。当下，“传承中华优秀传统文化、革命文化、弘扬社会主义先进文化”，以及清除残存的文化糟粕以及外来低俗文化，是乡村文化振兴必须直面的挑战和所承担的责任。农村公共文化除了搭建好服务体系，更应当强调“供给内容中所蕴含的先进文化因子”①。我国大力建设的诸如农家书屋、文化服务中心、电影放映、广播电视“村村通”及科技文化卫生“三下乡”等政策项目向农民提供图书、影音、书画、文艺演出等文化产品，不仅注重弘扬社会主义核心价值观，还承载着传播科学文化知识、礼仪德善教育、倡导和谐文明的生活方式等有益成

① 陈建：《乡村振兴中的农村公共文化服务功能性失灵问题》，《图书馆论坛》2019 年第 7 期。

分，既可丰富农村居民的文化生活、活跃农村文化市场，又可巩固思想阵地，甄别与剔除落后文化，打造人文和谐、环境优美的乡村文化生态。

在乡村振兴背景下加大农村公共文化的建设力度，有利于优化组合城乡之间的文化要素资源，助力乡村取向全面、协调、可持续发展的制度选择和路径安排。进入新时代，由文化繁荣营建的乡村优良发展环境，将成为促进农村文化生态有序运转，推动乡村振兴和社会发展的动力之源；农村社会成员文化水平、生产经验和劳动技能的普遍提升，将转化为高水准的社会生产力，为乡村振兴提供源源不断的优质人力资源；乡村环境宜居、乡风淳厚以及农业现代化的良好文化生态，能够为乡村振兴优化发展环境、提升发展品质、激活发展动能，为“农业全面升级、农村全面进步、农民全面发展”持续给力。便捷高效的公共文化服务供给，可扭转农村文化短缺局面和落后面貌，特别是当前备受农民群众喜爱的文化惠民活动，已成为集文明宣化、价值弘扬、文化传播于一体的多功能、互动式的社会人际交往方式，对于促进农村和谐发展与文明进步具有无可替代的功用。

二 济南市农村公共文化服务体系建设现状及突出问题

党的十八大以来，伴随我国公共文化事业的长足发展，农村公共文化服务体系得到整体提升。济南市农村文化建设基本实现了“有场地、有设施、有人员、有经费、有活动、有特色”的国家统一要求，目前正在向打造更高目标的公共文化服务体系迈进。

（一）建设成效

近三年来，济南市大力推进乡村公共文化建设，确保公共财政对农村文化建设投入的增幅高于同期经常性财政收入增幅，并把扶持援建农村精神文明建设纳入城镇精神文明建设规划和年度工作计划当中，按照国家规定，保证“每个乡镇建立一处综合文化服务站，每个行政村建设一处文化大院”。截至2018年10月底，济南市140个乡镇、3885个村（社区），建成综合文化服务中心3769家，达标率97.01%，95%以上的村建成文化大院，村民足不出村就可以体会到身边公共文化设施和多彩文化活动带给自己的精神愉悦，大大提高了乡村居民生活的满意度和幸福感。

一是乡村公共文化载体建设得到加强。2018 年济南市先后制定相关实施方案，推动建设集“图书阅读、宣传教育、文艺演出、科技推广、体育活动”等为一体的综合性文化服务中心，文化服务中心基本实现了全市社区、村落全覆盖，为在全市范围内广泛开展文化惠民活动提供了基础条件和设施保障。与此同时，各地大力开展以文化扶贫促进公共文化项目的建设，2018 年完成了 95 个贫困村综合性文化服务中心建设任务，共计拨付以奖代补资金 285 万元（每村 3 万元），截至 2018 年底，全市 917 个贫困村皆完成了综合文化服务中心的建设提升任务。

二是乡村公共文化产品质量和服务效能不断增强。引导村级文化站以百姓需求为导向，有效开展舞蹈、声乐、器乐、美术、书法、摄影、武术、戏曲、非遗、传统手工艺、时装模特等全民艺术普及活动。仅 2018 年，济南市组织市属文艺资源和县区文化团队开展“公共文化走进新农村”系列活动达 300 场，开展全市冬春文化惠民季系列活动 260 余场，文化惠民交流演出活动 40 余场。组织举办了“2019 年济南市文化精准扶贫暨文化志愿服务走进乡村系列活动”，精选出一批节目，深入乡村、偏远山区，为空巢老人、留守儿童送去文艺演出，向农民工和残疾人士等弱势人群进行艺术辅导培训、举办非遗展示展演活动等内容的文化志愿服务活动 120 余场。近年来，本着公共文化服务的公益性、均等性、便利性等原则，济南市采用了一系列高质量、经常化的文化服务方式，受到乡村居民的广泛欢迎和好评。

三是加快推进农家书屋信息化建设。2016 年以来，随着科技进步和农村基础设施的逐步完善，农家书屋信息化建设步伐加快，数字农家书屋试点范围不断扩大。为实现图书资源的共同享有，济南市加大了对农家书屋与其他农村公共文化服务资源的整合力度，积极推广以县区为单位的农家书屋图书馆总分馆制。目前，该项工作正处于紧锣密鼓推动过程中，预计到 2020 年底能够全部实现农家书屋与图书馆的总分馆制和图书的“统借统还”，从根本上解决济南市农村居民“买书难、借书难、看书难”问题，满足新时代乡村居民的求知欲望。

四是农村电影放映条件和环境逐步改善。近年来，济南市重点推进镇级数字影院、室内外固定放映点（村级影院）和建立“村村响”预告电影放映平台扶持措施，进一步制定省级培育试点镇、中心镇建设数字影院和数字电影进文化大院的相关措施。该项工作开展以来，各县区积极落实，村镇建设固定银幕架超过50%，利用“村村响”平台预告电影放映信息超过60%。目前，为增强农民观影效果，正推动农村电影从户外流动放映向室内固定放映的转变，深得农民群众的称赞。五是继续大力培育乡村文化队伍。为加大对乡镇文化站长的业务培训力度，更好满足农民群众的文化需求，济南市每年举办全市公共文化建设综合评价工作培训班、济南市群众文艺作品创作业务骨干培训班等，加强对基层管理队伍及文化骨干的培训力度，2018 年近千名农村文化专干接受了专业化培训，收到良好效果。此外，大力扶持民间文艺社团和业余文化队伍的发展壮大，几乎每个乡镇文化站都有自己的业余文艺队伍和志愿服务团队，为乡村文化自我发展增添了干劲和力量。目前，济南市每个乡镇皆配备了文化辅导员和体育指导员，200 多个农民文艺团体、庄户剧团排演了一批原创性强、地方特色浓、百姓喜爱的剧（节）目，健康向上的精神文明生活，影响着越来越多农民的价值取向，焕发出新时代农民群众对真、善、美的热望和追求。

（二）存在问题及原因分析

一如我国进入新时代社会主要矛盾发生转化，农村公共文化服务亟须从“有没有”向“好不好”转变，以满足农民对求知、求美、求乐的新需求以及对科学、健康、美好生活方式的渴求。然而，将济南市农村公共文化建设，与乡村发展、文明进步相比，与乡村居民求新求变的现实需求相比，在文化产品与服务的供给方式、质量水平等方面存在一定的不足和错位，有些地方农村居民看书难、看戏难、看电影难的情况依然存在，有的“空心村”甚至出现“文化荒漠化”现象。客观地梳理存在问题及形成原因有以下几个方面。

一是公共文化服务意识淡漠。个别基层文管干部对新时代文化建设的“新思想、新论断、新要求”认识不到位，尚未形成乡村振兴战略背景下指导开展文化建设实践的思路与方法，不少农村文化主管部门观念守旧，难以形成“深耕本地资源、开放搞活文化”的思路；没有认识到建设好公共文化是促进服务型政府职能转变、推进文化治理能力现代化的必然要求，以至于有的文化管理部门仍然沿用传统体制下形成的落伍思想和工作思路，存在因缺乏创新管理手段和运作机制而贻误事业发展的情况；有些文管干部概念不清，不顾及公共文化服务“公益性”“惠民性”的宗旨和要求，存在靠出租公共文化设施创收的做法。

二是经费保障不足。由于经费短缺造成的文化设施难以配套的情况普遍存在，很难满足农村综合性文化服务中心的日常运转，导致个别村的公共文化服务体系“名存实亡”，阻碍了全市公共文化建设达标工作进程，在一定范围造成不良影响；部分村（社区）文化中心功能不够健全，器材短缺而且陈旧老化；近几年，随着城市建设力度加大，有些属于临改、拆迁项目的村或棚改、旧改的村，原有的文化场所被拆毁，因缺乏专项经费，迟迟难以出台新建文化场所的项目规划等。如调研中一名文化管理干部所言“虽然近年来济南市逐年增加对农村文化建设的财政投入，但常常是被年久失修、恢复建设、赠送设施设备、购买图书等被动因素占用”，难以满足农民群众日益增长的文化新需求。

三是管理体制与机制的制约。多数农村文化管理部门的内部改革滞后，普遍缺乏“多出文艺作品、快出艺术人才”的激励机制，保障事业健康发展的良性运营机制亟待开发；在文化下乡活动中，上级文化管理部门热衷于把文化“送下去”，而没能深入基层了解农民对文化的真实需求，长此以往，仅依靠“供给”而不是帮助“造血”的僵化机制，势必影响农民群众参与文化建设的积极性和创造性；与城市文化市场建设相比，农村文化市场存在管理松、散、软现象，文化产品质量和服务水平牵强，影响了公共文化的有序发展；在项目运行、创作演出、服务保障、市场监管、人才培养等文化发展核心环节缺乏科学高效的管理和运作机制。

四是群众性文化活动缺乏吸引力。由于缺乏对农村文化市场的潜心调研、缺少对农村公共文化产品和服务的项目研发、缺失对农村公共文化活动空间的拓展，造成农村群众性文化活动内容陈旧老套、样式单调，不是“老调常谈”便是“新瓶装旧酒”，挫伤了乡村居民参与文化活动的热情。如果文化创作人员、文化管理人员不把农民切实需求放在心上，农民就不会捧场“买账”，那么聚拢文化活动人气、活跃农村文化娱乐生活就成为一句空话。近些年村庄“空心化”和老龄化问题突出，严重存在公共文化建设项目有名无实、缺乏活力的问题，如笔者多次深入农村调研，时常见到农家书屋内布满灰尘、图书稀少甚至文体活动室锁门闭户的尴尬场面。

五是农民自办文化的主体意识欠缺。一般来说，经济发达地区社会个体在涉及自主理性、参与意识、责任心等方面的公民意识较强；反之，欠发达地区民众的公民意识则比较薄弱。由于我国农村公共文化建设发展还不够充分，“农村公共文化由供给主导向需求主导的转型并未完成”①。农民参与社会事务的理性、自觉性、创造性等潜能有待发掘与培育。我们调研发现，与南方经济发达地区的农村相比，济南市农村居民“参与文化建设活动、享有文化建设成果以及创造文化”的权益意识较低，难以使农村文化建设典型模式——“自办文化”发挥对公共文化建设应有的补充作用。

上述诸多问题，不仅严重制约了济南市农村公共文化建设发展步伐，同时，也显露出乡村文化振兴的重要抓手——城乡文化融合发展的短板与弊端。

三　乡村振兴战略实施进程中推进济南市农村公共文化服务体系建设的对策建议

在我国大力实施乡村振兴战略大背景下，济南市建设农村公共文化服务体系应以建设理念、制度设计和技术运用三个层面的现代性要求为重，着力构建“广覆盖、保基本、促公平”的公共文化服务体系，让更多更好的公共文化服务贴近百姓、惠及民生。

（一）促进城乡文化融合，完善乡村公共文化服务载体

融合才能创新，多样才有活力。要推动城市公共文化服务向农村延伸，让更多公共文化资源倾斜于农村居民。一方面，加大实施文化惠民和文化精准扶贫工程力度，强化文化惠民项目落地与农民群体文化需求的“精准无缝对接”，打造乡村资源充足、设备齐全、服务规范、群众满意的基层综合公共文化设施和场所。另一方面，在对农村原有文化礼堂、农家书屋、文体广场等文化阵地提升建设的同时，创新开辟诸如“家训乡风馆”“农民文化乐园”等新

① 陈德洋：《乡村振兴战略的农民主体性探析》，《安徽农业大学学报》（社会科学版）2019年第1期。

型公共文化载体，力争2022年实现“济南市基层综合性文化服务中心全覆盖”，逐步完善农村公共文化服务供给载体。

（二）用好用足政策，形成政府主导、社会参与、多元投入建设农村公共文化的格局

注重用好、用足国家推动乡村振兴战略下的公共文化建设政策，始终坚持“以人民为中心”的坚持与发展中国特色社会主义的立场和原则，在继续实施好国家制定的公共文化服务——“广播电视‘村村通’工程、文化信息资源共享工程、乡镇综合文化站和基层文化阵地建设工程、农村电影放映工程、农家书屋建设工程”的基础上，大力实施覆盖乡镇的综合性文化惠民工程，关照广大乡村百姓对美好精神生活的新期待、新要求。以充裕的财政投入，广泛组织开展多姿多彩、百姓喜闻乐见的系列文化活动，以多样化文化产品与服务供给提升广大农民的文化参与度，繁荣农村文化市场。一是出台激励机制，提高农村文艺精品的创作与演出水平，引导文艺工作者置身新农村建设第一线捕捉创演灵感，力求呈现更多让农民满意的戏曲舞蹈、曲艺说唱等多门类文艺作品。二是运用好文化科技卫生“三下乡”“文化进万家”“欢乐下基层”“文化志愿服务”“免费送戏送电影”等载体，把更多优秀文化产品和服务送到百姓中间，活跃乡村文艺舞台。三是充分发挥各级文化馆、站和农村文化服务中心应有的指导培训功用，强化农民演出队、民间演出团体的创演水平。四是依托民俗和节庆活动，积极打造地方文化品牌，创建有特色、有影响的农村文化阵地。

（三）创新公共文化服务供给模式，提高公共文化服务水平和效能

紧随农民群众对文化艺术需求日益增长的步伐，既要及时更新布局公共文化服务硬件设施，又要及时创新服务举措、提升服务水平和效能。应借鉴城市公共文化服务菜单式、订单式服务举措，让广大农村居民真正享有自己“想看”的文艺产品和“想要”的文化服务；文化主管部门要提高运用互联网思维和技术、全面整合城乡文化资源的本领，尽快成为运用现代科技手段的行家里手，积极探索建立公共文化服务大数据平台，推动实施公共文化精准化服务；在加大发挥政府购买、文化企业供给文化产品基础上，变“单一供给”

为“多元供给”，运用市场机制、社会捐助等多种形式，增加农村文化资源总量，提高公共文化服务水平和效能。支持“三农”题材文艺作品的创作生产，着重推出反映乡村生活的温暖人、鼓舞人、启迪人、引导人的文艺作品。挖掘整合深藏民间的艺术资源，发挥农村文化能人、乡土艺术人才的作用，带动农村居民参与组建文艺队伍，让“农民演给农民看”，放大新时代“高台教化”的溢出效应，使表演者和观赏者双双受益、都能收获良好教益。运用现代科技加快对公共文化服务的提档升级频率，促进公共文化服务高质量发展；充分借助网络信息技术，与互联网平台合作牵手，丰富文化服务内容，扩大公共文化覆盖面。

（四）挖掘乡土文化人才，壮大乡村文化队伍

文化建设离不开人才的保障。在此着重提出四点要求：一是要练好内功，提升农村文化专干的综合素质和业务能力，扶持发展农村业余文化队伍，增强农村基层文化自我发展的活力；二是要积极引进外援，吸引高校艺术专业毕业生和城镇文化志愿者，深入农村基层从事农村公共文化事业；三是实现文化人才多元化，需要转变“单纯依靠体制内人员的思路”，充分发挥土生土长的文艺爱好者、热心人、非遗文化传承人的作用，实现文化管理和服务人才的本地化；四是积极培育热心公益事业的农村文化志愿者队伍，建立规范的管理制度和平台，亦不失为增强农村公共文化服务的有效方法。

（五）兼顾农村文化产业发展，实现“供给足”且“产业兴”的局面

实践证明，公共文化服务与文化产业之间存在着互动、支持的密切关系，“文化产业可以源源不断地为公共文化服务体系提供选择购买的公共文化产品”①，而公共文化服务则能以增大市场需求而刺激文化产业扩大规模，为文化产业引导方向、提供制度支撑和服务监管。在加强公共文化服务体系建设的同时，必须注重当地文化产业的发展，努力实现文化产品与服务“供给足”且“产业兴”的局面。首先，要注重加强对乡土人文景观、民俗风情、自然

① 王列生、郭全中、肖庆：《国家公共文化服务体系论》，文化艺术出版社，2009，第147页。

生态等乡村文化内涵的挖掘、整理、保护和利用，依托“农创+文创”的发展思路，大力开发传统工艺产品、民间艺术表演、节庆文化产品等，培育一批农村特色文化品牌，凭借当地传统非遗文化要素提高文化产业含金量；此外，发挥济南市农村地域文化特色鲜明的资源优势，打造一批美食村、艺术村、养生村、休闲村等风情乡村，推出精品民俗和精品农业体验旅游活动，把农村文化建设与农村文化旅游产业融合起来，以一村一品、各具特色的乡村文化建设，增添农村文化品质和人文魅力，拉动农村文化产业的增加值。无论是阐释与传播农村文化内涵，抑或是扩张和增添文化旅游吸引力，都有赖于事业内部体制与机制的创新，有赖于市场力量的发挥，有赖于互联网技术的娴熟运用。大力发展农村文化创意产业，一方面可以为农民群众提供就业渠道和增收途径，另一方面可以引导更多乡村居民体验文化消费，培育并激活农村文化消费市场。广大农民不断追求高品质的文化生活，就能够增加农村公共文化服务体系建设效能，在潜移默化地提高农民群众文化素养和综合素质的同时，扩大文化消费规模，拉动农村文化产业快速增长和持续发展。

B.9

中心地理论视域下的济南影院布局现状、成因及发展观察

贺 剑*

摘 要： 中国影院进入持续高速增长期，影院建设已经成为城市文化产业和文化消费业态的重要基础设施。作为省会城市，济南在“新旧动能转换先行区”“海陆双向开放枢纽”双重定位的“引领”下，进入了城市高速发展的关键期。以中心地理论这一研究城市与商圈规划发展的重要基础理论进行审视，可以看出济南影院布局仍过于集中、呈狭长带状分布，与济南城市发展并不同步，影院投资方、经营者需放眼济南东西部新城、北部先行区及莱芜区、莱钢区，进行更为合理的控点布局。

关键词： 中心地理论 影院布局 新旧动能转换

近年来，中国影院建设进入了高速发展期，来自国家电影专项资金办公室的数据显示，截至 2019 年 12 月 23 日，全国影院银幕总数为 68922 块，稳居世界首位，电影产业已经成为我国城市化进程中文化产业和文化消费的重要业态之一。与其他文化消费不同的是，观影是典型的场所消费，影院的位置和便利性直接影响了观众来此观影的欲望。如何结合城市发展规划，更为合理地进行影院选址布局，以满足城市居民的观影需要，是当下中国影院投资方和运营者正在探讨并亟须解决的问题。

---

* 贺剑，山东社会科学院智库研究中心副编审。

济南作为历史文化名城、中国最早主动开埠的城市，1904 年就有了第一家影院——小广寒影院，在 20 世纪有着“曲山艺海”的美誉，城市居民一直有文化消费的氛围、习惯和爱好，为观影习惯的养成奠定了坚实基础。与此同时，济南市受制于南靠山区、北临黄河的地理位置及历史原因，在 2019 年与莱芜合并之前，行政区域一直呈东西狭长地带分布，造成济南影院空间分布长期存在不合理性。2002 年全国院线制改革以来，济南市的影院建设进入了一个高速发展期，但根据猫眼数据显示，2019 年济南电影票房在全国城市票房中居第 30 位，在票房总数、银幕数、影院数等方面低于国内同类城市，甚至低于一些三线城市。

2019 年初，济南提出要建设“一体两翼多点”的空间格局，基于中心地理论这一研究城市规划、优化城市布局的基础理论，对其城市影院空间布局进行分析和探讨，对济南市打造国家中心城市，成为以“宜居、和谐、生态、文化”为主题的现代化国际大都市将具有典型意义。

一　中心地理论与城市影院布局研究的契合度

中心地理论是由德国城市地理学家克里斯塔勒 1933 年在《德国南部的中心地》一书提出的，被认为是 20 世纪人文地理学最重要的贡献之一，它是研究城市群和城市化的基础理论之一，也是西方马克思主义地理学建立的基础之一。克里斯塔勒认为每个城市都是由不同大小的中心地组成，这些中心地能够向它周边区域居民提供贸易、金融、手工业、行政、文化和精神服务。因为每一个中心地提供的每一种货物和服务都有其可变的服务范围，范围的上限是消费者愿意去一个中心地得到货物或服务的最远距离，超过这一距离消费者便可能去另一个较近的中心地。

另外，根据提供商品的等级不同，克里斯塔勒把中心地划分了等级。低级中心地的特点是：数量多，分布广，服务范围小，提供的商品和服务档次低，种类少。高级中心地的特点是：数量少，服务范围广，提供的商品和服务种类多。在两者之间还存在一些中级中心地，其供应的商品和服务范围介于两者之间。居民的日常生活用品基本在低级中心地就可以满足，但要购买高级商品或高档次服务必须到中级或高级中心地才能满足。①

电影消费兼具文化消费和商业消费的双重属性，城市居民如果想形成电影消费，在低级中心地很难完成，需要到中级或者高级中心地才能得到满足。

二 中心地理论视域下的济南影院布局现状

克里斯塔勒认为，有三个条件或原则支配中心地体系的形成，它们是市场原则、交通原则和行政原则。在不同的原则支配下，中心地网络呈现不同的结构。

（一）市场原则：区域人口密度不等，影院饱和度不均

市场原则是克里斯塔勒首先关注的影响城市中心地形成的原则，其中涵盖人口密度、消费习惯和消费水平等指标，通过影响中心地的等级规模来间接影响影院的等级规模。济南市城区人口密度与影院数量对比如表 1 所示。

表 1 济南市城区人口密度与影院数量*

地区	人口数（万人）	平方千米	人口密度（人/平方千米）	影城数量（家）
历下区	65.76	101	6510	14
市中区	63.28	281	2252	11
槐荫区	42.14	152	1588	5
天桥区	52.06	259	2010	3
历城区	100.10	1301	769	10
长清区	56.34	1209	466	5
章丘区	104.07	1719	605	8
济阳区	58.37	1099	531	2
莱芜区	94.00	1642	572	5
钢城区	33.00	507	650	1
平阴县	37.42	715	523	2
商河县	64.08	1162	551	2

说明：＊根据济南市统计局 2018 年数据自制。

① 〔德〕沃尔特·克利斯塔勒《德国南部中心地原理》，常正文、王兴中译，商务印书馆 2011 年版。

从表1可以看出，济南市10个区2个县的影城分布并不合理，大量影城集中在历下区、市中区，但是槐荫区、天桥区两个人口密度位居第三、第四的行政区，分别仅有5家、3家影城，还不如人口密度仅为它们一半左右的历城区和章丘区多。这显然与槐荫区、天桥区长期以来经济发展缓慢，商圈不够多且级别不够高有很大关系，也与影院投资者对两个区居民消费能力不太了解有关。目前槐荫区正在西客站片区筹建国际医学中心、央企城，将会有一批重点支柱性项目引进，并带来来自全省甚至全国的求医问药人群，2020年预计日最大就诊人数会达9万人次，相应会有配套商圈出现，以满足日益增长的人口的消费需求，也为影院发展提供了较大空间。

影院饱和度指的是影院存量和区域范围内的人口基数和消费能力的比值。这一比值的高低，可以通过上座率的高低得出。根据猫眼专业版，截至2019年11月30日的数据，笔者挑选并整理了5家具有代表性的影院数据，可以看出影院选址对饱和度的影响。详见表2。

表2　济南影院饱和度

影院	所属区	票房(万元)	上座率(%)
济南市所有影院		42945.12	13.02
济南市新世纪影城数娱广场店	长清区	259.17	25.15
大地影院济南缤纷五洲商城店	天桥区	940.81	17.86
济南市中影星美影城星工坊店	市中区	289.45	4.12
济南万达影城世贸广场店	历下区	2748.78	11.41
济南耀莱成龙影城(领秀城店)	市中区	1414.10	12.36

说明：数据来自猫眼专业版，笔者据数据自制。

由表2可以看出，济南市中影星美影城星工坊店、济南万达影城世贸广场店、济南耀莱成龙影城（领秀城店）均处于济南经济发展最强的两个区域，处于较高级的中心地，上座率却均没有超过全济南市影院上座率的平均值。而济南市新世纪影城数娱广场店、大地影院济南缤纷五洲商城店分别处于长清区、天桥区，属于较低级的中心地，其上座率却远远高于较高级中心地的部分影院，其市场潜能达到了较高水准。

这一现象是中国电影院线制走到今天的普遍现象。在过去的十几年中，影院建设往往紧跟商圈发展，众多影院跻身一些成熟商圈和较高级的中心地，盲目扩大规模，导致出现了竞争激烈、高成本低盈利的状况。反观处于较低级中心地的影院，影院数量和银幕数尚不能满足所在区域的消费需求，竞争对手较少，具有运营成本低、盈利较高的优势。

（二）交通原则：扁平状交通导致影院布局分配不均

克里斯塔勒认为，早期建立的道路系统对聚落体系的形成有深刻影响，这导致城市中心地不是以初始的、随机的方式分布在理想化的地表上，而是沿着交通线分布。交通的便利程度与客流承载水平在很大程度上决定了人群聚集度高低，交通越便利，中心地对居民的吸附力越大。相对于低级中心地，高级中心地对远距离的交通要求更大。

一般来说，影院的选址布局，通常都要考虑影迷的交通时间成本、经济成本，另外还需要考虑所在区域的交通状况、停车场便捷性和数量。随着济南城市的发展，在莱芜合并之前，整个城区呈东西长南北短的形状，城市交通形成了扁平状路网，高级中心地主要分布在东西走向的泉城路、经七路和经十路沿线，影城也主要分布在这一个狭长地带。

在城市化进程中，标志性建设之一就是轨道交通的规划。在北京、上海、广州、深圳等轨道交通已经连片结网的城市，沿轨道网络规划商圈和中心地，已经成为行之有效的办法，很多影院也修建在轨道交通附近。因为怕伤害泉脉，济南修建轨道交通的规划一再搁浅，直至 2019 年济南只开通了两条线路，分别是轨道交通 1 号线和 3 号线。1 号线纵贯济南市西部城区，南起工研院站，北至演马站。3 号线纵贯济南东部城区，南端起于龙洞，经龙鼎大道、奥体西路、工业北路、济南东站南北向主轴，最终到达滩头。再加上目前正在施工的从北部横贯济南东西的 2 号线，三条线呈一个 H 形架构，距离形成有效解决交通问题的网状结构还有很长一段时间。这三条轨道线之间有大量空白区域，这些区域无法通过轨道交通进行快速转乘抵达，尚不能对中心地的形成起到带动作用。截至目前，三条轨道沿线的影院数量和规模都偏小，有很大市场潜力。

（三）行政原则：中心城区影院过于集中东西部推进较慢

在克里斯塔勒看来，行政原则主要是指政府对城市发展制定的各种规划。这一原则要求每一个高级中心地完全控制其从属的低一级的中心地，次一级中心地不能同时接受两个或两个以外高级中心地的影响。

根据济南市现有的城市布局，政治、经济、文化中心仍然集中在历下区、市中区，济南市商圈的规划存在较大的不合理性，导致济南影院凸显出过于集中的特点。在中心城区，仅仅从大观园到黑虎泉西路泉城路路口4000米左右的距离，就有金逸影城济南大观园店、济南万达影城魏家庄悦荟广场店、济南耀莱成龙影城（绿地店）、济南新世纪电影城（泉城路店）、济南百丽宫影城恒隆广场店、济南万达影城世茂广场店等6家影城，平均彼此相距不到700米。如此密集的影院布局，加之这6家影院的银幕数和座位数绝大多数都位居济南影院前列，彼此间的竞争十分惨烈。这些影院所在区域，均属于济南的老城区商圈，是在老济南城的基础上形成的，道路狭窄且路口多，有部分道路是单行线，几乎没有规划立体交通和立体停车库，城区拥堵严重，直接影响了观影可达性。

相对于中心城区的密集分布，影院在济南东部、西部、北部城区商圈分布较少又过于分散，布局存在大量空白。其中，西客站片区规划面积为26平方公里，目前已经有众多大型居住区进驻，人口30万人左右，没有形成成熟商圈，只有宜家、麦德龙、迪卡侬等单体商业体，影院只有3家。东部城区从高新区往东往南，有奥体片区、汉峪金谷片区、新东站片区、唐冶片区等多个新片区，目前已经有众多高新特企业、金融公司入驻，高楼林立、人流众多，同样没有形成大型商圈。奥体片区只有幸福蓝海国际影城济南店一家影院，唐冶片区只有青春影院一家影院正常营业，上座率仅有0.88%。北部城区从北园大街以北至黄河北岸，仅有一个泺口商圈，其商业模式为大型专业批发市场，属于较低级的中心地，影院建设的可能性很小。

三　济南影院布局现状的成因

通过上述分析可知，济南市影院过于集中在中心城区，高级中心地影院饱和度偏低、东西部影院建设过慢等不合理情况比较突出。以上情况的形成，主要有济南市的地理、历史、缺少预期规划等三方面原因。

（一）济南市位居山河之间，市区呈扁平状

济南自古就位于“济水之南、泰山之北”，长期以来城区处于泰山黄河之间这样一个狭长地带，在腾讯地图上测距，市区（不含莱芜区）南北长 12 千米、东西长 97 千米。其城区之狭长在国内城市中非常少见。

另外，济南东南高西北低的地表形态，造成了西北部城区容易遭受洪涝灾害，济南人自古就有“住南住东不住北住西”的俗语，导致出现人口以老城区为原始出发地，自然向东南部集聚的情况。在 20 世纪 90 年代前，天桥区、槐荫区的北半部一直是城乡接合部形态，缺少规划，城区脏乱差情况明显。而历下区、市中区地势偏高，又有着趵突泉、黑虎泉、护城河、大明湖、千佛山、佛慧山、英雄山等风景名胜和文化古迹，山泉相依，风景秀美，宜居宜商，自古就是济南的政治、经济、商业、文化中心。济南特殊的地理状况对城市中心地的形成产生了极大影响，进而影响了影院建设。

（二）济南城区历史规划东西向牵引严重

城区东西向长，与济南历史上的城区规划有着很大关系。1904 年济南主动开埠后，主要是以胶济铁路为沿线进行的新城区规划，即现在的槐荫区、天桥区，由老城区向西延伸，现在的大观园商圈、西市场商圈、泺口商圈、北园商圈，无不是由开埠之后发展而来的，这里的居民们也形成了文化乃至电影消费的习惯，目前位于以上商圈的影院如济南鲁信影城和谐广场店、济南新世纪嘉华电影城、大地影院济南缤纷五洲商城店、济南市沃美影城等依然具有较高上座率，均高于济南市所有影院上座率的平均值。

随着时代的发展，在 20 世纪 90 年代济青高速路建成之后，其沿线很多城市的城区扩展出现了向济青高速靠拢的趋势，济南也不例外，高新区、黄台片区、临空区，都是依靠济青高速路进行的城区规划，尤其是高新区，人口数量目前已经超过 40 万人，堪称济南目前最具经济活力的城区。截至目前济南高新万达广场店上座率稳居济南市各影院第一位，新开业的济南万象城 IMAX 激光店上座率也已高达 15.58%，超出济南市所有影院平均上座率 2.56 个百

分点。

2016 年底，章丘撤市划区，在真正意义上把济南市区延伸至最东部与淄博连接，也使得济南市区变得更为狭长。当时要把章丘建成济南卫星城的规划，使得章丘发展迅速，2019 年全区 GDP 在济南市位列第二，仅次于历下区。目前章丘区开有 8 家影城，其中章丘传奇国际影城、章丘市凤凰影城大学城影城、章丘隆鑫凤凰国际影城等影城的上座率都有不错表现。

（三）新城区过度依赖行政因素导致影院分布不匀

21 世纪初，济南就曾提出“南控北跨”的城市规划，由于各种原因，北跨黄河的意愿始终不能很好地落实，直到 2019 年初，新旧动能转换先行区崔寨片区规划图公示，北跨黄河才真正拉开序幕。从济南市规划局公示的规划图可以看出，该片区主导功能以会展、居住、商业商务功能为主，但影院并没有位列先期规划中。

这种情况在济南西部城区、东部城区的规划中也较为明显。与其他商业业态不同，影院影厅的高度、长度、跨度都有着特殊要求，其售票房、小卖部需要相对开阔的空间，特别是如果想建设 DMAX、IMAX 厅，对楼层层高就更有硬性要求。如果商业综合体没有影院建设的提前规划，在后期进行改造会十分困难。2010 年济南万达影城魏家庄悦荟广场店开店时，因为要引进银幕为 22 米 × 11 米的 IMAX 厅，只好把影城位置的顶层砸掉，重新加高后才得以建成。目前济南东西部城区一些商圈无法建设影院，原因就在于没有足够的高度和空间。

四　优化济南影院布局的应对策略

根据中心地理论，济南影院布局的合理性要与城市规划的合理性趋于一致，在人口密度及消费能力、影院饱和度、交通便利性、规划前瞻性等维度上进行综合考量。只有更为合理的布局，才能更高地提升济南影院的整体效益，更好地服务更多居民观影需求，带动济南电影产业发展。

2019 年 3 月 31 日，济南市自然资源和规划局通过济南市城市规划展览馆、济南市自然资源和规划局网站发布了《济南城市发展战略规划（2018 ~ 2050 年）》（征求意见稿）。该战略规划指出，济南城市发展将进入北跨黄河、南跃泰山的时代，空间格局将迎来新变化，整体形成“一体两翼多点”的空间格局。

其中，“一体”为泰山和黄河之间的济南中心城区，由主城区、高新组团、章丘组团、临空组团、长清组团构成。中部主城区定位为世界级的文化魅力地区，济南的文化艺术、旅游休闲、商业商务集聚区。东部以科创大走廊和国际内陆港建设为契机，规划整合提升高新区、章丘的城市与产业功能，建设临空经济区。西部以国家科学中心、国际医学中心、央企城、长清大学城等重大项目为依托，规划在提高城市档次的同时大幅增加西部就业岗位，促进城市职住平衡。济南未来现代零售服务的目标是“日常生活不出社区、双休购物不出片区、时尚消费不出城区”，为此，济南规划了主商业中心、副商业中心、次中心、卫星城商业中心、地区商业中心和社区商业中心等六级商业中心。这六级商业中心将会形成不同级别的中心地，覆盖不同的人群，提供不同级别的商品服务，对影院建设也将提出更细致、更高的要求。

（一）加强中心城区交通规划，提高影院到达性和饱和度

目前济南中心城区影院密集，培养了大批居民到此观影的消费习惯。从城市管理者的角度出发，中心城区已不适合再投建新的影院，重点应放在现有影院的提升和激活，以及交通的疏导和停车场规划上。

济南中心城区的影院一般都属于大型影院，座位数均在 1000 个以上，银幕数在 10 块左右，运营压力较大。其中比较有代表性的，一是济南万达影城世茂广场店，该店有着高达 2873 个座位、12 块银幕的规模，在近邻济南百丽宫影城的竞争下，其上座率尚不到济南市影院上座率的平均数。二是济南市中影星美影城星工坊店位于济南主干道之一英雄山路中南部，拥有 1092 个座位、7 块银幕，方圆 2000 米之内没有其他影院，而且坐落着很多大单位、大企业，上座率却只有 4.12% 。为了激活这些影院冗余场次和座位数，应该大力提倡夜生活，延长影院所在商业体的营业时间，加大观影可免费停车等配套规定优惠力度。

针对中心城区的交通拥堵状况，应逐一对商业体周边道路、单位进行摸底排查，开发更多立体空间做停车场；打造更多的交通微循环和立体交通，在主要路口建设过街天桥或者地下通道，实现人车彻底分离，加快交通的流动性；

开通更多公交线路，增设更为科学的共享自行车停靠点，降低居民观影的时间成本，提高影院的到达性。

（二）推动老城区采取填空模式调整影院布局

槐荫区和天桥区是济南的两个老城区，二者的人口密度仅次于历下区和市中区，而影院分别只有两三家，不能满足辖区居民的电影消费需求。在济南6级商业中心规划中，有6个现有地区商业中心要着力提升，其中只有北湖商业中心、美里湖商业中心位于天桥区，槐荫区一个也没有。

鉴于老城区的布局和开发难度，建议槐荫区和天桥区整合资源，加大老工厂区、旧单位办公区的开发力度，建设新的中小型商业体；或者对原有商业体进行改造，加高顶层层高，建设多个2～4厅的小型影院，努力满足周边居民观影的需要。

（三）推动新城区把影院建设纳入中心地整体规划

在《济南城市发展战略规划（2018～2050年）》中，“两翼”指的是黄河以北的北岸先行区和泰山以南的莱芜区和钢城区，在城区定位中，“两翼”都明确具有休闲娱乐、公共服务等功能。

北岸先行区是济南全新的规划区域，是把济阳、齐河与中心城区连接起来的关键区域，承载着济南北跨的重任和希望。按照济南市6级商业中心规划，目前该片区将建设华山商业中心，以此来辐射周边城区，形成新的中心地。在新城区规划中，交通便利性和影院基础建设要求应该成为新型商圈布局的首选因素，并纳入规划蓝图，邀请影院投资方、运营方提前接洽，共同探讨商业综合体的规划和设计。并根据北岸先行区打造全省高端高效新兴产业集聚地、国际一流现代绿色智慧新城的定位，预判未来居民的人群构成、观影爱好，进行影院的设计与定位。

“南翼”中的莱芜区和钢城区加起来是济南市辖地最大的片区，但是辖区以山区和湖区为主，主城区面积较小。目前莱芜区有5家影城、钢城区有1家，其中莱芜区影城分布非常集中，主要在莱芜区唯一商业综合体茂业天地的5000米半径范围内，且都以中小型商业体为依托。在《济南城市发展战略规划（2018～2050年）》中，莱芜区重点将打造科技创新、高端装备、生态旅游城区，钢城区重点打造基于精品钢的生产加工与衍生品制造基地。拟定莱芜—钢城区与中心城区实现规划、产业、交通、公共服务、生态、资源 6 个融合，并在雪野湖片区、莱芜科技新城（口镇）、精品钢产业基地实现重点突破。根据以上规划，莱芜区和钢城区的影院建设应在原有 6 家影院的基础上，在雪野湖片区、科技新城、精品钢产业基地进行布点，求精而不求多，根据这 3 个片区的人口数设计银幕数和座位。

（四）鼓励院线公司在东西部城区人口密集区布局小型影院

根据 2019 年 12 月艺恩数据显示，2019 年小型影院运营稳健，中型以上影院运营压力较大。在广东、浙江、江苏等地，不少院线下沉到乡镇商业综合体建设 2 ~4 个厅的小型影院，甚至出现了单厅影院，票房和上座率都取得不错的成绩（见图 1）。目前济南东西部城区人口特别是年轻人密集，现有的商圈和影院无法满足他们的观影需求，其中西部的华谊兄弟影视城和东部万达文旅城历经数年，建设进展缓慢。可以参照四五线城市影院布点的经验，依托社区中心，在构建 15 分钟（步行）社区生活圈的同时，进一步增补建设小型商圈和影院，来满足东西部城区年轻人的文化消费需求。

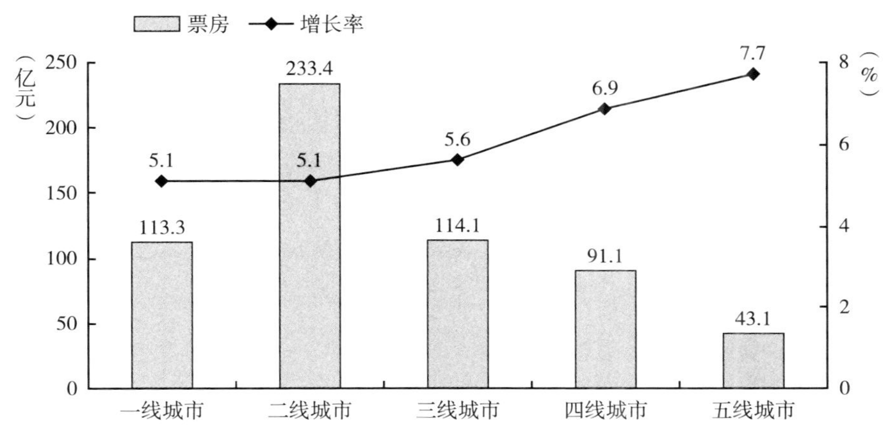

图 1　2019 年不同线级城市票房及增幅对比*

数据来源：艺恩网。

作为1904年就开设影院的一座城市，济南拥有历史悠久的观影传统和文化消费习惯，由于地理和历史原因，城市中心地一直呈扁平状布局，影院的建设也因此存在着主城区过于集中、新城区无法满足观影需求的状况。对城市管理者和影院投资者来说，单一、粗放、临时的影院建设，应该转换为全局性的规划布局，把人口密集度、影院饱和率、基建需求纳入规划中，把济南影院建设成为全国更大的票仓，让电影文化成为这个未来的国家中心城市最活跃的因子。

B.10
济南古城更新创新发展研究报告*

王虎　闫娜**

摘　要： 把古城作为一个整体成建制地保护和修复正成为地方政府实现城市振兴的一种策略性选择。古城片区是济南城市历史遗存最集中、泉城特色最丰富、文化积淀最深厚的区域。济南贯彻落实新旧动能转换战略，改变以往投资金、建载体的传统推进模式，探索以路径创新、政策创新和服务创新为核心的融合新机制，激活并跨界提升基于中华优秀传统文化的人才、资源和产业要素，打造“互联网+”“公共文化+”“文化产业+”等各类创意创新与传统非遗文化元素无缝对接、跨界成长的新型文化生态圈，使古城区既能充分保留历史记忆，又能满足产业发展现实需求，更加凸显其传承价值，切实推动公共文化和社区融合发展。

关键词： 古城更新　城市文化空间　旅游科技

济南的古城片区的改造和更新始于20世纪80年代，初期由于在容积率及拆迁补偿等方面政府与开发公司未达成共识，片区更新项目一度搁置。21世纪初由于政治力量介入不足，开发商主导建设，导致片区内多数独一无二的泉景及人文历史文化资源被拆除。单纯的保护无法保住历史留给济南的财富，盲目地开发则可能给历史文化财富带来更加彻底的毁灭，为了打破这一悖论，济

* 本文系山东省社会科学规划课题“山东旅游业融入‘一带一路’战略的模式及对策研究”（16CGLJ25）的阶段性成果。

** 王虎，济南明府城发展服务中心副主任；闫娜，山东社会科学院文化研究所副研究员。

南市委成立了明府城管理委员会，将明府城保护开发列为济南市的战略项目，历下区专门编制成立了济南明府城管理中心（后更名为历下区历史文化街区保护中心），管理负责明府城片区总体规划及建设。济南古城更新以芙蓉街—百花洲、将军庙历史街区保护为主要载体，协调文物保护利用、非物质文化遗产传承、历史建筑保护，通过城市文化新空间的打造，探索了文旅融合社区创新发展模式。

一　济南古城片区的基本情况

济南古城片区涵盖护城河以内 3.2 平方千米，集聚了老济南丰富的文化资源，芙蓉街、府学文庙、题壁堂等历史遗存，珍珠泉、芙蓉泉、腾蛟泉等 80 余处泉水水系川流分布在小巷民居之内，形成了“家家泉水、户户垂杨”的泉城特色风貌。各级文保建筑 63 处，历史建筑 3 处，历史建筑和风貌保存较好的院落建筑约 100 处。古城核心区两大历史街区范围内现有居民 5000 余户，其中公房 2000 余户。夜经济商业街区 8 条，工商登记的市场主体达到 11000 余户，餐饮和休闲业态主要集中在芙蓉街、泉城路、宽厚里及周边区域。芙蓉街有 230 余个商户，餐饮占 78%。宽厚里商户 300 余户，餐饮占 80%。

古城片区的历史人文资源十分丰富，是济南作为历史文化名城的重要支撑，更有珍珠泉、芙蓉泉等 80 余处泉水水系分布在小巷民居之间，构成了世界上独一无二的冷泉人居生态环境。始建于宋代的府学文庙、始建于明代的江西会馆等文保建筑，张家大院、田家公馆等历史建筑特色院落星罗棋布。鞠思敏、辛铸九、丁宝桢、路大荒等近现代名人故居，济南诗派、曲山艺海、曲水流觞等历史人文活动均汇聚于此，是济南弥足珍贵、不可再生的独有财富。

二　济南古城更新做法与经验

济南在以明府城为主要场域的古城更新中，通过实施历史风貌恢复工程，基本扭转了前些年居民群众对历史街区保护不理解、不认可的不利局面，扩大了保护和传承的群众基础，芙蓉街、岱宗街、涌泉胡同等历史街巷串联为古城历史风貌游线，年游客接待量达到4000 万人次。断头路打通、公共空间打造的工程在风貌恢复的同时，方便原住民生活，逐步恢复原生态活力。考古发掘、文保建筑征收试点和文保建筑、历史建筑修复保护等工作协调推进，形成了老城历史遗存科学保护的有效闭环。各更新项目已取得社会面、居民群众和专家学者满意的良好效果。部分保护后的历史遗存成为济南特色网红。

（一）济南古城更新的创新做法

1. 高标准做好技术积累

建立专家智库体系，招标历史街区保护经验丰富的单位先行推进规划设计工作。由清华同衡规划研究院牵头编制历史街区保护规划。2018 年 4 月济南市政府对两条历史街区保护规划分别进行批复。针对历史街区内历史街巷市政改造的技术难题，委托济南市市政设计院编制《市政配套规划》并同步研究历史街区内工程管线特殊施工标准措施，2019 年研究成果《历史文化街区工程管线综合规划标准》被省住建厅批准发布为山东省工程建设标准，破解了狭窄街巷无法铺设综合管线设施的问题。另外，结合济南古城的特点，先后委托了历史街区修建性详细规划、泉水水系规划、交通规划等专项规划研究。题壁堂、都城隍庙等重点省级文保建筑保护方案已通过省文保部门审批。

2. 打造好先行先试项目

按照济南市委书记王忠林同志“要十分注意古城肌理、历史文脉、城市底蕴的保护和传承，切实做到修旧如旧、古香古色”的要求，近 5 年来，自筹和争取上级资金约 2 亿元实施双忠祠街、芙蓉街、芙蓉巷、起凤桥街、茶巷、涌泉胡同、东花墙子街、辘轳把子街、庠门里、泮壁街、后宰门街、岱宗街、万寿宫街 10 余条老街巷历史风貌恢复工程，其中起凤桥街采用传统工艺恢复拉麻、砖砌、石砌立面和门楼的做法已承担济南泉城申遗基础工程的重要试点推广任务；打通现代商业开发中封闭的西城根街、启明街、寿康楼街 3 条历史老街断头路，一举盘活古城西片区交通和文化旅游体验节点；试点推进文庙广场、县西巷微绿地、运署街口袋公园三个与老建筑和文保建筑相关的公共空间打造，让老建筑活化利用和历史风貌信息展示回到老百姓身边；实施府学文庙、状元府、灵官庙、双忠祠、孙家公馆、明城墙、贡院影壁等省市文保建筑修缮保护，委托专业单位对高都司巷、明代碧霞宫遗址进行考古发掘，实现应

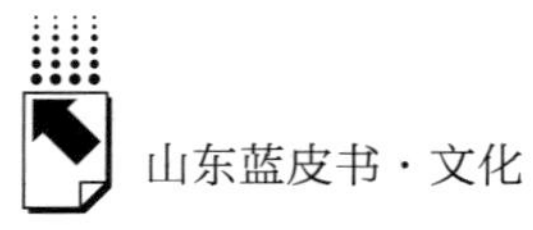

保尽保；投资5亿元实施的百花洲一期保护改造项目，现已成为非遗传承和传统文化展示的标志性园区。

3. 做好历史文化保护传承

依托古城历史文化古街区，由文化和旅游部挂牌打造济南百花洲传统工艺工作站，目前是全国唯一城市中心区传统工艺工作站，并成为中国非遗博览会的永不落幕会场。该工作站经文化和旅游部、省文旅厅、市文旅局和市中区四级签订会议纪要，文化和旅游部项兆伦副部长亲自挂牌，已搭建成为政府部门、专家智库、设计团队、驻济高校、企业与社会组织、代表性传承人、老居民志愿者和文化创意团队资源共享、跨界融合的长效工作平台。同步借助工作站、历史街区融媒中心、新时代文明实践中心等平台，策划实施古城品质提升计划、老济南记忆工程和东方新营造历史风貌恢复，为历史街区保护汇集资源、凝聚力量，形成了大量创新成果。

4. 以历史街区保护和古城更新互为支撑

策划实施的老济南记忆工程、历史街区社区非遗复兴计划、古城品质提升计划等逐步形成了历史街区文化活态传承的长效机制。2019年5月，文化和旅游部雒树刚部长就百花洲传统工艺工作站有关工作予以批示。先后承接全国非遗曲艺周、中国社科论坛、国际泉水联盟、世界摄影大会等重大活动。刘家义、龚正、王忠林等领导同志多次莅临古城指导工作。区域内百花洲剧场、明湖居及百花洲历史街区街角剧场常年开展十多项非遗曲艺、戏曲的展演活动。目前，国家第三批非遗项目济南皮影、省级第三批非遗项目鲁绣等200余项非遗和传统文化项目在历史街区内长年展演并开展活态传承活动。

（二）明府城更新的创新经验

第一，通过建立专责保护机构，串联部委和省市区资源，形成了密切协作、上下贯通的历史街区保护机制，有效推动了古城历史文化古街区各项保护和传承工作。

第二，济南古城历史街区采取“小规模、渐进式”的审慎模式，坚持总体规划、科学分步分项实施，成熟一处实施一处，不搞突击性大面积改造。从最容易得到群众和社会认可的小规模提升项目分项入手，先行实施试点项目样板段墙面风貌恢复工程，用样板段成功实施的落地成果推动与群众的沟通和正面宣传，不但赢得了群众的支持，更通过项目实施让历史街区风貌保护的理念深入人心。在此基础上，积极推广试点取得的经验，文保征收和修缮、历史街巷风貌恢复、历史建筑解危保护等面上工作有序展开，实现了‘让老城自然生长，不急功近利打造”的目标。

第三，在历史街区保护工作中坚持“保护优先，应保尽保”的原则，在保护工程开展前，先行实施田野调查和文保发掘，先后通过田野调查和考古发掘新发现《老残游记》中老残居住的高升店、济南府志中记载的良辰照相馆等老建筑，发掘明代济南中轴线敕建的泰山行宫遗址、高都司巷泉水人居遗址等重要申遗要素点，在保护工程中发展文庙广场清代青石铺装、泉水暗渠、梯云溪遗址、芙蓉街泉眼、重修水胡同碑刻等珍贵历史遗迹，均第一时间采取了保护措施。

第四，坚持修旧如旧的原真性原则。在规划设计层面，连年拿出专门资金开展老物件、老照片征集；专门组织老居民对照老照片指认老建筑的老济南记忆工程和历史遗存寻根活动；组织文史专家对历史街区内的历史原貌进行考证和梳理，尽可能为历史街区保护收集更多可靠依据。在实施层面，对历史街区内所有历史遗存先行价值评估和原真性分析，积极探索和扩大传统工艺手段在历史街区保护工作中的应用领域。在历史风貌恢复中，尽可能以价值评估和原真性分析为依据，采用有历史依据的传统工艺修缮和恢复建筑立面、实施地面铺装。

第五，以历史街区保护为引领，探索建立了助力历史文化保护和传承的科学模式。以文化和旅游部传统工艺工作站为载体搭建政府部门、专家智库、设计团队、驻济高校、企业与社会组织、代表性传承人、老居民志愿者和文化创意团队资源共享、跨界融合的长效工作平台，实施古城品质提升计划、老济南记忆工程和东方新营造历史风貌恢复，为历史街区保护汇集资源、凝聚力量、找到最大公约数，让历史街区保护成为各方支持、有获得感和美誉度的主导性社会行为。

数字化治理的百花洲模式

1. 百花洲传统工艺工作站是文旅部打造的唯一城市中心区工作站，肩负着模式探索的重要任务。拟利用现有融媒中心和泰山设计杯产品转化平台的资

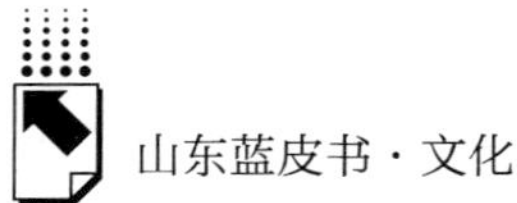

源，搭建传统工艺特色的公共文化平台，为省内外传承人、设计师、文化单位、驻济院校和爱好者群体提供可互联网预约的，承接交流、研学、沙龙及知识成果推介的共享空间。

2. 搭建移动互联网平台提升治理能力。利用手机移动互联网，为百花洲群众和经营业主建立微信交流群，打造沟通意见形成共识的网络信息平台，拉近基层政府同人民群众的联系，解决矛盾，提高地方政府的服务水平和服务能力。发布项目进展信息，征集整改方案，保障各项规定措施及时、公开、透明。利用大数据和人脸识别技术动态监控百花洲区域内游客的动态变化情况，将当天的人流数据实时在线上同游客共享，引导游客合理选择参观游览时间，对入园参观人群进行聚类分析，获取参观群体需求，提供个性化服务。

3. 新媒体矩阵放大文旅融合品牌。百花洲传统工艺工作站通过建立多维多平台的新媒体矩阵，运用文字、图像、影视多种形式进行自身的宣传和推广，实现传统媒体和新媒体的有效互补，线上媒体和线下媒体的充分结合，官方媒体和非官方媒体的齐头并进，最大限度地扩展自身受众的年龄范围，扩大自身宣传的影响半径，有利于使更多的民众欣赏非遗之美，爱上非遗，最大限度提升非遗产品的商业价值，打造百花洲传统工艺工作站的品牌效应。

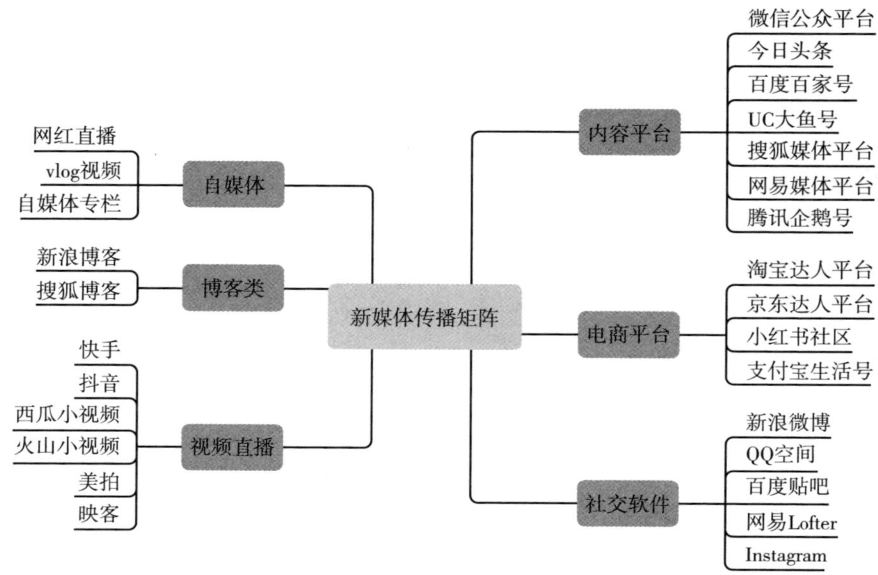

4.“互联网+”开拓数字扶贫渠道。一方面，通过大数据分析为百花洲非遗及手工艺项目寻找优质原材料，在保障工艺的基础上有效节约成本；另一方面，建立非物质文化资源和项目数据库，打通非物质文化遗产的产业链条，以产养文，以量养质。同时凭借百花洲位于省会城市中心的区位优势，发挥城市聚集作用，柳编等工艺实现了对应地区的扶贫。建立起自有电商平台，加大百花洲非遗品牌效应，开设 App 数字平台，结合山东电视台等各类媒体资源，为传承人和传统工艺创造项目进行广泛宣传。

5. 城媒融合打造文化生态链条。依托城媒融合、融媒传播、房产信托、合作经营等手段，利用数字技术搭建政府部门、专家智库、设计团队、驻济高校、企业与社会组织、代表性传承人、老居民志愿者和文化创意团队资源共享、跨界融合的长效工作平台，形成原住民融入生活化、沉浸式的文化生态链条，开放和串联更多居民所有或共有的院落。

三 济南古城更新的机遇挑战

（一）古城人文历史遗存破坏严重

1986 年济南被列入历史文化名城之后，作为名城最重要支撑的古城片区总体上未达到历史文化名城保护要求，对老建筑和老街巷的破坏较为严重。1986～1999 年，钟楼寺街、县学街等历史街巷和许多老字号建筑在道路拓宽及小区建设中消失。2002 年后丁宝桢故居、张养浩故居（七聘堂）、七忠祠、九华楼等著名历史建筑被拆除，阁子后街、汇泉寺街青石板道路独有景观和被喻为“济南民居博物馆”的宽厚所街片区拆除，明代考古发现老城区面积最大的小王府遗址未得到就地保护，大量古老风貌建筑被破坏。以芙蓉街为例，2000 年之前有 90% 的建筑为传统风貌建筑，现仅存 19% 的老建筑勉强保持传统风貌。更令人痛心的是，大量非物质文化遗产也因后继无人而面临逐步失传。

（二）历史街区缺乏保护和开发政策法规指导

由于济南市没有出台相应的腾退等政策，目前古城历史街区内仅文保建筑

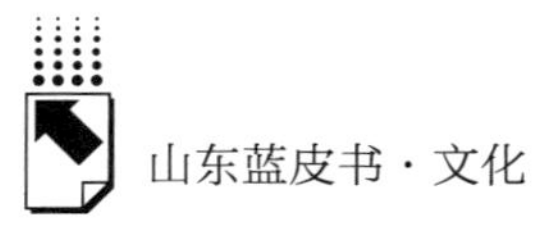

可直接套用征收政策。2019 年历下区试点了题壁堂、状元府、寿康楼 3 处文保建筑的征收工作，总建筑面积约 4620 平方米，其中房屋建筑面积约 4200 平方米，附属物建筑面积约 420 平方米。初步测算货币补偿及各项费用共约 1.3 亿元，从机床四厂项目中安排安置房源。结合征收取得的经验，古城区内启动后续文保建筑、历史建筑征收工作总建筑体量约 2 万平方米。根据规划部门委托清华同衡规划研究院对济南古城开展城市设计的有关研究，古城街区建筑总体量约 36 万平方米，其中建议修缮保护的建筑 16 万平方米，需拆改的建筑 20 万平方米。策划疏解居民 1000～1500 户，疏解后腾空面积 3 万～4 万平方米。如此规模的保护开发亟须政策的引导和支持。

（三）古城街区交通及基础设施落后

古城区交通配套方面的问题主要是，周边缺少旅游交通工具驻泊车辆的集散空间；适应古城狭窄街巷的公共交通工具缺位；断头路有 18 条之多；慢行交通未能破题等。历下区历史文化街区保护中心编制的历史街区市政配套标准已于 2019 年 6 月 3 日由省住建厅公布为山东省历史文化街区管线综合规划标准，其中在狭窄街巷缩小管线间距完善市政配套的技术障碍已破题。虽然部分试点街巷的市政配套设施提升正在工程试点，预计很快可以完成芙蓉街周边市政配套的提升工作，但是制约古城的交通及设施问题仍然严峻。

四　推动济南古城更新创新发展的对策建议

（一）弥补顶层设计方面存在的缺项

济南市在技术层面完成了大量规划策划及立法研究成果，但在规划和立法的最终审核确认方面有较大差距。鉴于历史街区的特殊敏感性，绍兴市在推进老城建设前，由四大班子对城市设计成果进行认可，并融入控规等法定规划。杭州市、无锡市、成都市、武汉市均出台了历史街区保护办法和实施细则。因济南市在这两个层面存在缺项，历史街区的推动存在决策滞后，无法可依、无序推进的盲点。建议尽快参照其他历史文化名城推进立法工作的经验，抓紧出台历史街区、历史建筑保护条例。同时，参照成都市历史街区保护条例第四条："市人民政府设立历史建筑和历史文化街区保护委员会（以下简称保护委员会），负责全市历史建筑和历史文化街区保护工作的统筹、协调和指导，研究决定和解决本行政区域内历史建筑和历史文化街区保护的重大问题。"第六条："本市设立历史建筑和历史文化街区保护专家咨询委员会。专家咨询委员会由房产、建设、规划、国土等方面专业人士和历史、文化、建筑、经济、法律等方面专家组成，负责历史建筑和历史文化街区的认定、调整、撤销以及管理、保护等事项的评议工作，为政府相关决策提供咨询意见。建立我市的顶层决策和专家咨询架构。"

（二）填补议事协调的缺项

历史古城更新创新发展的推动是一项涉及多部门的综合工作，需要市区两级各部门密切协同。为此，杭州、绍兴等城市均建立了领导小组和相关议事协调机制，如杭州市规划、国土、房管等部门的联席会议制度，解决了大量历史建筑保护改造方案的审批确定问题。当前，济南市虽然搭建了管委会架构，但一直未出台部门职责及联席机制，未能真正推进各项问题解决。建议参照佛山市历史街区保护条例第四条："市人民政府负责本市历史文化街区和历史建筑的保护管理，建立本市历史文化街区和历史建筑保护联动工作责任制。区人民政府负责本行政区域内历史文化街区和历史建筑的保护管理。镇人民政府、街道办事处履行历史文化街区和历史建筑日常巡查和现场保护等职责。各级人民政府应将历史文化街区和历史建筑的保护管理纳入国民经济和社会发展规划，提供政策支持和经费保障；并通过购买服务、设立片区保护管理组织等方式，动员各种社会力量参与保护管理。"第五条："城乡规划主管部门负责历史文化街区和历史建筑的普查调查、申报认定、名录管理、保护规划、应急保护等工作，并组织实施本条例。文物主管部门负责整理保护对象的历史资料信息，挖掘、评价其历史价值，并协助城乡规划主管部门做好历史文化街区和历史建筑的普查调查、申报认定、保护规划等工作。建设行政主管部门负责历史文化街区范围内的建筑物、构筑物或者其他设施和历史建筑的结构安全、维护修缮等相关建设活动的监督管理等工作。城市管理部门负责历史文化街区和历史建筑的巡查执法等工作。公安消防、工商行政等主管部门应当按照各自的职责，共同做好历史文化街区和历史建筑的保护管理工作。”在借鉴成功经验的基础上研究市区各单位职能分工和承担的任务。

（三）出台推动古城空间腾退置换政策

现有的政策不利于古城的空间保护和整体利用。一方面，传统征收模式不适用于历史街区。根据国务院《历史文化名城名镇名村保护条例》和相关法律法规，历史街区核心区内除文保建筑和规划拆除建筑外，多数区域无法通过传统征收进行整治提升。同时，连片征收后，规划保留的建筑无法办理房产手续，易造成历史遗留问题。另一方面，传统征收办法难以落地。其一，历史街区内，一半以上的房屋面积小于20平方米，且规划限高多在2层以下，外迁后腾退空间不能满足居民回迁要求；其二，历史街区内，传统征收办法“一刀切”的补偿标准无法满足独门独院建筑与大杂院市场交易价格的差距；其三，为享受“不足46平方米按照46平方米进行补偿”的征收政策，部分整体院落析产为多处房产，政府补偿金额面临成倍增长的问题。建议参照北京市政府出台的《关于加强直管公房管理的意见》和《武汉市历史文化风貌街区和优秀历史建筑保护条例》中关于腾退和公有历史建筑调整安置的政策，研究适合济南市直管公房和私有住房腾退或调整安置的办法，尽快推进老城区腾退和置换试点工作。

（四）出台与原住民相关的经济资源开发的奖励和补偿政策

对标先进地区老城区发展的经验，挖掘与原住民及地域特色生活相关的资源是特色经济发展最重要的基础。因老城区长期滞后于城市发展整体步调，基础设施严重老化，居民院落年久失修，原住民无力按照风貌保护要求修缮自主房屋和租赁的直管公房。对照杭州、福州等城市出台的补贴政策，济南市尚未出台财政资金维修居民私有院落和文保建筑的相关政策。居民生活环境难以改善，严重影响了老城区文化经济、体验经济和旅游经济的发展。与原住民及原生态生活相关的经济资源没有得到有效开发，特色业态很难形成产业规模。建议出台历史街区保护机构牵头做好保护管理工作，利用历史街区保护资金具体落实历史街区和历史建筑保护涉及的方案设计、风貌恢复、历史建筑腾退修缮、公共空间及市政设施提升等工作的相关政策。研究财政资金用于老城区私有产权危房、历史建筑、文保建筑修缮及历史风貌恢复的相关政策 同步研究对泉城特色文化旅游业态及非物质文化遗产传承表演类业态的奖励和补偿政策。

（五）改变芙蓉街等高人气区域不能带动老城区经济发展的局面

由于芙蓉街部分加层和挪位重建建筑未予明确定性，属于历史遗留问题，涉及多个部门，芙蓉街的立面整治及业态调整等工作很难最终决策。建议济南市对该历史遗留问题进行专题研究论证，并结合周边片区整体开发建设，确定最终规划方案和产业发展规划，以便尽快推动项目实施，让芙蓉街发挥老城人气引擎作用，真正带动特色经济集聚发展。

（六）建立推动古城区夜经济发展的有效机制

济南古城区夜经济业态及消费停滞于传统商业模式，主要是一般餐饮和购物消费，泉城特色文化植入不足，缺少高品质设计和创新创意，模式创新、品牌集聚和文化运作的空间十分有限。主要是夜经济商业街区缺少统筹规划及长期持续引导，未形成政府引导、社会面文化单位集聚的良性引导和竞争机制。建议以文化和旅游部在百花洲历史街区打造的全国唯一城市中心区传统工艺工作站为平台，争取省市文旅资源支持，搭建整合设计资源、演艺资源、知识成果资源和商界学界资源为一体的非遗和传统工艺项目孵化平台，通过北京国际设计周引入的高端设计和策划团队，解决模式创新、品牌集聚和文化运作空间十分有限的问题。同时，借助国家文化生态保护试验区政策，积极动员组织居民、业户参与历史街区非遗复兴计划和古城品质提升计划，先行推动泉水古城省级文化生态保护试验区筹备工作。以古城文保建筑、历史建筑和历史街区为空间载体，培育集夜间文化沙龙讲坛、文化和知识成果发布、时尚新产品展示试用、文化娱乐新作品首演等功能于一体的汇集平台，推动建立文化和知识成果交流、发布、首发、交易，新产品和新作品展示首发等活动汇集的夜经济地标。

B.11
乡村振兴视野下枣庄市山亭区冯卯镇乡风文明建设研究

沈　旺*

摘　要： 乡风文明是乡村振兴战略的重要内容之一，乡风文明建设很大程度上决定了乡村振兴战略的实际成效。位于枣庄市山亭区的冯卯镇历史悠久、资源丰富，近年来在新农村建设中取得了显著成就，然而成就的背后也凸显出一系列问题。诸如：经济基础薄弱影响乡风文明工作，乡村发展“空心化”且低俗之风时有发生，重硬件基础设施、轻软件文明新风培养，地方文化资源与乡风文明建设工作没有形成合力，乡风文明建设工作碎片化等。针对以上问题，笔者因地制宜提出了合理建议，即实施综合整治，改善乡村人居环境；加强宣传引导，培育养成文明新风尚；实现家庭美，优化美丽乡村细胞；实现乡风美，提升美丽乡村文明；深入挖掘地方文化底蕴，加强先进示范引领作用。

关键词： 乡村振兴　乡风文明　冯卯镇

21 世纪以来，随着中国城乡发展的深度融合，乡村社会发生了天翻地覆的变化，也带来了一系列社会问题，我国一直高度重视这一社会问题，早在 2005 年的十六届五中全会上就把乡风文明作为“三农”工作的主要内容之一写入了正式文件，纳入了党和国家的发展战略，随后相关具体跟进的文件陆续

* 沈旺，山东社会科学院国际儒学研究与交流中心助理研究员。

出台，力推乡风文明建设。2017 年，党的十九大报告创新性地提出了乡村振兴战略，并把乡风文明作为五大振兴目标之一。2018 年中央 1 号文件就乡风文明建设的地位、作用、目标及要求进行了全面系统的阐述。同年的中央农村工作会议上进一步明确提出，“三农”工作要坚持两个文明一起抓，培育文明乡风、良好家风、淳朴民风，不断提高乡村社会文明程度。一系列会议的召开和文件的出台表明，乡风文明建设工作既是乡村振兴工作的聚焦着力点，又是做好“三农”工作的发力突破口，在乡村振兴战略实施中具有举足轻重、贯穿全局的重要作用。

十九大报告对乡村振兴工作的总体要求是“产业兴旺、生态宜居、乡风文明、治理有效、生活富裕”，五方面紧紧相连、环环相扣，既高度凝练，又定位准确。其中“乡风文明”可谓居于主导地位，既是因，亦是果；既承接产业兴旺、生态宜居，又启示乡村治理和村民致富奔小康；既反映乡村治理有序和移风易俗成果，又续接乡村文化繁荣兴盛和道德风尚。因此，乡风文明既是乡村全面振兴的内在要求，更是质量保证。

近年来，枣庄市山亭区冯卯镇按照乡村振兴战略的总要求，推进实施“六大行动”（产业提质、乡村提档、增收提速、改革提效、文明提升、党建引领），认真执行市区政策规定，坚持抓重点、补短板、强弱项，积极践行区政府、文明办颁发的《“移风易俗树新风”倡议书》《山亭区“十严禁”规定》《关于规范办理婚丧嫁娶事宜的实施意见》等文件精神，推动冯卯“三农”工作持续健康发展，为加快建设更加富裕秀美和谐的“大美冯卯”提供了坚强支撑。

一　乡风与乡风文明的深刻内涵

乡风分开来看，乡者，从甲骨字形看，是会意字，似是二人相对而同吃一簋（古代盛食物器具），这就表明乡字本就有相同的饮食习惯、生活习惯之意，因此才有乡邻、家乡、乡亲、乡俗之说。风者，假借字，是“鳳”的省略，甲骨字形似鸟振翅而飞，意为带动他物而动，这表明风有感化影响他人之意，故孔子说：“君子之德风，小人之德草，草上之风，必偃。”（《论语·颜渊》）司马迁也曾说：“天子于是以式终长者，故尊显以风百姓。”（《史记·平准书》）

乡风是农村整体风貌的反映，涵盖了农民思想道德水平、乡村社会情感认知、乡村秩序治理、乡村传统习俗、民间礼仪、乡村文教卫体事业等各方面，乡风体现于乡村的各个方面，它不以有形的实体存在，却以无形的力量左右着乡人的准则和办事风格。由此可见，乡风基于乡土、限于地域、存于乡村、践行于乡人，是一个系统的、实践的概念。

作为一种价值判断，“文明”一词具有中西融合性，《易传·乾·文言》：“见龙在田，天下文明。”孔颖达先生解释说：“天下文明者，阳气在田，始生万物，故天下有文章而光明也。”秋瑾女侠曾感慨：“文明种子已萌芽，好振精神爱岁华。”（《愤时迭前韵》）普遍认为，西方的文明（Civilization）一词源于拉丁文“Civis”，最早由 18 世纪的欧洲人提出，本意是“城市中的居民”，本质在于“生活在城市和社会中的人的能力”。中国意义的文明是社会发展到较高状态的一种综合反映，而西方世界中的文明还包括达到此状态的过程，涵括民族意识、技术水准、礼仪规范、宗教思想、风俗习惯等，表现为反思意识，对人性进行的疏导。综观中西方文明观，不难发现，文明社会需在消除蒙昧、野蛮、无知，传播新知，启迪民智，开化民识过程中实现，文明社会的推进则可在自我省察和社会教化的两个维度进行，由于自我反省是个体自内而外的自发、自觉、自学，自我实践养成，进而内化于心、外化于行的过程，因此意义和作用更显重大。当然，社会教化的辅助作用也不可或缺，这种辅助作用应通过打造环境和营造氛围，以及搭建多样化的平台和举办形式多样、丰富多彩的活动来实现。

乡风文明是基于自然地理条件、区域文化传承、历史文化差异而形成的特定乡村社会的良好社会风气、精神品质及行为习惯的综合反映。乡风文明涉及乡土、乡人、乡风，但不是三者的简单叠加运行，而是三者有机结合的深层次推进。

我们所提倡的新时代的乡风文明是有别于传统社会的新型乡村文化样态，实施乡村振兴战略应以新时代中国特色社会主义思想为指导，培育和践行社会主义核心价值观，推动农村移风易俗，倡树中国特色社会主义新风，本质是中国特色社会主义新农村的精神文明建设。前提是农民思想文化道德水平普遍提升、集体责任意识普遍提高。在新时代乡风文明指引下，乡村产业发展追求绿色化、优质化、品牌化；乡村居住环境生态、环保、舒适、舒心；农民积极向上，尚学崇贤，诚信笃德。总之，新时代的乡风文明追求的是内外兼顾、综合全面、欣欣向荣的一片祥和的繁荣景象。

乡村振兴，需要塑形，更要塑魂。乡风文明是乡村振兴之魂，是根本保障，也是最基本、最深沉、最持久的力量，更是乡村实现可持续发展的软实力。乡风文明对乡村振兴的作用主要表现在如下几方面。

（一）乡风文明为产业兴旺提供智力支撑

产业发展的关键在于人才。只有源源不断的人才补给，才能提高产品质量，才能提高产业创新力和竞争力，从而实现经济效益和社会效益的双丰收。农民是乡村产业发展的主力军，新时代乡风文明注重提高村民道德文化素质，助力其向新型、现代农民转变，新型农民不仅具有科学现代意识，而且能够熟练掌握现代农业科技，在提高农业、农产品科技附加值的同时，也为产业发展赋予了更多的乡土特色文化内涵，从而为农村有效吸引更多的关注视点，实现眼球经济。

（二）乡风文明为生态宜居提供舒怡环境

从生态角度而言，文明本身就意味着绿色、环保，人与自然和谐共生。因此，“生态宜居”除包含乡间环境的宜居外，更重要的是人文精神的传扬。农耕文明是乡风文明的主要体现，蕴含着生态文明的文化基因。加强乡风文明建设有助于挖掘传承乡村丰富的历史文化资源，重塑乡村文化生态，共建农耕文化的精神乐园，同时也有助于提高农民的科学人文素养，引导广大农民摈弃陈规陋习，推进移风易俗，切实倡树“绿水青山，就是金山银山”的乡间生活理念，从而真正营造优良的人文环境。

（三）乡风文明是治理有效的人文保障

乡风文明建设的主要目标即是通过淳朴敦厚、修身齐家的家风家训教化乡里；通过尚贤尊能的乡贤文化维系乡情乡韵；通过约定俗成的村规民约约束不合规、不合法，违背伦理纲常的人和行为。这样有助于提升村民自治的主动性和积极性，构建“自治、法治、德治”合一的既有人文情感又有法律惩治约束的乡村治理体系。

（四）乡风文明为生活富裕保驾护航

乡风文明能够催生和架构先进的核心价值体系，优化城乡间要素资源科学合理组合，助力乡村制度选择和路径安排。新时代“生活富裕”的整体标志是物质和精神生活的双丰收，表现为农民生活水平普遍提高，乡村发展普遍提速，幸福指数普遍提升，村民综合素质和生存生活技能普遍增强，进而普遍提高乡村社会的生产力。而这一切有的是乡风文明建设的重要内容，有的是乡风文明建设的目标。传统意义上的生活富裕主要体现在物质层面，这样的生活富裕就像没有灵魂的躯壳，很难持久保有生机活力，只会让人们感到“有钱花”，但却无法感到生活的“有意义”“有价值”。乡风文明指引下的生活富裕在让广大农民感到增产增值增收的同时也附加了人文精神和价值内涵，使农民既富了“口袋”，又富了“脑袋”，使村民不仅拥有而且持久地享受幸福生活。

总之，乡风文明建设是乡村振兴工作的重要内容之一，是综合、全面、系统性的持久工程，既需要自上而下的纵向行政组织架构的支撑和指引，更需要乡风文明建设主体即村民内化自下而上地处理好成就自我、约束自我、规范自我之间的关系。

二　冯卯镇乡风文明建设的成就与做法

冯卯镇地处枣庄市山亭区西北部，辖35个行政村，共有1.5万户5.8万人，面积96平方公里，具有独特的地理风貌和旅游特色，国家大（二）型水库——岩马湖纵贯镇中心地带，拥有水域面积2万多亩、果园面积3万多亩，自然环境优美，瓜果飘香，湖光山色，林海奇石。冯卯镇历史文化悠久，根基深厚，是重要的北辛文化发祥地之一，有很多历史人文景观和许多文化古建筑，如鬼谷子登山望母、冯尚诏行善积德流芳乡里、李世民东征驻驾、英雄岭伏击日寇等，另有水山村等明清古民居，民俗文化丰富。近年来，该镇发挥资源环境优势，立足生态文明，弘扬传统文化，溯本求源，成功探索“闲置小院复活工程”；实施“乡愁唤醒工程”——着力打造三个乡愁纪念馆（人民公社时期的老礼堂改造成山东省唯一的水库纪念馆，沾满岁月尘灰的老黄烟站改造成为“农民讲习所”，老粮库改造成为“农耕学堂”）；深入开展乡村文明行动，在美丽乡村建设实践中统筹兼顾，以点盖面，借乡村振兴战略的东风，实施综合整治，加强宣传引导，培育养成文明新风尚。冯卯镇于 2018 年启动了美丽乡村建设年活动的实施方案，着力构建村庄美、家庭美、乡风美、产业美、班子美的“五美”乡村格局，于鲁南一隅独放异彩，取得了令人瞩目的成绩，当前已成为全国农业旅游示范点、国家水利风景区，省级湿地公园、山东省文明镇、山东省生态镇、山东省卫生镇、山东省旅游强镇。

（一）加强宣传教育，强化“四德工程”建设

深入开展社会主义核心价值体系教育，引导农民群众自觉践行社会主义道德规范，使文明和谐的道德风尚融入千家万户。扎实开展道德模范和身边好人评选表彰活动，村村建立善行义举“四德榜”，推选涌现出一批具有代表性的道德模范：冯卯村乡医连士存、金达莱塑编有限公司董事长相莉成为山东省善行义举四德榜铜榜先进人物，并获选“最美山亭人”称号；下粉村第一书记张云峰、相莉先后荣获感动枣庄先进人物；金恒通农业新能源项目特聘专家卫欣成为枣庄新闻人物候选人等。

（二）推进移风易俗，加强村风民俗建设

以村风、民俗为重点，村村制定完善村规民约，建立村民议事会、道德评议会、禁毒禁赌会、红白理事会等群众组织并积极发挥其作用，广泛开展“讲文明、讲科学、讲卫生、讲法制、改陋习”活动，引导农民群众崇尚科学，抵制封建迷信，杜绝黄赌毒，反对邪教，破除陋习。

（三）多措并举，加强文化惠民服务

加强农村公共文化基础设施建设，大力实施广播电视“村村通”、乡镇综合文化站、文化信息资源共享、农村电影放映、农家书屋、文化广场等重点文化惠民工程；村村开展一村一月一场戏、一场电影、广场舞大赛、健身运动会等活动，努力让农民群众更多参与群体文化活动，提高获得感和满意度；注重农村非物质文化遗产的保护和发展，甩铁花、草编成为枣庄市非物质文化遗产；冯卯、独孤城被评为国家级传统古村落，冯卯镇被评为省级历史文化名镇。

（四）守护精神家园，孕育乡风文明

1. 打造乡愁文化记忆馆

在乡村建设中，注重发掘重要的乡村记忆，让传统建筑重新焕发活力，“让乡村留住乡愁”。为弘扬“艰苦奋斗、担当奉献”的岩马精神，把人民公社老礼堂改造成为岩马水库纪念馆，通过留音留影的形式生动再现了当年兴建岩马水库的战天斗地情景，现已成为全省县及县以下历史文化展示“十百千”示范点；区委党校党性教育基地，先后开展各类主题教育活动60余场次，吸引2万余人次前来参观学习。把老黄烟站改造成为小镇客厅。一方面，依托全国农综改试点试验和美丽乡村示范两个优势，面向全国，打造以培养“三农”人才为主的“新时代农民讲习所”。另一方面，注入市场活力，布局场馆展示、艺术餐厅、文化体验等业态，打造“小镇客厅”，让它成为一处既有历史沉淀又有市场活力的乡村精品文化工程。把老粮仓改造成为农耕学堂。保护利用望母山老粮仓，延续传统建筑文化记忆，深入挖掘和传承非遗文化，开展特色游学活动，打造农耕游学实践基地，让乡土文化承载更多乡愁。

2. 打造乡村文化驿站

充分利用各类文化活动场所，开展丰富多彩的乡村文化活动，培养村民文艺爱好，丰富群众精神生活。比如，朱山村发挥农综改第一书记驻村作用，突出文化引领，依托唐诗林、护生画集、习语小巷等乡村文化精品工程，以朱山雅集为平台，开展书法下乡、村民读书会、儿童国学课、习语传习等文化活动，建立乡村文化发展机制，厚植乡村文化根基，激发乡村文化活力，提振群众精气神。

3. 突出主题打造特色

深度把握每个村的文脉和现状，深入培育每个村的特色。比如，醉桃源·温庄、忆江南·赵庄、渔家傲·山东、3D画·庙岭、魅力非遗·望母山、文化部落·独孤城，还有唐风·朱山、福地·万庄、活力·李庄、乡情·竹园……这些村庄都展示出各自的文脉基因和发展特色，展现出一村一品、一村一型的独特乡村魅力。

目前，在省、市、区政策的支持下和镇政府的积极引导下，看山望水忆乡愁、乡风古韵化文明，各村党支部开拓思路，转变观念，转换做法，依托区位优势，部分村庄的乡风文明建设工作亮点频出，已经涌现出了几个典型示范点。

万庄村：位于岩马湖下游，依凤凰山，南临城郭河，全村410户1418人。近年来，该村以“村美、风正、人和、民富”为标准，深入开展乡村文明行动，实施美丽乡村建设，先后被评为省级农村产业融合发展试点示范村、省级美丽乡村创建示范村、省级“乡村文明家园”建设示范村。

一是环境美彰显秀美风貌。突出靠近岩马湖生态优势，科学进行规划，稳步推进建设。借助省第一书记帮包、美丽乡村建设等机遇，整合资金和项目，先后投资360万元，实施道路硬化、村庄绿化、街道亮化、环境美化、墙面文化“五化”工程，全面改水改厕，完善环卫保洁长效机制，山村风貌独具特色，人居环境得到显著改善。

二是文化美凸显乡村记忆。深入挖掘农耕文化、村史典故、传统民俗，将人文背景和文化亮点融入村庄建设中，打造出青山绿水与古村风貌相得益彰、宜居家园与观光乐园和谐统一的记忆故园。把村庄历史、民风民俗和传统国学、道德礼仪知识以图文并茂的形式搬上文化墙。新建两处文体广场，培育传承木雕、盆艺、草编等非物质文化遗产，留住乡村记忆。每年积极举办“赏桃花”“品甜桃”“采摘游”等活动，中央、省、市电视台相继报道。

三是道德美弘扬精神风尚。大力传承和弘扬艰苦奋斗、团结协作、担当奉献的库区精神，引导群众积极践行社会主义核心价值观。每年评选表彰好媳妇、好婆婆、美丽家庭、文明家庭、道德模范。建设用好善行义举四德榜，建有道德文化展示墙、文化广场，利用村道德讲堂开展家风家训、家庭美德教育。完善村规民约，严格实行婚丧嫁娶事宜“十严禁”，村红白理事会积极主动监督、服务，红白事村级登记备案，严刹了大操大办陋习。

四是和谐美提升幸福指数。实施党建强基工程，达到一类村级班子，成为全市村级基层组织建设示范村。因势利导，创办春雪桃、光伏等合作社组织，建有千亩仙桃园、果品批发交易大棚，果品流通业发展迅速。发展农家乐2家、采摘园3处，村民收入得到显著提升。帮扶56户贫困户脱贫增收，村民幸福指数、满意度得到显著提升。

温庄村：位于枣庄市山亭区冯卯镇东北部，国家水利风景区岩马湖东岸，系山区、库区村。辖大温庄、小温庄两个自然村，全村488户1322人，党员

39 人，村两委成员 6 人。该村始建于明朝崇祯年间，1628 ~1644 年温氏由滕县城西北温家庄迁此垦田，立村名为温庄村。现为全国农村综合性改革试点试验村、省级美丽宜居村庄、省级旅游特色村、市级休闲农业与乡村旅游示范村。

一是完善基础设施配套，打造美丽宜居村庄。2015 年该村以“醉桃源”为主题，实施了省级美丽乡村连片治理项目，总投资约 400 万元，完成了道路硬化 4563. 8 平方米，新铺沥青路面 3350 米，铺毛石地、花砖地 3974. 69 平方米，新建碾屋、传统文化广场等节点花园、园林小景 6 处，栽植苗木 9903 株，花池 1074. 79 米，竹栅栏 808 米，新配置环卫车 5 辆、垃圾桶 90 个、垃圾密封箱 5 个、水冲式公厕 1 处，达到了美丽乡村示范标准，现为省级美丽宜居村庄。

二是发挥生态资源优势，打造农旅美丽田园。温庄村依托国家水利风景区岩马湖生态资源优势，抢抓全国农村综合性改革试点试验发展机遇，充分利用村内现有的生态农业观光园、高山古梨园等田园景观，发展水上农家民宿、亲水娱乐、休闲垂钓等生态旅游项目，形成集休闲观光、游赏度假、山林客栈、四季采摘、品尝山村特色美食等为一体的农旅融合发展的美丽田园。目前已投资 500 万元，建设了 2 万平方米的高效设施桃种植春暖大棚，60 亩优质春丽桃种植示范基地，50 亩生态鱼塘，配套智慧农业控制系统一套、沼气池 1 座、太阳能路灯 30 盏、杀虫灯 80 盏、生态停车场 1 处、林间木屋 2 处、观光绿道等旅游附属设施，完成温庄甜桃绿色食品认证、注册“温庄·老家”商标认证，现为枣庄市国家现代农业示范区精品特色园、省级生态循环农业示范基地。

三是突出文化引领作用，培树乡村文明风尚。打造党建文化一条街，建立联系服务群众机制，实行村干部划片帮包责任制，明确责任主体、责任区域和责任内容，强化责任落实。开展“党员先锋服务”活动，每名党员“做承诺、当先锋、树形象”，在 2018 年“七一”之际，通过民主推荐，评选出 6 名先锋党员。做好便民利民工程，加强群众文化设施建设，新建社区服务综合楼 400 平方米，设立阅览室、信息屋，新添置电脑 2 台、文化设备 60 多件、图书 2000 余册，满足群众文化需求。积极开展美丽家庭创建活动，组织评选十佳美丽家庭，不断培树乡村文明新风尚。举办“彩绘明天”“传统文化传承”

“乡村运动会”等系列群众文体活动，增进群众文化认同感，汇聚乡村发展正能量。

李庄村：位于镇政府腹地，向北不足三分钟的路程，东临岩马湖，该村依托区位优势，从建立现代乡村治理体系，提高乡村治理能力的高度，推进村民自治，探索李庄“1+1+1”（所谓“1+1+1”，第一个“1”是党支部领导；第二个“1”是一个理事会管理，即红白理事会；第三个“1”是一个章程，即红白理事会章程）模式，把组织领导、村民自治结合起来，把自治与德治结合起来，有效破解了乡村治理难题，推动移风易俗，树立新村新风。

一是强化村党支部的领导核心作用。推进乡村振兴建设，打造坚强农村基层党组织是关键，在推动移风易俗建立现代乡村治理体系过程中，始终发挥党支部战斗堡垒作用，红白理事会的建立和相关制度的草拟都酝酿于党支部，酝酿于支部委员们推动乡风文明的坚定信心和决心之中，通过与村民交流，逐步形成了一套成熟可行的想法。在整个自治推进过程中，始终坚持党支部提议、两委商议、党员大会审议、村民代表决议等集体决策、民主决策流程，充分体现了支部核心领导作用和村民自治的有机结合。

二是调动村民积极性，组建村民自治机构。在充分酝酿的基础上，加强与村民的沟通，了解他们对成立红白理事会的看法和建议，随着方案逐步成熟，村委积极向镇领导汇报，争取民政部门在移风易俗方面的支持，利用村里的闲置民居建成了李庄村新风馆，新风馆作为红白理事会的办公场所和村民红白事活动中心。通过村民代表大会选举表决，成立了李庄红白理事会，作为全村红白事管理、监督、服务机构，真正实现村民红白事自治。

三是依托新风馆，打造国学文化村。驻村第一书记联合义工协会开展志愿服务，开办留守儿童国学课，与滕州优胜教育合作举办乡村游学体验，丰富留守儿童假期生活。再如，李庄村健全红白理事会管理制度，让红白理事会真正发挥作用，倡导勤俭节约新风尚，制定移风易俗“五个统一”标准，即统一桌数、统一人数、统一菜数、统一价格、统一地点，有效杜绝攀比之风，减轻群众负担，形成节俭办事的乡村新风尚。

四是村事民决，制定移风易俗“五个统一”标准。统一桌数、统一人数、统一菜数、统一价格、统一地点。根据区镇有关规定，结合李庄实际，确定白事正席不超过15桌，每桌标准不超过280元，喜事不超过10桌，每桌标准不超过 500 元，白事 10 个菜，喜事 16 个菜，烟酒各一，红白事集中在新风馆办理。这样有效杜绝了攀比之风，减轻了村民负担，形成了节俭办事的乡村新风尚。

李庄村创作的饶有韵味的村规民约如下：

乡村振兴做模范，改革齐心走在前。
公益事业多参与，努力献策又建言。
大操大办惹人嫌，勤俭持家人尊贤。
安全用电要规范，私拉乱接有隐患。
上坟祭祖要文明，带火进山断不行。
修房盖屋按规矩，私搭乱建要叫停。
房前屋后勤打扫，美丽乡村维护好。
庭院美丽又干净，生活质量步步升。
夫妻恩爱孝公婆，厚养薄葬是美德。
自家娃儿要爱护，勤学苦读是出路。
为了生活更美好，要买医保和社保。
勤劳致富人人夸，好吃懒做别学它。
依法办事不闹访，干群一心良心讲。
村规民约要践行，李庄村民树新风。

三　冯卯镇当前乡风文明建设中的问题与困境

调研发现，冯卯镇发挥资源环境优势，持续改善人居环境，立足生态文明发展，深入开展乡村文明行动，在领导全镇居民奔小康的路上取得了令人可喜的成绩，但也存在一些现实的问题与困境。

（一）经济基础薄弱影响乡风文明工作

据了解，山亭区在枣庄市属经济薄弱区，而冯卯镇在山亭区又属于经济发展滞后镇，相比邻镇城头镇、水泉镇以及滕州市东郭镇等，冯卯镇经济发展尤显捉襟见肘。经济的落后，给文化振兴工作带来很多的阻力，比如，文化基础设施难以普及，文化活动难以有效开展，移风易俗难以获得认可等。此外，因“大河有水，小河满；大河无水，小河干”，诸多村庄没有或者很少有集体收入，没有或很难有资金支出，造成村容村貌脏乱差，农民健康文明的生活习惯难以养成，以致粪便和污水横流。

（二）乡村发展“空心化”且低俗之风时有发生

随着中国城乡发展的深度融合，农村经济社会结构发生深刻变化，农民群众思想文化多元、多变、多样的特点日益明显，道德失范、诚信缺失，欺骗欺诈、封建迷信等现象依然存在。受大环境影响，冯卯也或多或少不同程度存在这方面的问题。

（三）重硬件基础设施轻软件文明新风培养

在实施“乡村文明行动”中，农村环境整治、文化大院、农家书屋、旱厕改造等硬件建设，速度快、成效明显，投入的资金和精力较多；但是部分村庄在倡树文明新风、改变生活方式等方面还存在工作不深入、不细致、不经常等问题。

（四）未正确认识乡风文明建设工作

当前，大部分村庄的乡风文明工作依然走的是“上至下派”的工作风格，而很少能够主动出击，自揭“伤疤”，部分村庄还存在掩盖、隐瞒现象，存在应付检查、走过场现象，对于政策宣传，仍止于喊口号、贴标语层面，深入执行不力。殊不知乡风文明建设的主体应该是村委、村民。我们曾经在一次会议上就乡村文化工作进行现场调查，现场村支部书记仅有一人对文化工作做了回答，其他各村无一反馈，这说明村委领导班子认识不够，对文化、乡风工作重要性的认识还存在欠缺。

（五）地方文化资源与乡风文明建设工作没有形成合力

冯卯历史悠久，文化资源丰富，人文底蕴丰厚，当地素有鬼谷子登山望母的传说，一代思想家留下的是千古传诵的孝文化。唐王李世民东征驻跸朱家山

（今称为驻驾山）时，九位老人献计；东征胜利回京时，当地百姓长途相送，李世民深感冯卯父老的帮助和厚恩，故而留下二庄名：谢庄和别庄。冯尚诏善举义行乡里；20世纪50年代末，冯卯人民战天斗地，为兴建水库，数不清的村民背井离乡，终于在1960年5月1日，水库胜利竣工。山地出平湖，为冯卯带来便利水利的同时，冯卯人的拼搏奋战和担当奉献亦是催人奋进的精神力量。冯卯人这些光辉过往是冯卯工作取之不竭、用之不尽的宝贵精神文明资源，深入挖掘这些无价的精神成果对于乡风文明工作的开展将会大有裨益。

（六）乡风文明建设工作碎片化

党的十九大报告提出的是乡村振兴战略，而非农村振兴战略，虽然仅仅一字之差，但含义迥异。就现代经济理论而言，农村是专门以从事农业产业（自然经济和第一产业）为主的经济单元，面向新时代乡村振兴战略的六个新思维，其主要职能是为城市生产粮食，处于城市的从属地位。而乡村，如前文所述，因其首先是人们共同生活的地方，这种生活基于共同的认知，承载着风俗习惯，透射着五千年的中华文明。

十九大报告中这一名称的转变反映的是乡村系统发展的思维，合理还原了乡村作为政治、经济、文化、历史的中华文明系统载体的地位。同时，这种转变也启示我们，乡风文明工作也要适时转变以往碎片化思维定式，在打造乡风文明示范样板的同时也不要过于人为地拉大各村的距离，应该注重连线成片，形成规模。

四　冯卯镇乡风文明建设的路径选择与对策

2018年3月，习近平总书记在十三届全国人大一次会议召开之际，参加山东代表团审议时指出，乡村振兴是一篇大文章，要统筹谋划，科学推进。6月，习近平总书记在山东视察工作时，着重强调要打造乡村振兴齐鲁样板，为山东省的乡村振兴工作指明了方向，也给地方乡镇的乡村振兴工作提振了士气。冯卯镇应审时度势，应时而动，依托地方资源环境和区位优势，乘乡村振兴战略的东风，争当乡村振兴齐鲁样板的地方排头兵。冯卯镇因万亩桃园、一湖碧水的文化资源优势，已经成功做大做强了“眼球品牌”——拥有如全国农业旅游示范点、国家水利风景区，省级湿地公园、山东省文明镇、山东省旅游强镇等诸多荣誉“名片”，为冯卯的乡村振兴工作积累了无与伦比的优势，也为冯卯的乡风文明建设工作提供了重要突破口。

（一）实施综合整治，改善乡村人居环境

要完善功能，真抓实做，继续不断健全民生设施，实施环卫综合整治。要在全镇范围内改造、兴建、普及文化健身广场、便民服务中心、垃圾中转站等民生工程，购置垃圾收集三轮车、垃圾中转车、洒水车，着力改造农村旱厕，灌输“小厕所，大民生”的理念，修建公共厕所并加强管理。硬化强化农村户户通道路，改善村民生产生活条件。要完善村民卫生“门前三包”、垃圾集中处理、督查考评等制度，建立镇政府、办事处、村、保洁公司四级管理体制，完善“户集、村收、镇转运、区处理”的城乡环卫一体化体系。要因村制宜，推进美丽乡村建设，实现美丽乡村建设全覆盖；要充分尊重自然生态，保留乡村味道，按照“一村一品、一村一韵”的原则，筹建乡村节点景观，丰富乡村旅游景点的布局和种类，为努力打造“望得见山、看得见水、记得住乡愁”的美丽乡村新画卷助力加油。

（二）加强宣传引导，培育养成文明新风尚

要加强宣传教育，强化“四德工程”建设。深入开展社会主义核心价值体系教育，引导农民群众自觉践行社会主义道德规范，使文明和谐的道德风尚融入千家万户。要扎实开展道德模范和身边好人评选表彰活动，建立善行义举四德榜，推选一批具有代表性的道德模范。要深入推进移风易俗工作，加强村风民俗建设。要以村风、民俗为重点，制定完善村规民约，建立村民议事会、道德评议会、禁毒禁赌会、红白理事会等群众组织并注重发挥其积极作用，要广泛开展“讲文明、讲科学、讲卫生、讲法制、改陋习”活动，要引导农民群众崇尚科学，抵制封建迷信，杜绝黄赌毒，反对邪教，破除陋习。要多措并举，加快文化惠民服务，加强农村公共文化基础设施建设，充分利用广播电视“村村通”项目、农家书屋、文化广场、乡镇综合文化站、文化大院等文化宣传平台共享文化信息资源，普及文化惠民工程，利用广场舞大赛、健身运动会、书画大赛等活动，努力让农民群众更多地参与群体文化体育活动，提高获

得感和满意度；注重农村非物质文化遗产的保护和发展，加大甩铁花、草编等枣庄市非物质文化遗产的保护和传承工作。

（三）实现家庭美，优化美丽乡村细胞

创建最美庭院和最美家庭，是深入推进美丽乡村建设的一项细胞工程。美丽乡村不仅美在村容村貌上，还要美在每家每户上，让每家每户都能真正感受到美丽乡村带来的积极改变。一要坚持群众参与，群众是创建最美庭院和最美家庭的建设主体，也是受益主体。要把农民群众认同、参与、满意作为基本要求，充分发挥妇女的主体作用，通过妇女干部示范、妇女带动家庭成员参与，男女老少齐动手共同美化庭院内外环境，争创最美庭院和最美家庭。二要坚持因地制宜，突出特色，不搞“一刀切”，要结合实际，防止盲目跟风、炫富攀比。注重“四美”规范：物品堆放整齐美、卫生清洁环境美、花木茂盛绿化美、身心健康生活美。三要坚持长效管理，创建最美庭院和最美家庭是一项日常性工作，也是一项持续性工作，需要群众的自我管理和长期坚持。要定期开展评选活动，深入挖掘和宣传“最美家庭”和“最美庭院”的重点、亮点和特色，展开集中深度宣传报道，通过提高创建活动的参与性、自觉性巩固提升创建成效。

（四）实现乡风美，提升美丽乡村文明

乡村不仅要打造外在环境美，更需要发挥道德的力量，提高村民文明素质，提升村民的内在美。要以培育和践行社会主义核心价值观为主线，大力推进美丽乡村精神文明建设，以深入实施“四德”工程为抓手，加强乡土文化的挖掘和保护，着力培育优良家风、文明乡风和新乡贤文化。要开展乡村道德建设，突出乡土文化的挖掘、保护和弘扬，完善乡村宣传栏、文化广场等宣传阵地建设；要大力培育宣传新乡贤文化，推进以“爱、诚、孝、仁”为主题的社会公德、职业道德、家庭美德、个人品德“四德建设”；要用好“四德榜”，发挥榜样力量。要完善学校、家庭、社会教育网络，举办“讲美德、树新风”活动，发现身边最美村民，传播“身边的感动”，让价值观念更加可知、可感、可学，创造向上向善的农村新风尚。要积极开展“讲文明、讲科学、讲卫生、讲法制、改陋习”活动，加强对婚丧嫁娶等民间习俗的引导，

倡导文明理事、婚事新办、丧事简办，反对婚丧事大操大办。要广泛开展“传家训、立家规、扬家风”活动，将移风易俗等与村民利益息息相关的内容纳入《村规民约》，引导村民自我管理、自我教育、自我提高，树立文明向上的村风、民风。要丰富乡村文化生活，定期组织农民文化艺术节、农民运动会或农村文化表演活动，鼓励农民群众“自创自办、自编自演、自娱自乐”。充分发挥民间艺人、文化能人、农民书画家在活跃农村文化生活、传承发展民族民间文化方面的突出作用，要支持培养优秀乡土文化人才、特色乡土群众文艺团体，加大文化下乡活动的力度，努力为农民提供更多更好的精神文化产品和服务，建立健全村级群众文化活动常态化机制。

（五）深入挖掘地方文化底蕴，加强先进示范引领作用

冯卯镇虽然文化底蕴丰厚，但由于种种原因其潜藏的文化价值并没有得到充分有效开发，历史遗留的一些古村遗址不仅没有得到保护，反而屡遭破坏甚至消失，比如望母山村现存的老粮站，现场考察时其破坏程度令人触目惊心。此外，尽管望母山流传着鬼谷子登山望母的传说，但也仅止于此。长期以来对鬼谷子及其弟子思想价值的研究与对今天我们建设新时代乡风文明以及乡村振兴的启示却没有人进行深度挖掘；又如，李世民东征驻跸朱家山留下了一段段佳话，这一段史实《滕县志》也有文献记载，但对于李世民作为一代帝王，其以文治天下，虚心纳谏，厉行节约，劝课农桑的诸多思想却没有进行总结挖掘，殊不知其开明、开化的思想亦有利于施政，利于开展宣传指导工作。唐王驻跸这一段佳话也使朱山村、九老村、谢庄村、别庄村等或多或少相互有了联系，应当充分利用这段史实，开展乡村联谊活动。当前，朱山村利用得天独厚的区位优势已经先行发展，在全镇的乡村振兴工作中走在了前列，而九老等村则相对落后，因此可以采用结对子的形式，取长补短，传经送宝，资源共享。而且，应当明确的是，相互结对子的村落不一定有历史联系，只要双方本着友好、共谋发展的思路即可。最后，应当带领各村走出冯卯、山亭甚至枣庄市，开阔眼界，利用他山之石来攻玉，搞好乡风文明建设。

B.12
潍县乐道院·集中营红色文化产业发展战略研究*

张新莹　苏伦高娃**

摘　要： 位于山东潍坊的潍县乐道院始建于1881年，是一处集教育、医疗于一体的西洋式综合型社区。它为中国近代高等教育的创立立下了扛鼎之功，同时也是潍坊市中国共产党的发源地。太平洋战争期间乐道院被日本侵略者征用为关押盟国侨民的集中营，潍县百姓纷纷伸出援手予以救助，完美诠释了“人类命运共同体”科学理念，为“讲好中国故事”提供了丰富素材。近年来，潍坊市政府极其重视潍县乐道院·集中营的红色文化和爱国主义教育价值，投入人力物力保护开发相关文化资源，2019年成功获批国家级重点文物保护单位和全国爱国主义教育示范基地。同时，在高速发展的背后也隐藏着短板和不足，下一步应注重由单一管理到多部门联动；由单方向推广到丰富的宣传学习设计，建立长效机制，推动其文化产业长期向上发展，提高潍坊市的区域软实力。

关键词： 潍县乐道院　潍县集中营　爱国主义文化产业

---

* 本文是山东省社会科学规划研究项目“多语种支持下潍县西方侨民集中营史料挖掘、翻译与研究”（项目编号：20CLSJ07）的阶段性成果。

** 张新莹，潍坊学院外国语学院讲师；苏伦高娃，潍坊学院外国语学院副教授。

一　潍县乐道院·集中营的历史传承与文化谱系

（一）潍县乐道院概观

潍县乐道院旧址位于今天的山东省潍坊市奎文区，为美国长老会来华传教士狄乐播（Robert McCheyne Mateer，1853－1921）所建。它始建于1881年，距今有近140年的历史，规模最大时占地200余亩，有建筑近百座，可容纳2000余人居住。

乐道院建筑群部分楼房为西式建筑，较为典型的有礼拜堂、钟楼、十字楼等，其建筑尖顶圆窗，充满异域风情，附近百姓习惯将它们称为“洋楼”。目前乐道院旧址为潍坊市乐道院·潍县集中营博物馆，现存旧建筑7座，其中有西洋式建筑“十字楼”一座。2019年，潍县乐道院·集中营旧址获批国家级重点文物保护单位，同年被评为全国爱国主义教育示范基地。

从1883年落成，潍县乐道院曾因1900年义和团运动损毁，并于1904年得以扩大重建，最终成为山东半岛中部地区最大的医疗、教育、宗教综合社区。建有幼儿园、小学、中学、大学、基督教医院、护理专科学校、礼拜堂等设施。承担着方圆百余千米的教育和医疗职能。

其中广文学堂是山东境内最早的规模最大的现代高等教育机构，也是具有“南齐北燕”之名的齐鲁大学[①]的前身。其基督教医院1918年有病床70张，年手术量500余例。1924年扩建的主楼“十字楼”为当时潍县最高建筑，“能容纳病床120张，设有手术室、X光室、化验室和内、外、妇、儿科，能实施肠梗阻、肠穿孔、膀胱癌切除等各种腹部手术”。[②] 目前山东大学、潍坊医学院、潍坊市人民医院、潍坊护理职业学院、潍坊市广文中学、潍坊市实验小学（原工人新村小学）都将潍县乐道院视为历史源头。

---

① 齐鲁大学是中国最早的教会大学之一。老舍、钱穆、顾颉刚、栾调甫、马彦祥、吴金鼎、胡厚宣等学术名家先后在此执教，号称“华北第一学府”，和燕京大学并称“南齐北燕”。学校以医学院实力最强，有“北协和、南湘雅、东齐鲁、西华西”之称。1952年院系调整，齐鲁大学被撤销建制，其学科分别并入山东大学、山东师范大学、南京大学等高校。

② 潍坊市外事与侨务办公室编《潍县集中营》，中国文史出版社，2017，第13页。

（二）潍县乐道院与中国近代高等教育体系的创立

潍县乐道院的办学前身可追溯至1860年创建的山东登州（今蓬莱）文会馆和山东青州的广德书院。

1858年《天津条约》签订后，英法美俄等国家被允许自由来华传教。美国长老会传教士狄考文（Calvin Wilson Mateer，1836－1908）于1904年抵达山东登州，在此开设医院和蒙养学堂（后改称文会馆），1881年仿照西方现代高等教育制度，将文会馆改为大学。据1908年统计，文会馆从1864年至1904年共毕业学生26届，合计170名。①

1905年9月2日，清政府颁布法令立停科举，以便推广学堂。全国各地百余所大学堂如雨后春笋般相继成立。然而新设学堂普遍面临运营不良的困境——对现代大学的管理体制和专业设置等问题如盲人摸象，缺乏全面认识；数理化等西学专业难以找到合适教师；可以说，熟悉现代高等教育的人才是当时大学教育发展的急需品。

另外，文会馆成立于1860年，至清政府颁布废除科举兴建大学堂法令时已有毕业生170名、肄业生200余名。他们熟悉西方现代高等教育体制，对现代理化知识把握娴熟，恰能满足全国范围新设大学堂的需求。这一时期文会馆毕业生一人难求，甫一毕业即被各地大学堂抢订，甚至还有的大学堂预约了仍未毕业的在读学生。他们执教于诸如京师大学堂、山西大学堂、江南高等学堂、北洋大学等新设立的高等教育机构，大部分都成为全国各地高等教育的先驱者。

1898年美国长老会传教士丁韪良（William A. Parsons Martin 1827－1916）出任京师大学堂（后改称北京大学）总教授，并被委任选聘京师大学堂教授。在丁韪良的倡导下，文会馆早期毕业后留校任教的8位中国教授分别被委任为京师大学堂数、理、化、天文、汉学等专业教授。这些文会馆人在中国近代现代之交的教育、文化、政治等领域发挥了重要作用，其中刘永锡曾担任郭显德秘书、朱葆琛曾担任狄考文秘书、綦鸿奎曾担任丁韪良秘书。可以说20世纪

---

① 此数据来源于 Daniel W. Fisher, *Calvin Wilson Mateer, Forty-five Years a Missionary in Shantung, China, A Biography*, Philadelphia: The Westminster Press, 1911, p. 233。

初中国现代高等教育的创建，文会馆当居扛鼎之功。

与文会馆建立的同一时期，1875 年，英国浸礼会传教士李提摩太（Timothy Richard 1845 –1919）来到山东青州开办学校。至 1898 年已建立起小学、中学、职业学校等 14 所学校，在读学生总计 1000 余人。① 其中青州广德书院于 1884 年创立，是青州学堂中规模较大的一所。1887 年，广德书院开设大学部，配备了实验室和发电机，实现了电气化教学。

1902 年英国浸礼会和美国长老会在青州举办联席会议，决定联合力量建立“山东新教大学”（Shandong Protestant University），将青州广德书院和登州文会馆合并为潍县文理学院（Wei Hsien Arts and Science College），其中文名定为“广文学堂”，选址在潍县乐道院。

位于潍县乐道院的广文学堂建有西洋式教学办公楼、天文观象台、田径运动场、足球运动场、可容纳千人的大礼堂、理化仪器制造所等设施，其师资、教学和设备在国内首屈一指。至 1917 年迁至济南，潍县乐道院广文大学共毕业学生 345 人，美国文化出版界巨商鲁斯、西方研究甲骨文第一人方法敛、百科全书家库寿龄等国际知名人士均在潍县乐道院学习、生活或工作过。1917 年，广文学堂迁址济南，经过一系列变迁发展为“南齐北燕”的齐鲁大学。

（三）潍县乐道院与潍县共产党早期活动的开展

山东潍县于 1925 年成立第一个中国共产党党支部，是山东省最早建立共产党组织的地区之一。而潍县乐道院正是潍坊地区共产党早期活动的重要根据地，见证了中国共产党在昌潍地区从小到大、由弱到强的蓬勃发展。

庄龙甲（1903 ~1928）是山东潍县人。他于 1921 年赴济南求学，在省会城市接触到马克思主义先进思想，并结识了山东省党组织创始人王尽美和邓恩铭同志。1923 年庄龙甲在王尽美同志的介绍下加入中国共产党，成为山东潍县第一名党员。

1925 年庄龙甲同志受党组织委托回潍县开辟党的工作，并迅速发展 3 名

---

① 此数据来源于 *Records of the Second Shantung Missionary Conference Held at Weihsien, 1898*, Shanghai: The Presbyterian Mission Press, 1899, p. 139。

党员成立了潍县第一个中国共产党党支部。马克思主义的星星之火以燎原之势迅速在潍县蔓延开来，不到一年时间全县成功发展党员近百名，并于1926年正式建立了潍县地方执行委员会，这是齐鲁大地上第一个县级地方党组织。

潍县党组织能这样迅速而有序地开展工作，乐道院作为潍县共产党早期活动的重要基地发挥着不可替代的作用。随着1925年潍县第一个党支部成立，在庄龙甲的组织和宣传下，潍县乐道院随即成立了文华中学团支部，发展了郑官升、王仰之、孙同书、谭静等思想先进的马克思主义者为其核心成员。同年，乐道院电工牟光仪被发展为第一批共产党员。凭借基督教学堂和医院的天然屏障，乐道院一直是我党收藏秘密文件、召开团员会议、研究革命工作的重要基地。陈少敏等一大批思想先进分子相继加入中国共青团、中国共产党。乐道院也先后建立了团支部、党支部，组成了马列主义读书会，革命活动十分活跃。可以说，潍县乐道院的革命活动记录了中国共产党在潍县准备、诞生、发展和成熟的光辉历史，具有重要的红色文化、爱国主义教育意义和价值。

（四）潍县集中营的国际人道主义文化内涵

太平洋战争期间，日军在其远东占领区建造集中营关押敌对国平民。在中国，敌国侨民集中营主要设置在香港、上海、潍县三地。潍县乐道院于1942年底被日本侵略者改建为集中营，关押了全华北境内的同盟国侨民。从1943年到1945年，潍县乐道院·集中营共计关押同盟国侨民28国、前后累计2000余人一度成为中国境内最大的集中营。① 其中有第二任美国驻华大使恒安石、英国奥运会冠军利迪尔、齐鲁大学教务长德位思、燕京大学30余名外籍教授等知名外侨。

在被关押的近3年里，潍县人民持续给予被关押同盟国侨民以无私的援助，为其送粮送药，掩护逃跑。充分体现了中国人民的国际友爱精神和人道主义特质，也是对习近平总书记“人类命运共同体”理念的完美诠释。集中营解放后，这段被关押经历连同国际友爱互助的感人事迹被2000余名幸存难友带回母国，几十年来在不同场合予以讲述和宣传，在世界范围内提升了潍坊的

① 此数据来源于潍坊市外事与侨务办公室官方统计数据。

国际影响力，潍坊乃至山东的正面形象不断得到强化，打造出一张响亮的国际名片。

（五）潍县乐道院·集中营的红色爱国主义文化谱系

潍县乐道院·集中营在近140年的历史变迁中，发展出了近代高等教育、中国共产党史和国际人道主义等丰富的文化谱系。它是潍坊市红色爱国主义文化资源的重要组成部分，是潍坊市共产党史的伟大见证，是我国近代高等教育改革的先驱和领跑者，同时也体现了潍县人民善良淳朴的国际人道主义精神。

习近平总书记将其在文化领域的科学理念总结为“文明交流互鉴”。他认为“国家之魂，文以化之，文以铸之”，文化可铸“国家之魂”。而一国文化“因多样而交流，因交流而互鉴，因互鉴而发展”；只有顺应历史，加强与他民族文化的交流互鉴，才能“夯实人类命运共同体的人文基础”。

潍县乐道院在近代西学东渐时期的砥砺发展史不仅是中国近代高等教育草创的历史，也是我国人民学习西方科学知识，结合本国优秀传统推陈出新，着力创新，绘就中国新一代文化“精神图谱”的历史。

当下我们谈及爱国主义文化和爱国主义教育，不仅要传承并发扬我们本国本民族的优秀传统文化，还要了解当前顺利融入全球化进程的中国精神谱系的源头和发展脉络。西方文化融入中国，经过晚清启蒙时期、五四运动西学东渐、共产党红色教育的洗礼，以其独特的方式积淀在当下中华民族的文化基因库中。乐道院的历史正是习近平总书记“文明交流互鉴”理论的精练和缩影。也只有将其历史轨迹纳入爱国主义教育，以其共铸“国家之魂”，才能在新时期、新形势下夯实人类命运共同体的人文基础。

二　潍县乐道院·集中营文化资源挖掘、保护和开发现状

（一）潍县乐道院·集中营文化资源挖掘和保护现状

潍县乐道院·集中营的宝贵历史文化遗产是以史化人、以文化人，进行红

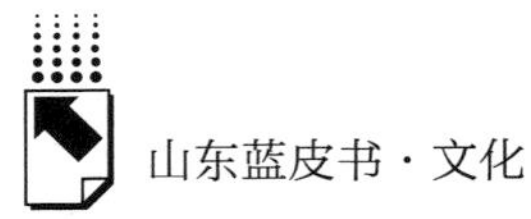

色教育和爱国主义教育的重要素材。正如习近平总书记所强调的，应把理想信念的火种、红色传统的基因保存下来，一代一代让革命的事业薪火相传、血脉永续。而与潍县乐道院·集中营密切相关的建筑旧址、文物、史料、口述历史都是其红色爱国主义文化的传承载体。充分挖掘和保护这些文化载体是开展爱国主义教育、使革命事业薪火相传、血脉永续的现实保证。

1. 潍县乐道院办学史的史料挖掘和保护

潍县乐道院的办学史可追溯至1860年创建的山东登州（今蓬莱）文会馆和山东青州广德书院。二者于1904年迁址潍县乐道院，合并成为广文大学。广文大学于1917年迁址济南，经过一系列变迁发展成为“南齐北燕”的齐鲁大学。潍县乐道院仍继续承办幼儿园、小学、中学、职业学院至侵华战争中被日军占领前夕。

对乐道院办学史的史料挖掘主要由潍坊学院、烟台大学等相关高等院校的科研机构和潍县史、教育史专家完成。目前登州文会馆和潍县乐道院广文大学的史实已经比较清晰，青州广德书院的办学历史相关史料目前尚不充分，有深入发掘、研究、进行保护的空间。

2. 潍县党史及其红色文化的挖掘和保护

潍坊市政府十分重视潍县乐道院·集中营的潍县党史史料挖掘与文物保护。目前由潍坊市党史部门、潍坊市档案馆和潍坊市乐道院·潍县集中营博物馆牵头，由专门团队负责相关史料挖掘和口述历史采集与保护工作。其工作内容包括红色有形文化遗产和无形文化遗产、重要历史见证和物质载体，与潍县共产党活动密切相关的重大历史事件、革命运动，与共产党员英烈相关的、具有重要教育意义和纪念意义的史料、史迹、实物和口述历史等。

以革命人物为线索，已初步摸清庄龙甲、牟光仪、陈少敏、魏一斋、董汝勤等革命先烈的光辉事迹。以革命事件为线索，通过挖掘史料和采集口述历史，已基本廓清潍县乐道院·集中营中的共产党革命活动。它们包括牟光仪被发展为潍县第一批党员的历史事实；庄龙甲于潍县乐道院发展并成立潍县第一个共青团支部的过程和历史；当时共青团济南地委负责人关向应赴潍县乐道院党支部指导工作的史实；潍县共产党活动初期在潍县乐道院存放我党秘密文件、召开党团员会议、研究革命工作的相关史实；潍县乐道院马克思主义读书会的活动情况；七七事变后潍县乐道院共产党员积极投身抗日洪流参加抗战的史实等。

通过上述一系列工作，基本廓清了潍县乐道院相关的党史发展脉络，明确了历史事实，搜集并及时保存了相关史料、文物，采集了口述历史，为下一步推动红色旅游发展、在全市范围内开展爱国主义主题教育提供了翔实可靠的史料支撑。对传承红色基因、培育爱国主义精神、推动红色旅游发展有重要的现实指导意义。

3. 潍县集中营国际人道主义文化的挖掘和保护

潍县乐道院的集中营时期为 1942 ~ 1945 年。被关押侨民在押期间，从生活资料到生命安全多次受潍县百姓救助，潍县人国际形象高大、富于正能量；从国际人道主义和爱国主义文化遗产的传承与保护出发，对潍县集中营濒临湮灭、散轶世界各地的多语种珍稀史料进行挖掘、翻译与整理；同时从二战史、侨民史、潍县地方史等角度予以研究，对于还原集中营历史真相，讲好山东故事，助力爱国主义文化遗产传承与发展有重要意义和价值。同时还有助于在世界范围内提升潍坊的国际影响力，打造潍坊响亮的国际名片。

当前潍县集中营相关史料散轶严重、珍贵史料行将湮灭。历经 75 载，年至耄耋幸存者亟待接受口述历史采集；侨民个人保存史料传世困难；日军文书、幸存者日记、书信、回忆录等多语种文献急需挖掘、翻译与整理。

2019 年前，潍县集中营相关史料挖掘整理工作由潍坊市人民政府外事与侨务办公室负责，在多年的积累中已掌握集中营幸存者及其家属联系方式 200 余条，相关文物、史料、口述历史约 200 万字。2019 年，潍坊市乐道院·潍县集中营博物馆成立，整合了潍坊市潍县集中营相关方面资源，同时也接收了潍县集中营相关文物部分。

2019 年潍坊学院潍县乐道院集中营研究所成立，在接手潍坊市外事与侨务办公室相关史料的基础上，开始更大范围挖掘、翻译、整理潍县集中营相关文献史料。已搜集包括潍坊市政府出版的汉语史料合集、潍县县志、幸存者回忆录、幸存者传记等相关汉语文献多部；采集中外口述历史 10 人；挖掘并翻译英语、日语幸存者回忆录、书信、传记、艺术作品、日本外务省文书近 20 部。

4. 潍县乐道院·集中营旧址的修缮和保护

潍县乐道院·集中营今存旧建筑 7 座，其中“十字楼”为一座西洋式 3

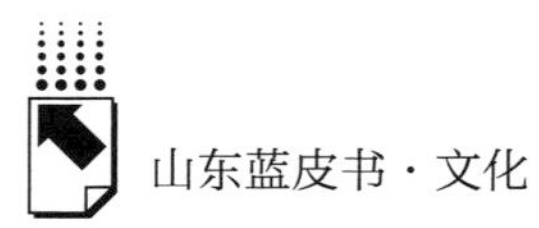

层建筑。目前“十字楼”与两座单层建筑划归为潍坊市乐道院·潍县集中营博物馆，其余 4 座建筑中，两座在潍坊市人民医院机构内，两座在今潍坊市广文中学院内。

习近平同志说：一个城市的历史遗迹、人文底蕴，是城市生命的一部分。文化底蕴毁掉了，城市建得再新再好，也是缺乏生命力的……既要改善人居环境，又要保护历史文化底蕴。潍坊市政府本着“爱惜城市历史文化遗产，在保护中发展，在发展中保护”的原则，以旧复旧对潍县集中营旧址和旧建筑予以保护和修复，并建造了乐道广场，将城市历史景观与自然景观相互融合，既保留了乐道院原建筑的风貌，又给城市的自然景观增添了历史韵味和文化魅力。

（二）潍县乐道院·集中营文化资源开发现状

潍坊市政府历来对潍县乐道院·集中营的旧址修缮、文物保护、史料挖掘与整理、红色爱国主义文化教育与宣传极为重视，在上述方面取得了令人瞩目的成就。到目前为止，潍县乐道院·集中营旧址及旧建筑已修复完毕，历史遗迹和谐融入整个城市景观；相关文物均已实现电子化编目，依照级别予以专业化的修复和保存；博物馆陈藏布展改造正在进行中；相关各领域史料较为丰富，有能力为潍县乐道院·集中营红色爱国主义教育、文化旅游产业升级提供素材和支撑；形成了层次分明、布局合理、内容丰富的文化软硬件体系网络，以便进一步保护好、传承好、整合好、利用好相关文化资源，进一步开展文化宣传和红色爱国主义教育活动。上述一系列举措已初见成效，2019 年潍县乐道院·集中营获批国家级重点文物保护单位，被评为全国爱国主义教育示范基地。潍县乐道院·集中营的红色爱国主义文化开发迈上了新台阶。

近年来，为了扩大潍县乐道院·集中营红色爱国主义文化的社会影响力，潍坊市相关部门做了周密部署，开展了一系列角度新、影响大、范围广的文化宣传和教育工作，用实际行动践行了习近平总书记“弘扬中国精神，以爱国主义为核心锻造推动作为中国发展进步的强大动力的时代精神”这一科学理论。

第一，潍坊市政府于 2005、2015 年分别举行了纪念潍县集中营解放 60、70 周年的大型纪念活动，邀请曾经被关押者及其家属等相关国际友人 400 多人次；活动以集中营解放纪念大会、参观集中营旧迹、潍县生活寻旧、难友座谈、出版一部史料集、拍摄一部集中营纪录片为总纲，分阶段予以实施。目前，上述活动均已完成，国内外各大媒体纷纷予以报道，在国内外产生了较大影响。

同时，多年来不断有潍县集中营幸存者或其家属自发前来寻旧，潍坊市外事与侨务办公室均指派专门负责人作为向导，并及时采集了潍县乐道院·集中营口述历史。据统计，改革开放以来潍坊市外事与侨务办公室累计接待自发前来寻旧的外国友人超过 100 人次。

第二，2019 年，潍坊市政府经研究对潍县乐道院·集中营文化资源进行科学规划，设立乐道院·潍县集中营博物馆，统筹潍县乐道院·集中营相关旧址修复、文物保护、展览陈藏、红色爱国主义教育宣传与推广工作。集中整合了潍坊市档案馆、潍坊市外事与侨务办公室、潍县乐道院·集中营管理办公室的资源，集中力量办大事，投入人力物力，抓住潍县乐道院·集中营与外国友邻密切的历史渊源这一有利背景，力图将其打造为潍坊市具有国际影响力的闪亮名片。

第三，乐道院·潍县集中营博物馆成立后迅速展开工作。一方面着手修复潍县乐道院·集中营旧址及旧建筑，一方面展开布展工作。旧迹修复和布展均已于 2019 年完成，开始接待来自全国的参观游客。截至 2019 年底，乐道院·潍县集中营博物馆已累计接待参观者上百批次。

乐道院·潍县集中营博物馆还主动采取“走出去”战略，组成宣讲团队，进社区、进学校、进机关、进企业，在更广范围内宣传潍县乐道院·集中营蕴含的红色爱国主义文化内涵，增进群众的爱国主义情怀，坚定中国特色社会主义道路自信、理论自信和文化自信。如何“演绎活生生的历史人物故事，营造可亲可感的历史文化氛围，这是文化产业开发的重要课题”①。潍县乐道院·集中营的文化宣传亦是如此。在中小学课堂，乐道院·潍县集中营博物馆坚持将乐道院的红色党史文化、爱国主义教育历史、国际人道主义情怀与不同阶段的中小学教育目标相结合，创新形式，搭建载体，用与宣讲对象年龄和接受能力相匹配的宣讲手段，争取达到最大宣讲效果，力图讲到学生心里去，讲到学生记忆中去。

---

① 李然忠：《历史文化的产业化开发与思考》，《理论学习》2007 年第 1 期。

第四，为了培养党员干部的爱国情感，弘扬“不忘初心，牢记使命”的新时代精神，乐道院·潍县集中营博物馆在“十字楼”二层专门设置展区，作为潍坊市 14 所党员先进性教育基地之一，面向全体党员群众，展示潍县乐道院的红色历史，讲述历史和文物背后隐藏的潍县早期共产党人的感人事迹。现在，此教育基地以成为潍坊市广大党员干部了解地方党史、加强党性锻炼的重要场所；也成为青少年学习革命传统、陶冶道德情操的重要课堂。

三 潍县乐道院·集中营文化资源保护与开发的问题与对策

（一）潍县乐道院·集中营文化资源保护与开发中存在的问题

在取得可喜成就的同时，潍县乐道院·集中营红色爱国主义文化资源的保护与开发仍存在各种不足，潍坊市在推进其爱国主义教育宣讲、文化资源开发上时刻面临诸多难题，急需在对策举措上扩大思路，更新逻辑，形成体系，以期在今后更长的时期内持续向好发展，产生更加持续、深入、广泛的社会影响。“文化软实力虽然没有硬实力那样具有明显和直接的力量，但有更加持久的渗透力。”① 而任何一项文化资源的开发和保护，只有将长期效益和提高软实力放在其发展目标的首位，才能在未来较长的时期内，持续为整个城市乃至地域的文化发展贡献力量。

1. 潍县乐道院·集中营文化资源保护与开发起步晚，知名度低

潍县乐道院有近 140 年的悠久历史，在医疗、教育、共产党史和国际人道主义等多个方面有重要的历史价值和爱国主义文化内涵。其生活区建筑规模之庞大、医院设施之完善、学校教育惠及全国，在民国时期的半岛地区有巨大的社会影响力。然而，新中国成立后潍县乐道院院墙被打破，诸多旧建筑分别被划入潍坊二中、工人新村小学、潍坊市人民医院等多个单位，成为这些单位建筑群的一部分。以至于新中国成立后出生的一代潍坊人，详知潍县乐道院地理

① 涂可国：《试论中古偶尔文化软实力发展的现状、问题及其对策》，《山东经济》2008 年第 6 期。

位置的少之又少。可以说新中国成立后相当长的一段时间内，潍县乐道院“消失”在了潍坊的地理版图中。

同时，改革开放后晚清民国时期的地方历史旧址保护和史实挖掘并没有第一时间得到重视。一方面，潍县乐道院·集中营的存在和历史鲜为人知；另一方面，潍县乐道院旧建筑所属单位既非文博对口单位，又无相关专业职工，史迹保护意识不强，致使机构内乐道院旧建筑年久失修，损毁严重。且为适应改革开放后城市扩张和经济高速发展的需要，各单位纷纷重新布局，拆除老旧建筑，以便修建规模更大、容积量更多的高层建筑。原乐道院老建筑在这种规划“提升”中被拆除者不胜枚举。其中卓有其名的“乐道院钟楼”就是在20世纪80年代潍坊二中的重新规划布局中被拆除的。目前乐道院保留下来的旧建筑仅有7座，分别位于潍坊市广文中学、潍坊市人民医院、乐道院·潍县集中营博物馆机构内。

随着人民生活水平的提高，日益增长的文化需求不断凸显。二禧年后，潍坊市逐渐开始重视城市文化溯源和全城文化氛围打造，潍县乐道院又一次进入大众视野中。但由于时过境迁，潍县乐道院·集中营文化资源保护与开发起步晚，知名度低；重头发掘乐道院史实，旧址修缮保护，乐道院爱国主义文化宣传所需资金量大、涉及专业多，难以一蹴而就。2015年以来，潍坊市政府下大力气整合多方面资源，订立时间表，将乐道院的修缮和乐道院博物馆工作的开展作为文化工作发展的重点。虽然2019年成功获批国家级爱国主义教育示范基地和全国重点文物保护单位，但社会知名度仍旧不高，社会认同度低，爱国主义宣传共情度不够等问题仍旧凸显，需要社会各界相关专家提出具有战略眼光的对策建议。

2. 红色爱国主义文化宣传缺乏广度和深度

目前潍县集中营文化产业的主要宣传手段为来馆参观和外出宣讲。虽然取得了较好效果，单其宣传形式较为单一，受众面窄，耗费人力、物力相对较多。其红色爱国主义文化产品丰富性不足，品目亟待拓宽。

在红色爱国主义旅游产品打造推广方面，开发缺乏联动机制。2019年，潍坊市将潍县乐道院·集中营相关资源集中到乐道院·潍县集中营博物馆。力量和资源的集中，确实有利于统筹规划和管理，但在文化理念的推广和输出阶段却不能仅靠单打独斗。正因为潍县乐道院·集中营的红色爱国主义文化产品仅靠博物馆作为输出平台，才造成了其文化效力起效慢，文化软实力迟迟得不到升级的问题。

潍县乐道院·集中营在依靠现代化技术进行宣传和布展上尚有欠缺。目前潍县乐道院·集中营的主要宣传方法是以游客步行观看博物馆陈藏展览，工作人员配合解说；宣传团队赴中小学、机关、企业现场宣讲为主。其手段较为传统，难以直击听众内心，难以在受众心中产生强烈认同感。同时其宣传手段还以依靠纸媒为主、网络传媒为辅；无论其推广手段还是宣传手段都亟待现代化技术注入新鲜血液，加以更高效的更新。目前只在单一维度上铺展开来，其社会影响力和公知性都有所欠缺，社会知名度不高。乐道院·潍县集中营博物馆的访客数量一直持平，寒暑假期间也没有实现大幅增长。

3. 人才队伍专业性、多样性亟待加强

2019 年，潍坊市将潍县乐道院·集中营相关资源集中到乐道院·潍县集中营博物馆，开展旧址修缮、文物保存、陈藏布展、文化宣传和相关管理工作。力量和资源集中，更加有利于统筹规划和管理，其优势逐渐凸显，2019 年成功获批国家级爱国主义教育示范基地和国家级重点文物保护单位即为最好的证明。

然而，不可否认的是，乐道院·潍县集中营博物馆成立时间短，基层人才配备数量不足，专业性和从业经验都有欠缺。目前博物馆配备了管理、宣传、后勤等人才承担博物馆管理、对外宣传、布展讲解等工作。但乐道院·潍县集中营博物馆还需要大量技术型人才以实现文物的妥善保管、建筑的合理修缮、“互联网+”新技术的引入等目标。

同时，由于潍县乐道院·集中营历史悠久，几经变迁，涉及中日英美法澳等多国语言和历史，仅乐道院·潍县集中营博物馆的从业人员，无法做到覆盖保护、修缮、挖掘、布展、宣传、推广、教育等文化资源的保护和开发工作。如太平洋战争时期的潍县乐道院·潍县集中营曾拘禁 28 国盟国侨民前后 2000 余人，其相关史料涉及英语、日语、法语等多个语种，专业方向涉及二战史、侨民史、跨文化交际、外事外务等多个细分领域，要求博物馆工作人员全面深入了解这些专业知识显然既不可能也不现实。正因如此，目前乐道院·潍县集中营博物馆在史料挖掘、史实梳理、对外联络等方面存在不可忽视的短板，在组织国际性大型纪念活动上显得力有不逮。

习近平总书记指出，“硬实力、软实力，归根到底要靠人才实力”，只有完善人才队伍，配备更加专业，经验更加丰富的人才力量，才能实现长期向好发展，在保护和开发乐道院·潍县集中营红色爱国主义文化资源上取得令人满意的实绩。

（二）潍县乐道院·集中营文化资源保护与开发的对策建议

1. 发挥后发优势，加大宣传力度，多点开花提高文化知名度

由于历史原因，潍县乐道院·集中营红色爱国主义文化资源的保护和开发起步较晚，但一方面有潍坊市政府和文化旅游部门的大力支持，另一方面潍县乐道院·集中营文化资源的开发也有明显的后发优势，利用好这两大优势，抓住优良时机，加大宣传力度，提高宣传覆盖面，多点开花提高文化知名度应为目前工作的重中之重。

后发优势能给潍县乐道院·集中营的发展提供诸多可供借鉴的经验，也可有效避免在文化资源的保护和开发上走弯路，走错路。想要发挥后发优势，就需要相关部门合理制定计划，派出团队，赴各个经验雄厚，发展良好的爱国主义教育基地、红色旅游文化地详细考察、学习取经。听取对方成功经验，宣传策略，实践方法；在交流中碰撞思想，在学习中规划未来。应将考察内容落到实处，从制订计划、考察学习到反思实践环环相扣，步步到位。

应着力在社会各个领域嵌入红色爱国主义文化内核，加强文化宣传，扩大社会影响力。潍县乐道院·集中营的文化资源开发过于单一化、扁平化，无法与其高速发展扩大影响的目标相协调。在文化资源的开发上，需要拓宽思路、创新路子，与相关文化集团合作，开发短小影视作品，开发歌舞剧、皮影戏等群众喜闻乐见的艺术形式，以便更加贴近群众。作为潍坊市政府，应组织力量加强合作，让潍县乐道院·集中营红色爱国主义文化走出博物馆，采取多样形式，开发多种产品，借鉴外省相关文化产业经验，实现弯道超车，扩大影响力。

要加强对潍县乐道院·集中营红色爱国主义文化的挖掘和阐发，使中华民族的优秀基因与当代文化相适应，与现代社会相协调，跨越时空，超越国界在更大体量上宣传爱国主义思想，提升区域软实力。这也从另一个侧面决定了潍县乐道院·集中营的发展战略应更加注重长期性、多样性、协调性和科技性。

潍坊市政府也可从相关费用中拿出部分资金，设立激励机制，向社会大众和博物馆内部征集具有创新性、新颖而有活力的推广策划方案。一方面，可借助评选活动扩大宣传，提高潍县乐道院·集中营的知名度和美誉度；另一方面，能有效扩大宣传思路，集合社会各个领域的力量，制定更加有效的宣传策略。

2. 针对青少年群体提供更加丰富多彩的文化产品和服务

目前，传统的博物馆职能主要被认定为文物收藏、保护和观览。博物馆的业务开展也停留在参观展览层面，缺乏针对青少年这一群体的特色服务和文创产品。潍县乐道院·集中营具有丰富的红色爱国主义文化内涵，对青少年和广大市民进行爱国主义教育是其应有之意。

青少年是祖国的未来、民族的希望。我们党立志于中华民族千秋伟业，必须培养一代又一代拥护中国共产党领导和我国社会主义制度、立志为中国特色社会主义事业奋斗终生的有用人才。这就要求我们用爱国主义思想和红色文化精神把下一代教育好、培养好，从学校抓起、从娃娃抓起。在潍县乐道院·集中营文化资源的保护和开发上，我们应当打破博物馆职能的观念困境，扩大视野，将新兴的研学旅游等新课题纳入发展规划中去。博物馆应研究青少年心理需求，利用三维动画、定向寻宝等手段，不断研发新课程，开发相应的文创产品，为培养一代又一代社会主义建设者和接班人提供重要保障。

潍县乐道院·集中营红色爱国主义文化保护与开发应注重整体布局，多部门联动。尤其应注意与文化旅游部门共同合作，开发文化旅游产品，将爱国主义纳入旅游中，给旅游增添爱国主义内涵。借助文旅融合机制，设计潍县乐道院·集中营红色爱国主义旅游品牌主题与内涵、丰满游客体验流程、最终全面打造“游学”产品框架。以“上一堂大学专业课、听一段爱国历史、探访七处集中营旧迹、巡览一所主题博物馆、亲身感受爱国主义教育”为主线，统筹潍坊各界相关资源，完善潍县乐道院·集中营游客体验框架流程。建立统筹协调机制，创新管理体制与运行机制，整合公共文化资源，广泛动员全社会的力量，利用数字化、产业化手段，精准发力，实现针对青少年群体的文化资源开发。

3. 将新兴科技元素融入红色爱国主义文化宣讲

充分发挥互联网平台宣传优势，立足潍县乐道院·集中营文化特色，加大宣传力度，将其丰富的红色爱国主义文化内涵推广出去，最大限度提高知名度和美誉度。

教育部下发的《关于教育系统深入开展爱国主义教育的实施意见》中强调要创新爱国主义教育的方式与途径，着力运用微博、微信等网络新媒体，有效拓展课堂内外、网上网下和平台载体的爱国主义教育引导，创造浓郁的校园文化氛围，使学生处处受到爱国主义教育的感染。潍县乐道院·集中营相关爱国主义教育，也应顺应历史潮流，整理史料文献、制作文物3D数字模型，搭建潍县乐道院·集中营网上图书馆、线上博物馆。摆脱时间和空间的限制，让受众可以随时随地接受爱国主义教育，领略红色文化魅力。同时，应在博物馆中加入VR等现代化手段，以更加逼真的场景给受众以身临其境感，更加直观地接受爱国主义教育。

同时，充分依托大数据、云计算等新兴科技手段，精准定位宣讲对象，实施有的放矢的文化宣讲策略也是一项重要手段。大数据和云计算功能可以帮助博物馆统计受众数据信息，经过分析发送偏好报告，活动策划方可以此为依据制定个性化宣讲方案和活动目标。

建设公共数字文化移动服务平台，将潍县乐道院·集中营相关历史记录、文献史料、文物影像、口述历史、名家讲坛等多种资源上传至服务器，实现足不出户即可详细浏览其红色爱国主义文化资源，扩大公共文化的有效覆盖。

4. 加强人才队伍建设，培养过硬领军人才

由于潍县乐道院·集中营文化保护和开发起步较晚，其核心团队成员从业时间短，专业知识不够丰富，专业技术不能满足大力宣传潍县乐道院·集中营红色爱国主义文化的需求。可以说加强人才队伍建设是近期乐道院·潍县集中营博物馆工作的重要内容。应制订计划、周密安排，聘请各个相关领域专家、负责人对博物馆相关工作人员进行专业知识培训。潍县乐道院·集中营历史悠久，谱系复杂，与之产生关系的机构众多。应结合此特点，聘请潍坊市外事外务专家培训潍县集中营难友联络和组织工作；聘请潍坊市档案馆专家，介绍馆藏相关史料；聘请潍坊学院潍县史、二战史、侨民史专家进行相关培训；聘请潍坊市人民医院档案馆相关专家介绍乐道院医疗史和相关史料分布。

同时，要关心爱护文化资源保护与开发工作者，完善人才激励机制，支持和鼓励更多优秀专业人才从事这项工作，增强从业人员的自我发展能力。要持续加大投入，运用先进技术加强文物保护和研究，不断改善工作生活条件，为

从业人员学习深造、研修交流搭建更好平台，提高团队专业化水平。

由于文化谱系复杂，历史变迁跨度大，仅仅依靠乐道院·潍县集中营博物馆开展红色爱国主义文化资源的保护和开发工作是远远不够的。应在固定编制外，于各个相关领域聘请客座专家，突破部门界限，协调好博物馆、政府部门、高校和志愿者的多元主体关系，充分调动各个方面的积极性，形成上下联动，各部门优势互补的人才格局。

5. 建立健全文化志愿服务招募体系，大力推进文化志愿服务项目

文化志愿服务对于丰富公共文化服务内容，提高服务效能具有事半功倍之效。广泛动员社会力量，推进潍县乐道院·集中营红色爱国主义文化志愿服务，一方面可以提高志愿者的爱国主义文化体验，加深家国情怀；另一方面，在实施过程中可借助志愿服务，群策群力扩大潍县乐道院·集中营的文化宣传覆盖面。

活动组织者应坚持专业人才领军、基层干部统筹、志愿者广泛参与的原则。要将文化志愿服务纳入潍坊志愿服务体系，统一管理、统一安排。建立健全潍县乐道院·集中营文化志愿者选拔招募、服务管理和激励机制，建立文化志愿者注册系统和文化志愿服务数据库。引入志愿服务测评机制，并与大中小学社会实践目标相挂钩，广泛调动参与者的积极性、主动性。

同时，鼓励艺术家、专家学者、社会贤达等社会知名人士参与志愿服务，发挥其主观能动性，给潍县乐道院·集中营红色爱国主义文化资源的保护和开发带来持久不衰的活力。可适当根据实际情况，根据志愿者的特点设计相应的红色爱国主义文化宣传推广活动。如专家、学者、志愿者的“爱国主义大课堂”，知名艺术家的“乐道院主题艺术创作”等丰富多彩的宣传活动。

要重视对志愿者的培训，使其掌握潍县乐道院·集中营的历史脉络，丰富的红色爱国主义文化谱系，以便应对文化志愿服务中遇到的各种专业问题。志愿者培训应坚持自愿原则，精心设计、全力打造，理论与实践相结合，实现理论课堂与实践演练相统一，最终实现志愿服务在潍县乐道院·集中营各项活动的全覆盖。

总之，潍县乐道院·集中营具有近140年的悠久历史，其丰富的红色文化和爱国主义文化在历史长河中闪耀着熠熠光辉。在新时代新背景下，紧抓对纪

念设施，文化遗址、教育基地的建设，着力改善内部管理和外部面貌，保存好历史档案和建筑旧址，与相关部门联动策划，将高科技手段合理运用在爱国主义文化输出和教育上，积极建设与周边学校、机关、企业、社区的文化共建共享机制，潍县乐道院·集中营的红色爱国主义文化资源的保护与开发必将呈现长期向上的发展态势，取得更加辉煌的业绩。

B.13

东营市文旅融合发展调研报告

赵迎芳*

摘　要： 近年来，东营市以打造黄河入海文化旅游目的地为目标，深入实施“旅游富民”三年行动计划，巩固提升国家公共文化服务体系示范区创建成果，全力打响“黄河入海，我们回家”品牌，加强文物和非物质文化遗产保护，传承优秀传统文化，文旅融合发展取得显著成效，但也存在文旅融合体制不顺、传承力度不够等问题。下一步，东营市应从积极打造黄河三角洲生态文化旅游示范区、以“自然保护区＋城区”为核心区引领全域旅游、培育“文旅＋”产业新业态、发展旅游夜经济、推进公共文化服务体系与文旅产业融合发展等方面入手，继续深入推进文旅融合发展。

关键词： 文化旅游　文旅融合　夜间经济

推动文化和旅游融合发展，能够发挥文化和旅游双向赋能的作用，提高文化和旅游的综合效益。文化和旅游部要求各地要按照“宜融则融、能融尽融，以文促旅、以旅彰文”的理念，持续推进文化和旅游产业融合发展再上新台阶。近年来，东营市以打造黄河入海文化旅游目的地为目标，深入实施“旅游富民”三年行动计划，巩固提升国家公共文化服务体系示范区创建成果，全力打响“黄河入海，我们回家”品牌，加强文物和非物质文化遗产保护，传承优秀传统文化，文旅融合发展取得显著成效。

* 赵迎芳，山东社会科学院文化研究所副研究员。

一　东营市推进文旅融合的主要经验做法

（一）深入实施“旅游富民”三年行动计划，打造“黄河入海”文化旅游目的地

东营市推动出台《东营市“旅游富民”三年行动计划（2019～2021年）》，印发《东营市“旅游富民”三年行动计划2019年工作推进实施方案》《关于成立东营市“旅游富民”三年行动计划工作专班的通知》，全力推进71个全市重点旅游项目，目前已完成项目14个，进度超过75%的项目39个。

东营市通过举办“黄河入海”文化旅游品牌建设研讨会，组织开展文艺演出、灯会庙会、文化旅游节等各类文旅活动180余场，积极参加文旅产业资源推介活动，成功打响“黄河入海，我们回家”文化旅游品牌，先后荣获最美全域旅游取景地、2019中国文旅产业最具开发（投资）价值城市等荣誉称号，东营知名度和美誉度显著提升。2019年十一期间，黄河口生态旅游区接待游客12.97万人次，同比增长50.81%；实现综合收入644.89万元，同比增长30.11%，两项指标均创历史同期最高水平。①

东营市大力实施“文旅+”战略，体育旅游、研学旅游、工业旅游等新业态成为旅游“新潮流”。引导黄河文化传媒集团、孙子文化园管理有限公司等创建全省十强文化旅游企业。截至目前，东营市拥有文化产业示范基地35家、省级文化产业示范基地4家。依托东营丰富非物质文化遗产，研发制作特色文旅商品，其中中华齐笔产品荣获第11届海峡旅游博览会铜奖、首届山东省文化和旅游商品创新设计大赛铜奖。依托黄河口国际马拉松赛、黄河口系列足球赛事、广饶国际橡胶轮胎展等举办“文旅+”活动22场。2019年8月成功举办首届黄河口（东营）国际啤酒美食节，吸引游客6.5万余人次，营业总额约960万元。

① 《全域旅游遍地开花 东营谱写旅游富民新篇章》，大众网，http://difang.gmw.cn/sd/2019-11/16/content_33324782.htm。

（二）树立“文旅为民、文旅惠民”理念，加快推进现代公共服务体系建设

2019 年 3 月，东营市创建成为第三批国家公共文化服务体系示范区，成为全省继青岛、烟台之后第三个荣获此殊荣的城市。在此基础上，进一步丰富群众文化活动载体，2019 年新建 50 个乡村剧场、50 个历史文化展室（馆）、200 个乡村儒学讲堂。大力提升公共服务效能。圆满完成“新建 50 个数字文化广场，扶持发展 20 个社会文艺团体（庄户剧团）”民生实事任务。全面优化农家书屋管理服务，推广“按需制单、百姓点单”图书采购模式。目前全市建成农家书屋 1037 处，总藏书量超过 250 万册。创新服务方式和手段，提升基层综合性文化服务中心效能，满足群众精神文化需求。完善市历史博物馆、市吕剧博物馆、市文化馆、市美术馆等公共文化场所设施建设，并将其纳入旅游线路。运用互联网、大数据、人工智能等数字化手段，打造文旅东营大数据平台，为市民提供快捷高效数字化服务。组织开展文旅惠民活动。策划推动“美丽黄河口、欢乐回家人”系列演艺节目进入重点旅游景区，在河口区槐花节、垦利赶海拾贝节、东营区龙舟赛等旅游节点，组织文艺节目演出，丰富旅游内容，提升游客体验。东营第三届文化惠民消费季，发放市、区级消费券 105 万元，并争取省级定向资金 60 万元。严格审核筛选 45 家企业签约消费季，产品和服务涉及旅游、影视、演出、图书等多市场门类。截至 2019 年 10 月底，组织文化惠民消费季活动 6000 余场次，直接带动消费 859.5 万元，间接带动消费 1474.1 万元。

（三）实施乡村旅游富民工程，推动乡村文化振兴

结合全市乡村振兴示范片区打造，重点打造史口镇、新户镇、胜坨镇、大王镇、汀罗镇等五大乡村旅游集群片区，部分项目已完成年度计划的 90%。开展文旅融合示范村（A 级景区村）试点工作，按照景区化标准打造美丽乡村，全市共确立 22 个示范村。推进精品民宿度假村和田园综合体建设，重点推进黄河口知青小镇、果园村、花千谷、董王村民宿等乡村旅游项目。其中，黄河口知青小镇等已完成年度计划任务，北宋镇金河滩田园综合体被评定为省级田园综合体。深化文化和旅游扶贫。全市 60 个省定贫困村已全部建成标准

的综合性文化服务中心。指导邵桥村等 13 个旅游扶贫村开展休闲采摘园、休闲渔业等项目建设。

推进乡村记忆工程，加大传统村落民居和历史文化名镇名村保护力度，目前全市有 1 处传统文化村落、3 处传统民居、1 处乡村博物馆。2019 年设立 2 个“乡村记忆”博物馆和 2 个“乡村记忆”村落，已确定东营区史口镇刘集村和馨斋民俗博物馆分别为“乡村记忆”村落和“乡村记忆”博物馆备选点。通过举办 2019 年东营市“文化和自然遗产日”集中宣传活动，市区镇三级联合在龙居镇龙栖湿地公园景区开展非遗展演、展示等活动，以非遗庙会、非遗研学游等创新性方式推进剪纸、戏曲、泥面塑、草柳编等非遗进景区、进校园、进社区，多角度展示东营市非遗保护传承工作的丰硕成果。

（四）加强文物和非物质文化遗产保护，传承优秀传统文化

文物保护工作扎实推进。完成全市 473 处不可移动文物点的排查工作，建立了完整的全市不可移动文物保护情况基本档案。全市 13 家博物馆（纪念馆）完成 2018 年度博物馆（纪念馆）信息备案工作。

东营是一块既古老又年轻的土地。东营是黄河三角洲的中心城市，而黄河三角洲在中国早期历史上地位特殊。现黄河三角洲地区为古黄河、古济水、古漯水、徒骇河等入海处，古今黄河三角洲和莱州湾南岸地区历来为我国重要的海盐生产基地。广饶南河崖盐业遗址群是目前所知鲁北沿海地区最大的制盐遗址群之一，对研究古代海盐生产具有重要的学术价值。通过第三次文物普查，以及配合基本建设工程进行的考古挖掘，东营市新发现多处古盐业遗址，如南河崖盐业遗址群、北辛盐业遗址、刘家遗址、刘集遗址、东赵盐业遗址、东北坞盐业遗址群等古遗址延续时间长、规模大、保存好。已完成国家重点文物保护单位——南河崖盐业遗址群保护规划编制与南河崖盐业遗址群 1 号遗址保护展示方案编制工作。在条件成熟的情况下，联合相关市对所涉及的盐业遗址群商定一个整体的保护规划方案，通过这些举措，将为以后研究黄河三角洲地区商周时期制盐历史奠定良好的基础。

海上丝绸之路遗址保护和联合申报世界文化遗产工作扎实推进，这项工作是继陆上丝绸之路、中国大运河成功申遗之后，国家文物局于 2015 年启动的又一项重大线性文化遗产保护战略工程。东营市的垦利区海北遗址、利津县铁

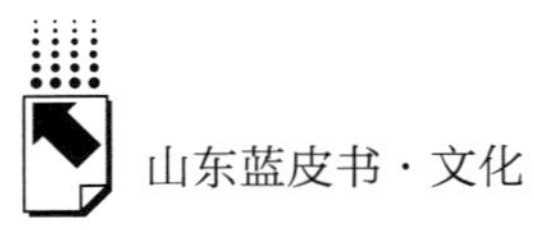

门关遗址成功入选。作为黄河三角洲上的宋金元时期港口贸易集散地，垦利海北、利津铁门关等遗址的发现发掘，对于宋金元时期北方海路交通和海上丝绸之路研究有着重要意义。目前已委托山东省水下考古中心开始对遗址核心区合适区域开展系统调查及挖掘工作。

二　东营市文旅融合存在的不足

2019 年虽然全市文旅工作取得了一定的成绩，但与先进地市、与市委市政府的期盼相比，仍存在一些问题与不足。

（一）传承利用质量不高

文化遗产数量众多，但对大量的遗产资源缺乏系统梳理和有效利用，其承载的文化价值和精神内涵仍待进一步挖掘和提炼，普遍存在文化遗产展示水平不高、活化利用形式和途径单一、闲置情况突出、传承载体和传播渠道有限、遗产活化传承与沿线旅游发展的联系不够紧密等现象，难以实现有效传承，与增强文化自信和建设文化强市的要求仍有差距。

（二）文旅融合有待加深

文化和旅游服务资源的统筹整合程度不够，融合发展的新业态新项目有待进一步加快培育。旅游产品类型较为单一，旅游开发模式仍以游览以及古都古城古镇、博物馆、纪念馆等游览参观为主，服务品质和文化体验有所欠缺，品牌效应和社会价值没有得到充分彰显。夜间旅游产品匮乏，旅游拉动夜经济作用不明显；新媒体宣传推介力度不足。

（三）文化和旅游公共服务能力不足

基层公共文化设施利用率不高，管理和服务跟不上，存在资源浪费现象；旅游设施不够健全，旅游标志不够明显，便民化服务需进一步提高；旅游景区、旅行社、星级饭店管理水平参差不齐，从业人员素质有待提升，等等。

（四）体制机制尚需完善

文化和旅游融合发展的体制机制不够健全、配套政策不够完善，部门间、区域间的协调配合还不够，需要进一步创新融合发展机制，加强沿线联动协作，使文化和旅游发展更好地融入经济社会发展大局。

三 东营市文旅融合发展的对策建议

（一）积极打造黄河三角洲生态文化旅游示范区

把握住黄河流域生态保护和高质量发展上升为国家战略这个重大发展机遇，依托黄河三角洲这一我国暖温带最完整的湿地生态系统，利用“河海交汇、新生湿地、野生鸟类”三大世界级旅游资源特色，强化生态旅游资源的科学保护与有序开发。

黄河横跨9省区，在山东省也涉及了10个市，文化遗产众多，类型多样，不同时期和形态的文化遗产资源叠加交错，其承载的文化价值和精神内涵仍待进一步挖掘和提炼。保护要求较一般文化遗产更加复杂。随着时代变迁，文物保护的内涵和外延也发生着深刻的变化，保护和利用，一直是文物工作不可偏废的。保护是为了更好地利用，利用是为了更好地传承。文物保护要更注重时代的传承性和公众的参与性，要转变工作观念，踩准时代脉搏与时俱进，让文物说话，让地域历史文化的厚重感能够更好地深入人心，更加贴近人民群众的时代需求，在新时代的背景下焕发崭新的活力。要突出抓好与中青旅等大企业集团合作，突出打造观览河海交汇这一核心线路产品，突出做强“黄河入海、我们回家”文化旅游品牌。加强与沿黄城市沟通交流，进一步推动沿黄沿海城市文化旅游一体化发展合作，将东营打造成为黄河旅游的重要节点城市，打造成为亲近母亲河、体验原生态、享受慢生活的文化旅游胜地，成为向世界展示我国大江大河入海口文明的标志地。

（二）以“自然保护区+城区”为核心区引领全域旅游

黄河三角洲国家级自然保护区内的生物多样性资源异常丰富，有着不可复制的黄河入海壮丽奇观，是东营市的核心旅游资源，也是东营市文旅产业发展的主战场。省里已出台20多项举措激励文旅产业发展。下一步，东营市应研究制定扶持政策，推进全域旅游深入发展。应充分发挥黄河口生态旅游区龙头作用，围绕“如何吸引来”“来了看什么、学什么、玩什么、吃什么”等旅游难点，打造精品旅游线路，包括观海线路、湿地线路、学生研学游线路、艺术家和摄影爱好者线路、“红地毯”线路、石油精神教育线路、沿海线路。打造沿黄、沿海休闲产业集聚带，创建黄河口生态旅游区5A级景区，重点谋划好黄河口国家生态教育基地、沿黄自驾游风景廊道建设项目、湿地城市核心区项目、黄河文化科技馆项目、石油科技馆项目、东津渡教育康养度假区项目、渤海垦区“小延安”项目。着力打造主城区成为旅游度假区，完善提升城区旅游线路，链接中心城区和自然保护区景观，重点做好金湖银河文旅小镇、天鹅湖城市湿地公园、迎宾湿地大道等旅游项目。组织开展好“冬游齐鲁·好客山东惠民季”活动，开发推出系列冬游产品、节事活动，出台集成一批惠民政策、优惠措施，进一步挖掘激活文化旅游消费潜力。

（三）积极培育“文旅+”产业新业态

要深入挖掘黄河文化、石油文化、孙子文化、红色文化等文化资源，充分结合研学资源、体育赛事资源、展会资源、现代农业资源等，坚持“文旅+体育+研学+展会+农业”，推出温泉康养、研学旅游等中高端旅游产品。加大旅游文创产品开发力度，用文化创意提升旅游产品设计水平。善于利用影视、综艺娱乐、流行音乐等大众文艺提升城市知名度。比如电视剧《都挺好》的热播使苏州新晋为热门旅游打卡圣地，以苏式生活体验为主题的城市“微旅行”线路大火，剧中苏家老宅所在的苏州同德里小巷和饭店“食荤者”的原型翰尔园饭店，每日吸引游客多达千人。“文旅+”通过“越界”促成文化和旅游以及其他相关产业的重组与合作，促进文化旅游产业结构升级。要充分利用非遗资源，增强文化旅游产品竞争力。积极探索文化旅游融合发展规律，坚持“保护为主、合理利用”的原则，积极促进文化遗产资源生产性保护，打造旅游文化精品，推动黄河口草编、利津水煎包、广饶齐笔、剪纸、面塑等民间、民俗工艺品，拉长产业链条，提高产品档次，不断推进文创产品开发。

发展文化旅游项目，要善于文化和科技的结合，特别是现代科技手段。疫情期间，线上娱乐成为消费者首选娱乐方式。很多文旅企业纷纷采用5G等新一代信息技术，更新线下商业模式。从长远看来，文旅产业必须积极拥抱现代科技，发展旅游新业态。同时，新媒体视域下，文化的传播路径发生改变。微信、抖音、微博等社交平台、直播平台备受关注。社交媒体具有开发成本低、分享入口多、流量基础好等优势，未来将成为文旅项目在线营销的最佳渠道。东营市要充分利用好微信、抖音、微博等新媒体，开展系列主题活动，发起“黄河入海，我们回家”等相关话题，吸引和带动网友广泛参与，全方位塑造文化旅品牌形象，提升城市知名度和竞争力。

（四）大力发展旅游夜经济

2019年，国务院办公厅印发的《关于进一步激发文化和旅游消费潜力的意见》和《关于加快发展流通促进商业消费的意见》都提到了夜间经济。夜间经济指的是从当日下午6点到次日早上6点所包含的经济文化活动，其蕴含的经济潜力值得关注。从国际范围来看，夜间经济是近年来各国经济的增长点之一。资料显示，2017年夜间经济已经占英国GDP的6%，成为其第五大产业。美国人60%以上的休闲活动发生在夜间。从需求看，我国夜间产品仍有巨大的现实需求待满足。根据数据显示，2018年我国夜间经济市场规模达到228592.2亿元，同比增长11.5%，预计2022年全国夜间经济规模将达到42万亿元。[①] 随着我国各地政府对夜间经济扶持力度加大、夜间经济基础设施和公共服务水平的改善，以及夜间旅游产品日益丰富等，夜间经济将呈现大规模增长。

中国的“夜间经济”古已有之，夜市发源于唐代，兴盛于宋代，繁荣于明清，在历史文献中多有记载。《东京梦华录》载：“夜市直至三更尽，才五更又复开张，耍闹去处，通宵不绝。”唐代李商隐“月色灯光满帝都，香车宝辇隘通衢”、南宋辛弃疾“东风夜放花千树。更吹落、星如雨。宝马雕车香满路。凤箫声动，玉壶光转，一夜鱼龙舞”等名作尽述古代夜间经济的丰富多彩。时至今日，随着我国经济发展进入新常态，拉动消费作为我国经济增长的重要动力，繁荣“夜间经济”，拉动夜间消费成为许多城市的共识。据中国旅游研究院的《2019中国夜间经济发展报告》，截至2019年10月，全国发布夜

① 《2019北京夜间消费调查报告》，中国报告网，https：//news. cncn. net/c_ 854757。

间经济、夜间旅游相关政策的规划城市已超过 40 个。夜间经济对文旅产业的贡献不容小觑。政府应研究制定相关扶持政策，使夜间经济等重点业态实现繁荣发展。要把传统的夜市经济扩展为集饮食、购物、娱乐、展演和赛事为一体的全方位产业体系，包括延迟重点景区的闭园时间，延长博物馆、文化馆、图书馆、美术馆等文化设施开放时间。整合人文和自然景观资源，结合本市风貌和历史人文特色，举办黄河口（东营）国际啤酒美食节、孙家湿地灯会、城南庙会等系列特色节庆活动。依托运河路、金辰路美食街，开展形式多样的夜间消费活动，丰富夜间游览购物体验。强化夜游交通保障，消除“最后一公里”困扰。同时，夜间经济的发展应实行精细化管理，因地制宜，不可一哄而上。

（五）推进公共文化服务体系与文旅产业融合发展

随着体验经济时代的到来，文旅产业对公共服务体系的完善更加倚重。打造布局合理、设施完善、环境优美、生活便利的旅游和人居环境，提升环境品质，是发展文旅产业的基础条件和有力支撑。应重视旅游基础设施建设，加强车站、码头与城市、景区的交通衔接，提高旅游目的地可进入性和可容纳性。持之以恒推进“厕所革命”，努力提高城乡公厕管理维护水平，重点推进乡村旅游、农家乐厕所整体改造。

推进公共文化服务体系与文旅产业融合发展。以博物馆、美术馆、非遗传习所、书店等为代表的公共服务机构因各自本身的资源属性正地旅产业的发展中发挥越来越重要的作用。大理璞真扎染博物馆、北京郊区怀柔小镇篱苑书屋等案例表明，文旅产业与公共文化服务体系的建设相辅相成，互促共生。一方面，文博展馆等公共文化服务机构是当地重要的文化名片，是文旅产业发展的重要资源；另一方面，文旅产业发展促进文化资源的保护和利用，促进文博展馆的功能拓展，带动了文化传承。这方面，东营市已有一些积极探索，东营盐文化博物馆已成为中小学生研学旅游的打卡地。开馆一年多来，已有近 10 万人次参观。下一步，东营市应借鉴其他地区的成功经验，充分利用各级文化服务场馆，转变服务方式，提升服务效能，使公共文化服务在文旅融合中发挥更重要的作用。各地公共文化机构，应立足本地文化资源，组织开展系列文化惠民活动，增强基层公共文化服务效能和旅游公共服务水平，构建主客共享的文化和旅游公共服务新空间。

B.14

山东酒文化调查研究报告

山东社会科学院历史研究所调研组*

摘　要： 中国是酒的故乡，酒文化在中华五千年历史长河中占据着重要的地位。作为一种物质文化，酒文化的发展历程与经济发展史同步，通过对山东多家酒厂进行实地考察，就山东酒文化的历史、发展现状以及已采取的措施等一系列问题进行系统深入的调研，找出目前发展中所存在的问题与不足，借鉴已有的经验和做法，对山东酒业及酒文化发展提出对策与建议，这对全面提升山东酒文化的发展水平、传承弘扬中华优秀传统文化、实现新旧动能转换、促进社会经济发展有重要的现实意义。

关键词： 山东酒业　酒文化　齐民思酒业　景芝酒业

中国是世界文明古国，是酒的故乡。中华民族五千年的历史长河中，酒和酒文化作为历史资源，一直占据着重要地位。古往今来，岁月悠悠，琼浆玉液映射出中华民族的灿烂文化。酒文化，历时几千年，可谓与华夏共存，与文明并行。在中国白酒发展史上，鲁酒不仅是参与者，更是独领风骚，创造了数次辉煌。

深入挖掘历史资源，是实施中华优秀传统文化传承发展的重要内容。与悠久的历史文化传统一样，山东酒文化也具有悠久的历史，从最初的家庭手工作坊，发展到现在的工业化生产，积淀了许多历史的经验，成为丰厚的历史资

* 执笔人：宋暖，山东社会科学院历史研究所副研究员、博士。

源，深入认识这些产业的历史发展过程，从而挖掘其历史发展脉络，不仅对我们深刻认识传统历史文化有着重要的理论意义，而且对我们保护传承历史文化，实现传统产业的新发展，加快进行新旧动能转换，促进山东经济社会发展，有着重要的现实意义。

为了深入考察山东酒文化的发展历史和现状，山东社会科学院历史研究所于2018年8月组织力量对潍坊市的齐民思酒业和景芝酒业股份有限公司等多家酒厂进行实地考察，就山东酒文化的历史、发展现状、存在的问题、采取的措施、取得的主要经验以及尚需解决的难题等一系列问题，进行了较为系统的深入调研。通过调研希望可以找出山东酒文化发展中存在的不足，借鉴已有的经验和做法，更好地从高点谋划、打造自身特色、全面提升山东酒文化的发展水平。

一 山东酒文化概况

调研组赶赴潍坊，对齐民思酒业和景芝酒业股份有限公司进行实地调研，与当地相关部门工作人员、酒文化学者、酒厂工作人员召开多场座谈会，获得大量一手材料，对酒文化的发展历史及现状形成直观的认识。

调研组根据课题设计要求，制定了周密的调研内容，主要调研内容有：

1. 山东酒文化（酒厂）的历史记载状况；
2. 山东酒文化（酒厂）的历史发展状况；
3. 山东酒业生产技艺挖掘与保护状况；
4. 山东酒业的现实发展状况；
5. 山东酒文化历史资源保护中遇到的问题；
6. 山东酒文化的历史传承与创新状况。

调研目的：通过对山东酒文化的调查和比较研究，概括分析山东酒文化的发展现状、成果经验及存在的问题，在此基础上提出相应的对策建议。

本课题的研究，坚持把文献记载与实际调研相结合，在文献记载中寻找历史的记忆，在现实调研中挖掘历史资源，力争在以下几个方面有所创新：一是挖掘企业酒文化形成发展的文本资料，对酿酒历史记载进行整理，全面掌握历史资料，以历史记载强化历史记忆；二是挖掘酒文化历史发展脉络，对其发展进行全面总结；三是在历史传承的基础上，深入总结产业的现代创新特征，为传统产业的创新发展提供可供借鉴的经验。

（一）齐民思酒业发展历史与现状

山东齐民思酒业有限公司是在山东寿光酿酒总厂的基础上改制而成的国家一级企业。

寿光酿酒业起源较早，清末时，侯镇就出现了私人酒坊。侯镇白酒是用高粱做原料，合小麦大曲长期发酵而制成，香气馥郁，味道醇厚，名震当时。1945年解放后，县工商局联合洪源、四合成、公盛、太源恒、福玉成、钟聚等十家私人酒坊组建康盛酒厂，主要生产设备是圆盘甑，采用固体发酵法生产，年产量300吨左右。1959年，厂名定为"山东寿光县侯镇酒厂"。1976年改称"寿光县酒厂"。1980年，投资60万元建起大曲生产机械化车间，年产能力200吨。1982年，该厂在原生产基础上，采用液态除杂、固态增香法，使产品成本进一步降低，质量不断提高，年产能力提高到5000吨。1982年，侯镇特曲被评为山东省优良产品，成为潍坊地区名牌酒之一；侯镇白酒自1980年起连年被评为一类酒；温泉特曲酒被省工业厅评为优良产品，为潍坊地方名牌酒；寿春香酒，1981年在全区四新产品评比中荣获三等奖。1989年，全厂职工298人，厂区占地面积4.1万平方米，建筑面积1.85万平方米，固定资产591.5万元，生产各类酒4646吨，产值630万元，创利税301.8万元。1990年寿光酒厂，有制曲、包装、机械化酿酒、机修等6个生产车间，固定资产净值352.8万元，年工业产值692万元。

2000年寿光酿酒总厂更名为"齐民思酒业有限责任公司"，齐民思之名源于《齐民要术》。北魏时期，酿酒业发展，农学家贾思勰（山东寿光人）的《齐民要术》是我国现存最早的一部全面论述酿酒技术的著作，详细记载论述了酿酒工艺。齐民思酒业正是承袭了《齐民要术》的醇酒精华，秉承传统的粮食固态发酵酿造工艺，深入挖掘《齐民要术》酿酒精华，致力于将《齐民要术》酿酒技艺发扬光大。公司形成了以白酒产业为主，"同盛型材"和"法思顿葡萄酒"为辅的多元化产业经营格局。20世纪90年代末，面对白酒市场全新的发展机遇，齐民思酒业远赴四川宜宾，借助宜宾纯佳的自然地理优势，依托五粮液的白酒酿造工艺，投资建立了自己的酿酒基地，形成川酒鲁酒强强

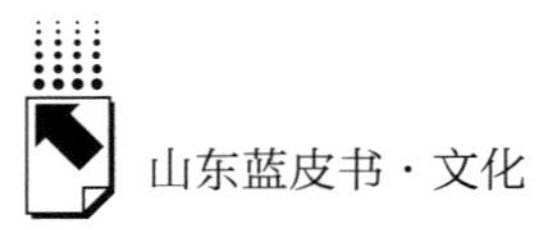

联合。优质原酒从千里之外的宜宾运到寿光，在齐民思酒业恒温藏酒窖贮存三年之久，从缓缓成熟到醇厚丰满，原汁原味进入市场。以此为依托，齐民思酒业不断细分市场，完成了产品的结构调整和升级换代，陆续推出了31度华夏全家兴酒、36度华夏全家兴酒和65度窖藏原浆齐民思酒及31度、42度、52度幽雅齐民思系列酒。2008年幽雅齐民思系列酒和窖藏原浆齐民思酒上市，受到广大高层消费者的酷爱。2009年，齐民思酒业整体搬迁至贾思勰国际农业生态博览园总区，耗资近2亿元扩建国内一流的芝麻香型高档白酒生产基地、首家启用曲水流觞恒温水储酒窖。2009年、2010年齐民思酒业先后推出了十年窖藏、二十年窖藏、三十年窖藏、一帆风顺、珍藏齐民思、红中国齐民思、连升三级高档齐民思酒以及全家兴喜庆专供酒和大众全家兴酒等浓、清、酱、芝麻香系列产品，标志着齐民思酒业已具备酿造与储存多香型粮食酒的综合实力。齐民思、全家兴系列产品被确定为历届菜博会专用酒。2010年被确定为寿光市接待专用酒。

齐民思酒文化可以看作中国酒文化的一个缩影。几十年来，齐民思酒业为弘扬中国酒文化，发挥酒文化在社会和经济发展中的能动作用，举全厂之力，历经多年传承筹集，建成酒文化博物馆，在酒文化的探索和整理上达到了一个新的高度。博物馆内收藏了上至上古时期神猿造酒之石器，下至寿光解放前酿酒之酒篓，历朝历代酒之盛器，皆有收集。国兴则酒产兴，国衰则酒产衰，酒里也荡漾着国家的兴衰与时代的嬗变。

齐民思酒业坚持“纯粮酿造，诚信经营”的宗旨，继承和弘扬传统技艺，在古老的酿造工艺之外，创新与突破不断演绎与完善，严格恪守“粮必精，曲必陈，水必甘，器必洁，工必细，储必久，管必严”的方针，极大地丰富和完善了“混蒸混烧，老窖泥池，多微共酵，五粮混酵”等理论，传承民间传统酿酒工艺，撷取现代科学技术之精华，成为齐鲁著名酒厂之一。

（二）景芝酒业发展历史与现状

山东景芝酒业股份有限公司是集景芝镇72家酿酒作坊于一体创建而成的我国最早的国营白酒企业之一。目前，已形成以白酒酿造经营为主，酒文化旅游、生态养生、热电、综艺包装、蛋白饲料生产等多元化发展格局。考其历史，源远流长。

景芝镇古属东夷，是著名的“山东三大古镇”之一，也是中国重要的酿酒发源地。《后汉书·东夷列传》中记载：“东夷率皆土著，喜饮酒歌舞，或冠弁衣锦，器用俎豆。”东夷人创造自己独特的古文明，最早发明用谷物酿酒的高超技艺，产生灿烂的酒文化。

《淮南子·说林训》说：“清醠之美，始于耒耜。”据考古发现，在经历旧石器时代、新石器时代，至北辛文化时期，景芝一带原始农业已经发展到了食足有余的程度，剩余粮食为酿酒准备先决的物质条件。加上北辛文化晚期，作为大汶口文化时期黑陶高柄杯原型的筒状杯和觚形杯的出现，可推断北辛文化时期景芝一带用谷物酿酒已开始萌芽。

从大汶口文化晚期的黑陶高柄酒杯，到大舜“倡酒”、汉代‘事酒”，再到宋代苏东坡笔下的“高烧”、清末民初 72 家烧锅，景芝穿越了五千年的风雨洗礼，与中华文明的历史车轮一起谱写了中国白酒的时代荣耀。

1947 年，酒厂选址景芝，开启国营酒厂创建之路。1948 年初“景芝裕华酒厂”（山东景芝酒厂的前身）创建。景芝裕华酒厂既生产酒，还开店销售酒，所以又有“景芝裕华酒店”之称。1948 年底，酒厂烧酒总产量 310 吨，纯收益 55081 万元（旧币），为支援解放战争和巩固解放区发挥了重要作用。

新中国成立之初，景芝裕华酒店随着社会主义革命和社会主义建设的步伐艰难起步。建厂初期，因自然灾害，外加时局动荡，裕华酒店经常因酿酒原料短缺而停产。景酒人克服重重困难，边生产边建设，用麸曲酒母代替小麦大曲，用小米、玉米替代主料高粱，加建农村代销处，宣传国家专酿专卖政策，发动群众查私缉私，开展勤俭节约活动，将经营范围扩大到配制酒、酒精、黄酒和香烟，顽强坚持下来。1951 年，在缺粮的严峻形势下，研制成功固态法瓜干白酒，以后又在中国专卖事业公司和山东省工业所烟酒经营局专家的指导下，研制出与高粱烧酒味道几无差异的无味瓜干酒。1953 年，景芝酒业纳入国家计划管理。国家投资扩建厂房，增强了生产能力。1954 年，实现总产量 838 吨，瓜干酒出酒率 51.75%，粮食酒出酒率达 48.47%，在全省同业中名列前茅。1955 年景芝酒厂改属山东省工业厅直接领导。1956 年，推行党委领导下的厂长负责制，开展技术革命和争创先进生产者活动，深入学习其他酒厂的先进经验，将这些经验和自身传统的酿酒“三字经”结合起来，进一步降低生产成本，提高产品质量，主要经济技术指标超额完成国家计划。1957 年，开始推行“两参一改三结合”管理法，生产进一步发展，年产量达到建厂初期的4.2倍，职工平均工资比建厂时增长20%。1957年，景芝白乾酒里被品出“芝麻香味道”。1959年，景芝白乾入展印度国际博览会，成为鲁酒的海外代言人。1959～1961年，年产量大降，高粱烧酒“景芝白乾”在1961年仅产16吨。自1960年开始，国家停止拨料酿酒，景酒人采取“节、代、换”的办法，尽可能采取一切措施进行生产自救，度过艰难时期。1961年后，贯彻《国营工业企业工作条例》，落实“调整、巩固、充实、提高”八字方针，抓管理，抓技术，抓质量，抓增产节约，降低成本，粮食酒恢复了正常生产，企业重回稳步发展。1962年产量达到1179吨。1963年，国民经济好转，农业丰收，酿酒所用原料逐渐充足，生产秩序更加稳定。酒厂大搞技术革新和技术改造，修订完善了生产车间各个工种的岗位责任制和粮食酒、瓜干酒、大曲、麸曲和包装工艺规程，不断地降低成本，提高质量，各项工作也都走上正常发展轨道，产量逐年提高，1965年达到1477吨。1971年，研制成功山东省第一个浓香型白酒景芝特酿，即后期知名的景阳春酒，填补了山东省粮食酒出口的空白，成为又一块响当当的金字招牌。景阳春酒的研发问世，标志着一个新的品牌时代的到来。1980年国家对景芝酒的设计给予高度评价，认为“无论是设备的成熟和完善，还是工艺布置的科学合理性都是很可取的”。在大曲培养新工艺上，敢于打破“名酒不敢改老法”的传统观念，改卧式发酵为立式发酵，被专家誉为“国内首创”。经过不间断的技术进步和技术改造，景芝酒总产量得到快速提升，1981年成为全国第一家创利税超过1000万元的白酒企业，1982年白酒产量在山东省首家突破1万吨。1983年，景芝芝麻香型白酒的初期产品特级景芝白乾面世，逐步向市场上投放，成就了景芝酒业迈向大发展的又一个新时期。1986～1995年，实行厂长负责制的景酒人再度创业，取得长足发展，完成了计划经济向市场经济、国有制向股份制的转变，景芝酒业登上一个新的高峰。1989年，新建第二厂区的生产能力开始显现，浓香酒产量增加到1258吨，各项经济技术指标开始大幅上升。全年完成工业总产值3959万元，居全国同行业第8位；销售收入在山东同行业首破1亿元；实现利税2394万元，居全国同行业第10位。同年在中国五百家最大工业企业及行业五十家评价中，居500家最佳经济效益第17位、饮料行业最大经营规模第23位。随着企业快速发展，企业内部管理工作不断加强。1986年根据国家“抓管理、上等级、全面提高企业素质”的要求，开展升级创奖活动，加快标准化建设，各项管理工作率先走上标准化、规范化的轨道。1988 年，在全国率先晋升国家二级企业，获轻工部、山东省质量管理奖，并先后获得国家一级节能企业、国家一级计量先进企业、国家二级档案企业等荣誉。

1993 年，经山东省政府批准改为股份制企业。1995 年，公司占地面积扩大到 554 亩，白酒产量 35035 吨，销售收入 4.44 亿元，利税在山东同行业首次突破 1 亿元，达到 1.08 亿元。1997 年后，景芝酒业面对“鲁酒危机”大环境，以开创性的胆识、勇气和魄力，实现了恢复性的发展。1997 年开始，面对严峻的市场形势，景酒人采取一系列措施，制定了“销售是龙头，效益为中心，质量作重点，深化管理抓落实；酿酒业为主，多元化经营，资本运营增效益”的发展规划，把竞争机制和激励机制纳入人事和劳动管理，新建销售渠道，开发新品，组建集团，上玉米淀粉、污水处理等项目，引进外资和技术借力发力，等等。通过艰苦努力，1999 年实现 37085 万元的销售业绩，在鲁酒排序中仍居前列。

2001 年，景酒人在营销理念、产品开发、运行机制、管理服务等方面兴利除弊、改革创新。至 2002 年，销售收入尽管只有 22158 万元，但上缴利税仍然将近 5000 万元。景芝酒业经受了建厂以来发展最艰难的时期。2003 年，全国白酒行业止跌回升，迎来 10 年黄金发展期。景芝酒业大胆选择改革求生之路。2004 年，提出“外树形象，内强素质”和“人品成就产品、品质铸就品牌、品牌决定未来”的理念，完善信息化体系，加强科技创新，大搞技术改造，并积极响应党中央提出的建立资源节约型和环境友好型社会号召，发展循环经济。2006 年，“一产”“一号”“一标”“一牌”“一香”取得战略性胜利。“一产”，即景芝传统酿造技艺经山东省政府批准，被公布为首批省级非物质文化遗产；“一号”，即传统名酒景芝白乾被商业部授予首批中华老字号；“一标”，即景阳春荣获中国驰名商标；“一牌”，即景芝牌白酒被国家商业部和中国酿酒工业协会公示为全国 36 种中国名酒之一；“一香”，即一品景芝被商业部和中国酿酒工业协会认定、授牌，标志着中国芝麻香型白酒代表品牌正式诞生，成为真正意义上的“一代国香”。2006 年，主流媒体对景芝酒展开全方位报道，景芝“芝麻香白酒”一时成为全社会的热门话题。2007 年，《芝麻香型白酒国家标准》正式实施。随后，国内规模最大的 2000 吨芝麻香型白酒半机械化车间投入运行，景芝酒业步入了以个性化品牌强企的时代。同年，荣获全国酿酒行业劳动关系和谐企业称号。至2008年，产量增加到25528千升，实现销售收入6.21亿元，利税7688万元。2009年以来，景芝酒业站在白酒产业发展的战略高度，提出“一个中心、五项战略、一个优化、一个提升、一个保障”的“一五一一一”总体发展战略，建设“两大园区”，打造“三大工程”，构筑“四个平台”，利用10年时间实现“百亿景芝”和“中国北方生态酿酒第一镇”的宏伟构想。2009年，景芝酒业以卓越绩效管理筑“大质量”体系，以卓越绩效管理推动全面创新，完成传统粗放管理向信息化、标准化、程序化管理的转变。2011年，青龙山“齐鲁酒地”举行奠基仪式，占地面积8000亩、总投资60亿元，拉开了“把文化做成产业，用文化的力量助推景芝远行”的帷幕。同年12月，被山东省人民政府授予第三届山东省省长质量奖。2014年，荣获中国质量领域最高管理奖——第十四届全国质量奖。2015年，董事长刘全平以其在全国质量领域的卓越贡献荣膺“中国杰出质量人”，成为该奖项设立以来，全国白酒行业的第三位获奖者。企业成为国家AAAA级现场管理企业、两化融合管理体系贯标试点企业和全国工业企业质量标杆。2013年以来，在齐鲁酒地成功举办了五届中国（景芝）生态酒文化节和首届中国（潍坊）古陶瓷文化节，影响广泛。至2015年，景芝酒业拥有“酒之城”和“齐鲁酒地”两个国家AAAA级旅游景区。2008~2017年10年间，公司员工由1921人增加到3315人；产值由5.77亿元增长到34亿元；销售收入由6.21亿元增长到32亿元；利税由7688万元增长到3亿元；职工人均年收入由10721元增长到32120元。2018年，为响应省政府出台的《关于加快培育白酒骨干企业和知名品牌的指导意见》，举办“鲁酒振兴景芝行动——山东白酒高质量发展论坛”，在产业转型融合创新下，景芝酒借势改革与发展。

二　山东酒文化发展过程中的经验

近年来，山东各酒业通过发掘利用自身酒文化历史资源，借助文化创意理念和手段，在发展酒业、弘扬酒文化方面总结了一些经验。

（一）将酒文化资源与酒产业相关联，推动工业旅游新发展

按照“发展大旅游、开拓大市场、培养大产业”的思路，将工业旅游纳入企业发展战略，以酒文化为内涵，以旅游为载体，创新推动工业旅游发展。

例如，景芝酒业修复完善了明清时期景芝 72 家烧锅之一的“南校场烧锅遗址”，此遗址被批准为山东省文物保护单位、潍坊市非物质文化遗产传习所，是迄今为止国内白酒业保存比较完好的古代酿酒作坊之一。另外，加大资金投入，建设了酒之城和酒之城广场，以仿汉代古城堡建造的特色建筑为载体，以展现酒文化历史景观为目的，集包装、仓储、物流、酒窖和文化展示等多功能于一体，将历史文化、人文文化、地域文化、酿酒文化和生态文化等元素有机结合，全方位展现酒历史、酒文化、古镇风情和历史文脉，弘扬酿酒文化与历史，使工业旅游与酒文化紧密相连。2011 年 10 月，酒之城被授予国家 AAAA 级旅游景区，繁荣和丰富了景芝人的精神需要和文化生活。景芝酒业规划建设了占地 2000 亩，拥有 13 个酿酒车间和自主创新的国内最大芝麻香酒生产线，总投资 16 亿元的景芝现代生态酿酒产业园，展示了景芝酒技艺的传承创新与发展，该园区承担实施了国家 863 计划、中国白酒 169 计划、158 计划，荣获中国白酒 158 计划示范企业、山东省科普教育示范基地等荣誉，首创白酒酿造机械化自动化成为行业蓝本。另外，景芝酒业规划建设了占地 8000 亩，计划总投资 60 亿元，集“文化创意、旅游体验、教育培训、运动休闲和健康养生”五大主题功能区于一体的“大文化 + 大旅游 + 大健康”的齐鲁酒地文化创意产业园，产业园先后被评为山东省重点文化产业项目、山东省服务名牌、山东省四大影视基地、山东省诚信旅游示范单位、山东省旅游人才培训基地等荣誉称号，入选国家首批体育运动休闲特色小镇、中国健康文化特色小镇、山东省特色小镇，并于 2014 年 12 月被授予国家 AAAA 级旅游景区。

再如，2009 年，创建贾思勰国际农业生态博览园，总投资近 2 亿元，成为国内一流的芝麻香型白酒高档生产基地、VIP 私人藏酒区、酒文化博物馆、酒文化发展馆，以及万吨恒温藏酒窖等。这些举措都在一定程度上将酒文化与产业紧密联系在一起，符合时代发展潮流，为旅游业等连带产业带来了新的发展。

（二）挖掘梳理历史文脉，深入酒文化研究

被调研企业纷纷打造酒文化品牌。站在白酒产业发展的高度，大力挖掘历史文化脉络以及山东白酒传统文化，打造独具特色的鲁酒品牌，结合各自酒业发展历史渊源，以事件促传播，强化品牌塑造，全力打造酒文化品牌。如景芝酒业至今已举办四届酒文化节。

深入相关酒文化研究。2011 年，景芝酒文化研究会成立，提出以中国古代大舜为“中华人类酿酒始祖”的课题，课题荣获潍坊首届企业文化重大创新成果奖，2016 年《酒祖传说》被列为山东省第四批省级非物质文化遗产保护名录。提出了“中华酒学”研究，从区域文化的角度上升到行业的高度进行综合性探索，为“山东是中国白酒发源地之一，景芝是中国白酒重要发源地”文化挖潜工程提供了历史依据和文化支撑。历时 5 年编纂出版 100 万多字的《景芝酒志》，完整真实地记录了景芝酒业从 1948 年国营建厂至 2015 年期间 60 多年的发展变化和历史变迁。并编辑出版了《景芝峰》《景芝酒传统酿造技艺》《国香赋》《松下问酒》《白酒名人堂》《中国景芝新貌》《化腐朽为神奇》《中华酒联大观》《故乡酒事》《景芝美酒与大宋王朝》等系列书籍。齐民思酒业安排设置专门部门和人员搜集、梳理齐民思酒的历史发展过程，对酒的发展历程进行系统的挖掘、提炼和总结，建立了齐民思酒文化博物馆，将历史形象地展现在人们面前。

（三）引入动能转换理念，推动产业融合发展

比如，近年来先后建成了青龙文化小镇、酒文化博物馆、月亮湾婚纱摄影基地、房车自驾车营地、坊间花之恋等文化旅游项目；配备素质拓展基地、CS 野战营地、草地高智尔球场、水上高尔夫体验场、风筝放飞场、骑行道等体育运动设施。生态产业园在酿酒工艺创新、科技研发、自动化改进、园区管理、节能降耗等方面进行优化。首创全国行业大曲立式发酵新工艺和白酒酿造机械化自动化，成为全国行业蓝本。构建了中国芝麻香型白酒研究院、国家博士后工作站、中国技能大师工作室、山东省芝麻香型白酒发酵工程技术研究中心、省级企业技术中心大技术中心体系。建设了集 ERP、CRM、BPM、数字化酿酒工艺、视频监控、行为轨迹监控于一体的信息化管

控平台。动能转换理念深入人心，种种新旧动能转换举措实施，进一步推动了产业融合发展。

三　山东酒文化发展中存在的问题

笔者认为，山东酒文化的保护利用和开发，这些年是有很大发展的，成就也很突出。但是，根据对潍坊市几个有代表性的酒业的调查，笔者发现，山东酒业和酒文化发展工作还存在若干薄弱环节和若干亟待解决的问题，这些问题有思想认识方面的，也有制度建设和具体实施方面的，需要借鉴其他企业先进的经验，在今后的工作中，逐步加以解决。

（一）缺少骨干企业

2016 年，山东省所有白酒企业，没有一家主营业务收入超过 50 亿元，超过 30 亿元的只有国井、景芝。而四川省 2016 年白酒主营业务收入超过 50 亿元的企业有 4 家（五粮液、泸州老窖、剑南春、郎酒）。2016 年，贵州茅台、四川五粮液、江苏洋河三大企业利润额分别为 167 亿元、68.8 亿元、58 亿元，均超过山东省白酒产业利润总额（26.8 亿元）。2016 年中国制造业 500 强企业中白酒企业 6 家，山东省没有一家入选。

（二）缺少知名品牌和高端产品

2015 年 11 月中国食品工业协会发布的 25 个中国白酒历史标志性产品中，没有一个山东品牌。世界品牌实验室发布的 2017 年《中国 500 最具价值品牌》中，有 18 个白酒品牌上榜，山东无。另外，山东省白酒产品结构以中低档为主，高端产品占比约为 5%，骨干企业高端产品占比在 20% 左右。山东一般将 500ml 瓶装白酒市场售价在 200 元以上的视为高端产品，在 80 ~ 200 元的视为中端产品，50 ~ 80 元的为中低端产品，50 元以下的为低端产品。而在川黔地区，市场售价在 200 ~ 300 元的产品则为中端产品。

（三）缺少专业文创人才

对于酒企业，酿造和营销的人才是不缺的，可是专业的文创人才是匮乏的。一个企业打造文化，需要有专业文化人才，系统完善地对自身酒文化进行挖掘，对创意产业发展企业进行指导。

（四）缺少长远规划和目标

文化自信是发展中最基本最深最持久的力量。酒文化是一个酒企业、一个地区实现文化自信的重要方面。各酒企业应当把文化建设与经济建设提到一个高度，切实重视文化在企业发展中的突出作用以及对文化的开发和利用，把酒文化长期建设规划好，树立长远目标，出台相关具体政策，制定整体战略。

（五）缺少政府政策扶持

针对酒企业，政府部门往往看重的是其经济效益发展状况，而对其自身文化的挖掘以及文化在其发展中的重大意义认识不足、重视不够，政策扶持不够，导致一些酒企业因盲目发展营销，没有政府做支撑，单薄无力，很难在酒市场中立足，更无法谈及长远深度发展。

（六）文化宣传力度不够强

虽然有一定的宣传和报道，各大酒企业在当地的知名度有所提高，但一般都限于当地本行业内或者是企业发展竞争中的报道，针对酒文化的宣传推介的力度还是不够，由文化而产生的吸引力和影响力还有待进一步提高。

（七）酒文化展馆整体水平不高

酒文化展馆定位不独特，主题不鲜明，只有找准文化特色，才能标新立异。各酒企业在打造展馆时，往往停留在简单的图片和物品展示，形式单一、内容雷同，各种高科技的展览手段运用不够，缺乏规模化设计，特色不足，无法形成具有吸引力和影响力的酒文化展馆。

四　山东酒业发展的对策建议

做好今后酒业发展、酒文化发展的工作，要牢固树立正确的政治观、历史观、党史观，着力发挥酒文化的社会教育作用，有关部门应充分创新保护利用的载体手段，真正让酒文化“活”起来。

（一）做大做强骨干企业

我们因茅台知道黔酒，因洋河知道苏酒，由此而得出，任何地区酒业的发展都离不开骨干企业的龙头效应。在发展各大鲁酒企业的同时，政府多方面扶持，着力做大做强有实力的骨干企业，发挥其龙头效应，增强鲁酒的自信自强，推动酒业发展以及对鲁酒文化的内涵不断加以继承与创新。

（二）加大文化品牌的推广和宣传

加强酒企业的文化建设，推广酒品牌战略。文化是酒企业的灵魂，只有让文化代言，加强酒文化建设，让文化名酒品牌成为鲁酒价值的象征和标杆，才能引领鲁酒的新发展。山东作为文化大省，具有丰厚的人文文化资源和自然文化资源，鲁酒在这里有着悠久的传承和高度的繁荣发展，文化与酒，紧密相连，不可分割。无论景芝酒业还是齐民思酒业，都与齐鲁文化息息相关，齐鲁文化为酒业注入了灵魂。发起于齐鲁大地的酒业，融于历史血脉的文化积累，这是其他企业品牌无法比拟的。在下一步的发展中，将齐鲁文化与酒文化充分结合，将品牌建设与地域文化传播融合在一起，将文化提升与市场发展紧密联系起来，通过文化推广与市场营销的深度结合，推动市场的快速扩张。这样不仅仅能做大企业，更能带动齐鲁文化走向全国、全世界。

加强酒文化品牌宣传。立足于多层次高端品牌形象培育，以塑造国家白酒知名品牌为目标，展开品牌传播，大力策划举办品牌高峰论坛。以聚焦优化品牌结构为重点，推出全新品牌及视觉系统；突出主导产品品牌传播，快速打造酒业在全省乃至全国的绝对优势地位，创新实现全国化品牌突围。强力整合媒体资源，继续深度打通全国及省级媒体，实现品牌传播融合化、运营机制市场化、资源整合体系化，全面建立从社会、企业到个体的品牌价值沟通系统。强化企业品牌与产品品牌双引擎建设，企业品牌强化势能，产品品牌促进营销；同时，高效传播，实现品牌张力与引领力持续提升。

（三）加强酒文化课题研究

站在白酒产业发展的高度，以挖掘传承创新中国酒文化，打造独具特色的鲁酒品牌为目标，结合酒业引领中国生态文明建设新标杆等发展命题，进行大力传播，强化口碑传播与品牌塑造，全力打造鲁酒文化品牌。联系高校、科研院所，设立相关研究课题，充分挖掘拓展酒业辉煌的发展历程，成为展示酒业形象的重要助力。同时，深入挖掘酒业及酒文化历史，为筹建档案馆收集并准备资料。

（四）提高动能转换创新能力，增强核心竞争力

齐鲁酒业未来实现新旧动能转换的重要支撑，已列入山东省新旧动能转换重点项目。文化、旅游、体育、教育等产业及服务配套等已初步搭建成型，努力实现“文化+生态”完美融合。通过构建“文化创意、旅游体验、运动休闲、教育培训、健康养生”五大产业板块，努力实现白酒、文化、健康产业的同步发展，使文化产业的融合发展成为工业旅游发展的新动能。

（五）打造旅游产业，发挥行业间的沟通和支撑作用

加强旅游运营能力。学习借鉴先进的管理模式和运营办法，大力开发和拓展旅游景区的经营。深入开展相关酒文化主题旅游活动，实施酒文化酒旅游一体化传播，拍摄旅游专题片、印制旅游宣传画册，广泛传播酒文化的旅游形象。加快推进以酒文化为主题的旅游景点的升级改造，重点创新旅游体验板块，提升酒文化旅游体验的互动性。外出学习借鉴工业旅游产品开发，围绕鲁酒文化元素和旅游特点，融合创意元素，加快开发新型旅游系列产品，增强酒文化的吸引力。

高标准强化旅游产业的全方位各项配套服务，全力提升工业旅游服务能力。如在“吃住”方面，配套五星级酒店、文化主题酒店、车驿站特色餐饮等。在“行游”方面，打造涵盖“吃住行游购娱”旅游智慧行平台，同时打通方便快捷的旅游交通线路。在“购物”方面，在多处景点提供各式各样的旅游纪念品，满足旅游者购物需求。在“娱乐”方面，与电台、电视台常年开展的娱乐节目相联系，让游客流连忘返。

以“打造白酒、文化、健康三大领域产业新标杆”的愿景为引领，努力把齐鲁大地打造成为具有民族特色的酒文化基地、风景独特的影视拍摄基地、山东半岛最大的养生度假目的地，成为引领中国生态文明建设的新标杆和特色文化旅游的典范。大力推动酒业酒文化前进发展，为齐鲁文化发展贡献力量。

大运河文化专题篇

Canal Culture Section

B.15 大运河山东段文化遗产保护传承利用研究

山东省文化厅、山东运河经济文化研究中心课题组*

摘　要： 大运河是中华民族的宝贵遗产，是流动的文化。为统筹保护、传承、利用好大运河山东段文化遗产，课题组重点研究了大运河山东段的文化遗产情况，从五个方面进行了详尽论述和阐释：一是对大运河山东段文化遗产保护传承利用的地位作用进行了有力论证；二是对大运河山东段文化遗产的形成、分类和独特魅力进行了深入挖掘；三是对大运河山东段文化

* 南兵军，课题组组长，山东运河经济文化研究中心顾问，报告执笔人；班开庆，山东运河经济文化研究中心顾问；李金陵，山东运河经济文化研究中心学术研究部主任、《运河研究》主编；王尚，山东省文化厅非遗处副处长；蒋海升，山东运河经济文化研究中心常务理事，山东政法学院新闻学院院长、硕导；郑民德，山东运河经济文化研究中心常务理事，聊城大学运河学研究院副院长；李振启，山东运河经济文化研究中心常务理事；王伟，山东运河经济文化研究中心理事；何子芳，山东运河经济文化研究中心理事，《运河研究》执行主编；王栋，山东运河经济文化研究中心副理事长；由少平，山东运河经济文化研究中心副理事长。

遗产保护传承利用的基础和存在的主要问题进行了客观整理；四是对大运河山东段文化遗产保护传承利用的总体要求和战略举措进行了全面概括；五是对大运河山东段文化遗产保护传承利用的保障机制提出了合理建议。课题组通过对这五个方面的研究，以期对加强大运河山东段文化遗产保护传承利用提供政策支持和工作指导借鉴。

关键词： 大运河山东段　大运河文化遗产　文化遗产保护传承

文化遗产是一个国家和民族历史文化成就的标志。2017 年 2 月 24 日，习近平总书记在视察京杭大运河通州段治理工程时指出："要古为今用，深入挖掘以大运河为核心的历史文化资源。保护大运河是大运河沿线所有地区的共同责任。"同年 6 月 4 日，习近平总书记又在中办调研室《调研要报》第 48 期《打造展示中华文明的金名片——关于建设大运河文化带的若干思考》一文上批示："大运河是祖先留给我们的宝贵遗产，是流动的文化，要统筹保护好、传承好、利用好。"习近平总书记的批示明确告诉我们：整个大运河都是文化遗产，大运河文化遗产是流动的，要统筹保护、传承、利用。大运河山东段是大运河文化遗产的重要组成部分。为了更好地落实习近平总书记批示精神，贯彻好"十九大"关于"加强文物保护和文化遗产保护传承"的要求，为山东省政府制定《大运河山东段文化保护传承利用专项规划》提供依据和参考，为全省加强大运河山东段文化遗产保护传承利用提供政策支持和工作指导，我们组织力量，调查研究，多方论证，最终形成了《大运河山东段文化遗产保护传承利用研究》这一阶段性。

大运河是一条正在航运或使用的河道，大运河文化遗产是流动的、活态的文化遗产。从广义上讲，大运河文化遗产应包括大运河的本体文化遗产和因大运河影响在所属区域产生的文化遗产。从狭义上讲，大运河文化遗产指大运河本体文化遗产，即包括物质、非物质和精神方面的文化遗产，本课题侧重于研究大运河山东段本体文化遗产。从大运河文化带建设的角度看，除包括文化遗产保护传承利用等内容，还涉及水利水运、产业融合、沿河城镇建设等内容，本课题侧重于研究大运河山东段文化遗产保护传承利用。本课题不局限于泛泛的学术研究和知识传播，注重工作指导和实践应用。本课题重点厘清大运河山东段文化遗产保护传承利用的地位和作用，使之认识保护传承利用大运河山东段文化遗产在全局上的重要性和必要性；厘清大运河山东段文化遗产的形成、分类和独特魅力，使之对大运河山东段文化遗产做到心中有数，尤其是对其所具有的优势及独特之处有清晰的认识；厘清大运河山东段文化遗产保护传承利用基础和存在的主要问题，使之对大运河山东段文化遗产保护传承利用有一个客观的分析和明确的问题导向；厘清大运河山东段文化遗产保护传承利用的指导思想、基本原则和战略举措，使之明确大运河山东段文化遗产保护传承利用所把握的目标方向以及采取的重要措施；厘清大运河山东段文化遗产保护传承利用的保障机制，使之对大运河山东段文化遗产保护传承利用的组织领导、统筹管理、法规保障等有总体把握和明确界定。

本课题所依据资料取材于正史，对大运河山东段文化遗产及其保护传承利用问题的分析、论证和措施等，主要来源于调查研究和公布的资料。

一　大运河山东段文化遗产保护传承利用的地位和作用

2014 年“中国大运河”申遗成功，被整体列入“世界遗产名录”，2017 年党中央、国务院实施中华优秀传统文化传承发展工程，随即习近平总书记做出统筹保护好、传承好、利用好大运河文化遗产的重要批示。深入挖掘大运河所承载的丰富历史文化资源，建设大运河文化带，是新时代党中央、国务院主动适应我国社会主要矛盾变化，着眼弘扬中华文明和增强文化自信做出的一项重大决策部署。大运河山东段文化遗产保护传承利用，既是大运河整体文化保护传承利用的一部分，又有着其他河段无法替代的地位和作用。充分认识这一点，是我们搞好大运河山东段文化遗产保护传承利用的基础和前提。

（一）大运河山东段文化遗产的保护传承利用是后申遗时代不可推卸的历史责任

2014 年 6 月 22 日，在卡塔尔首都多哈召开的第 38 届世界遗产大会上，

“中国大运河”成功入选世界文化遗产名录，成为中国第46个世界遗产项目。申遗结果落定，中国大运河遗产保护传承利用随之进入“后申遗时代”。根据联合国教科文组织规定，如果文化遗产保护不力，就会被亮黄牌甚至会被踢出《世界遗产名录》。因此，我国围绕大运河的保护传承利用制定了专项规划，出台了一系列法律法规。习近平总书记于2017年2月下旬在视察京杭大运河通州段治理工程时指出，“要古为今用，深入挖掘以大运河为核心的历史文化资源。保护大运河是运河沿线所有地区的共同责任，北京要积极发挥示范作用”。6月4日，习近平总书记又在中办调研室《调研要报》第48期《打造展示中华文明的金名片——关于建设大运河文化带的若干思考》一文上批示：“大运河是祖先留给我们的宝贵遗产，是流动的文化，要统筹保护好、传承好、利用好。”当前，面对世界文化遗产保护的规则和习近平总书记的指示批示，整个中国大运河沿线的省市无不在行动，保护传承利用大运河文化遗产的热潮此起彼伏，已形成“你追我赶，争先进位”“合纵连横，诸侯争霸”之势。江苏省成立了大运河文化带江苏段建设工作领导小组，省委书记娄勤俭亲自担任组长，省长吴政隆任第一副组长，同时成立了高端智库大运河文化带建设研究院；起草制定了《大运河江苏段文化保护传承利用规划纲要》《大运河国家文化公园江苏示范段建设规划》。娄勤俭在2019年6月7日省委理论学习中心组学习会上指出：“要站在民族文化复兴的高度，创造性、高质量地推进大运河文化带江苏段建设，使其成为大运河文化带的先导段、示范段、样板段。”还说：“要通过共同努力，把江苏段建设成大运河文化带中最精彩的一段，让人们一提到运河想到的是江苏，欣赏运河之美首选到江苏，研究大运河文化必须到江苏，展示运河形象全国向往着江苏。”浙江省举办了第二届大运河国际论坛，推出了大运河遗产保护传承利用的“杭州模式”，同时成立了中国大运河文化带建设产业联盟和浙江城市协作体。地处山东省北部的京津冀为争做“龙头”，已经联手搞“一体化”，建立了大运河文化带协调联动机制，计划到2020年实现三省市大运河的全面通航。

随着中国大运河申遗成功，大运河山东段由此成为我省继泰山、“三孔”、齐长城之后的第四处世界文化遗产。在当前形势下，山东保护传承利用大运河文化遗产已重任在肩，建设大运河文化带的使命神圣而光荣，我们要勇于担当，敢于“亮剑”，切实认清大运河山东段的战略地位、优势资源、特殊魅力和巨大作用，争做全国的“复兴号快车头”，以“一览众山小”的气魄来保护大运河、展示大运河、建设大运河、发展大运河，让保护传承利用的光芒在山东段闪耀。

（二）大运河山东段文化遗产的保护传承利用，是大运河文化带建设的关键支撑

作为国家战略的大运河文化带建设，对大运河沿线各省市都是重大的历史机遇。大运河文化带建设，首先涉及一个建什么的问题。习近平总书记关于大运河文化遗产“要统筹保护好、传承好、利用好”的批示，为建设大运河文化带指明了方向，提供了根本遵循。大运河山东段地处京杭大运河中部，由北向南依次流经德州、聊城、泰安、济宁、枣庄5市，支线延伸到菏泽市，全长963.5千米，其中古运河643千米。大运河山东段北系京师，南控江淮，连接南北，承上启下，处于关键性位置。大运河山东段与苏皖豫冀四省交界，人口众多、资源丰富，产业基础好，是全省最具发展潜力的地区，是大运河活态性、融合性的典型代表，在建设大运河文化带中具有十分重要的地位。搞好大运河山东段文化遗产保护传承利用，对于推动大运河文化创造性转化、创新性发展，将大运河打造成为中华民族伟大复兴的标志性文化品牌，无疑起着关键支撑作用。但是，要真正做好大运河山东段文化遗产保护、传承、利用这三篇文章，并非一蹴而就、轻而易举之事。如果山东看不到这一点，只知“敲锣打鼓”跟着吆喝，而缺乏忧患意识和实实在在的行动，就会从全局上拖了大运河文化带建设的后腿，就会把“山东段”地理位置上的优势，变为阻碍大运河文化新辉煌的劣势。因此，山东各级政府必须高度重视大运河文化遗产的保护、传承、利用，以强烈的使命感和走在前列的政治责任感，切实发挥好山东段在建设大运河文化带中的关键支撑作用。

（三）大运河山东段文化遗产的保护传承利用，是弘扬齐鲁文化和中华优秀传统文化、建设经济文化强省的应有之义

大运河承载的文化价值和精神内涵是依托运河这一实体来体现的，并随着大运河的历史变迁而形成和发展、创新和升华。大运河山东段是中国古代主流文化儒家文化的输出地，又是中国南北文化融合的交汇地。它所承载的遗存大

运河文化，除蕴含京津文化、燕赵文化、中原文化、淮扬文化、吴越文化等文化元素外，更多地体现着齐鲁文化和中华优秀传统文化的主流文化。即便是在大运河山东段形成的漕运文化、造船文化、水工文化，以及在大运河山东沿线形成的手工技艺、工程技术、戏曲文艺、生活习俗、传统节日、餐饮习惯、礼仪规则等，也都有着鲜明的齐鲁文化特征。尤其是山东原本就是中国文化教育的重心地域，儒家文化底蕴深厚，在这里凝练的历史文化更是秉承了齐鲁文化的基因，显示出仁义、诚信的质地，闪烁着重义、重伦理的特征。同时，大运河促进了南北文化在山东的交流、沟通、包容和融合，打破了传统的、封闭的自然经济，在农业文化中注入了商业文化因素，丰富了山东地区的文化内容，使大运河山东段文化又具有了开放性、多元性、包容性等特点，形成了刚柔共济、文武兼备的文化特质，凝聚成根植齐鲁、融南汇北、特色鲜明的齐鲁大运河文化遗产。这一文化资源极大地丰富了齐鲁文化的内涵与外延，成为中华优秀传统主流文化的重要补充，是齐鲁文化乃至中华优秀传统文化的重要组成部分。

党的十八大以来，党中央把弘扬中华优秀传统文化作为治国理政的重要方针，2017 年 1 月中共中央办公厅、国务院办公厅印发了《关于实施中华优秀传统文化传承发展工程的意见》，实施中华优秀传统文化传承发展工程，已经成为建设社会主义文化强国的重大战略任务，“加强文物保护和文化遗产保护传承”成为弘扬中华优秀传统文化不可或缺的内容。习近平总书记高度关注中华优秀传统文化在山东的弘扬和传承，明确指出：“用好齐鲁文化资源的优势，加强对中华优秀传统文化的挖掘和阐发，为做好改革发展稳定各项工作提供强大精神力量。”山东省委、省政府也确立了建设经济文化强省的重大战略。对此，我们必须把大运河山东段文化遗产的保护传承利用工作，纳入实施弘扬中华优秀传统文化传承发展工程的轨道，加强对齐鲁大运河文化遗产现状及存在问题的分析、研究，加大挖掘大运河山东段文化内涵的力度，着力推动以大运河山东段文化为重要内容的优秀传统文化创造性转化和创新性发展，使传统文化凸显现代意义、体现现代价值、形成现代认同，融入社会主义核心价值体系建设。

（四）大运河山东段文化遗产的保护传承利用是山东拓展发展空间、打造融入国家战略的难得机遇

大运河西接“丝绸之路经济带”、东接“21 世纪海上丝绸之路”、北段联通

京津冀、南段贯通长江经济带、沿途邻近雄安新区。国家“四大战略”的深入实施，为发挥大运河实体作用，借势借力推进大运河沿线联网、融会发展提供了重要机遇。大运河山东段处于“四大战略”的中轴线，加强山东段大运河文化遗产的保护传承利用，有利于打造融入国家战略的更大平台，进一步拓展发展空间，深化开放合作，加快提高综合实力，成为服务国家重大战略的重要力量。

从长远看，大运河文化保护传承利用也是国家战略，大运河山东段沿线市县区要正确处理保护传承利用文化遗产与融入国家战略的关系，确立共同的发展目标和导向，找准符合区域实际的融入接榫处与结合点，激发融入交流的新动能，加快打造新的增长极，在服从服务国家战略中拓展区域文化发展空间，在借势借力中提高融入国家战略的质量，努力推进大运河山东段发展与国家战略实现互联互通，与周边省市实现共同发展、共同繁荣。

（五）大运河山东段文化遗产的保护传承利用是实现新旧动能转换国家战略的关键环节和重大示范

山东新旧动能转换综合试验区是党的十九大后获批的首个区域性国家发展战略，也是中国第一个以新旧动能转换为主题的区域发展战略，是国家全力推进“中国制造 2025”的先行与示范。大运河山东段所在区域包括枣庄、济宁、临沂、德州、聊城、菏泽 6 市和泰安市的宁阳、东平 2 县，属于山东西部经济隆起带，是山东省的经济洼地和旧动能集中区。2016 年，该地区在山东省 35% 的国土面积上集聚了 39% 的总人口，其中包括 157 万贫困人口，占全省待脱贫人口的 65%，而财政预算只占到全省的 22%。所以，大运河山东段的新旧动能转换直接制约着全省新旧动能转换的进度与质量。大运河山东段文化遗产的保护传承利用为该区域经济增长模式的生态化转换、经济文化转型升级与融合发展，以及经济文化强省建设提供了重大机遇。基于大运河文化遗产保护传承利用的新旧动能转换试验经验，将为国家全力推进“中国制造 2025”提供重要的参考依据。

（六）大运河山东段文化遗产的保护传承利用是推动乡村振兴战略和鲁西经济隆起的引擎

习近平总书记重点强调山东省要充分发挥农业大省优势，打造乡村振兴的齐鲁样板。中国大运河沿岸8省市共有51个地级以上城市、151个（核心区）县级市和2000多个乡镇，城镇和乡村密度远大于全国平均水平，是中国主要的乡村聚集带。地处大运河山东段核心区的18县区共有乡镇223个、村落9279个，是大运河文化带乡村最为密集也较为落后的地区。按照大运河文化带“河为线，城为珠，线串珠，珠带面”的构建思路，乡村振兴战略便是这一构思的美妙写照。大运河沿线这些乡镇村落的振兴，是国家乡村振兴战略的重要内容。乡村振兴必须由文化振兴来支撑。习近平总书记对山东的乡村振兴寄予厚望。加强大运河山东段文化遗产的保护传承利用，对于实施沿大运河乡村振兴战略、建设经济文化强省，有着不可忽视的强大推动力。从“魅力运河”到“多彩乡村”再到“美丽山东”，这将是大运河山东段文化遗产保护传承利用和乡村振兴战略有机结合的壮丽画卷。

二　大运河山东段文化遗产的形成、分类和独特魅力

把握大运河山东段文化遗产形成和发展，了解其类别性质和活态特征，认识其在整个大运河文化遗产中独特魅力，是保护传承利用大运河山东段文化遗产的必然要求。

（一）大运河山东段文化遗产的形成与发展

大运河山东段文化遗产的形成历史悠久，从2500年前吴王夫差开凿邗沟、菏水，攻打齐国时期就有了早期形态。三国时曹操也是利用开凿运河白渠，统一北方。隋唐运河在山东地段也有记载。今天留下的大运河山东段文化遗产大多数是元代以后留下的。大运河山东段文化遗产大致经历了春秋战国时期至元代之前的奠基阶段，元代的形成阶段，明清的辉煌发展期，清末及近现代的发展维护期，新中国成立后尤其是大运河申遗前后的保护传承期五个时期。

第一，早在春秋战国时期，山东境内就有了人工开挖的大运河。吴王夫差为攻打齐国、连接济水和泗水而开凿的菏水，沟通了江、淮、河、济四大水系，是山东境内最早的人工运河。东汉永平十二年（69），明帝遣王景治理汴渠。汴渠成为东汉时期沟通黄河、泗水和淮水的唯一人工通道。隋大业四年（608），隋炀帝开凿途经山东的永济渠。这些河渠便是大运河山东段早期的河

道遗产。

第二，元代大运河实现南北贯通。这一时期修建了济州河和会通河，并修建了一些水利工程闸坝、水库等，形成了丰富的河道水工遗产。其中仅会通河段就包含了 29 座闸。

第三，明清大运河山东段进入鼎盛期，这一时期留下了丰厚的历史文化遗产。明代重修会通河保证了大运河的南北贯通，并且在明成祖时期，对大运河山东段进行了全面的梳理整治。建南旺分水枢纽，修建戴村坝，解决了大运河南北通航中穿越“水脊”的难题，使大运河水“七分朝天子，三分下江南”，是我国宝贵的水利科技遗产。明清时期，为保证大运河的畅通，除了修建了大量闸坝水利工程，留下了大量的水利工程遗产外，还十分注重对大运河的管理，并形成了一套完善的管理制度。明清两朝均在济宁设督理大运河河务的管理机构“运河总督河院署”。其中，在济宁、临清设的大运河钞关是两代中央政府设于大运河督理漕运税收的直属机构。明清的这些管理制度，是大运河文化遗产中宝贵的制度遗产。源于明清漕运的繁荣，这一时期还形成了大量的非物质文化遗产，如运河船工号子、临清贡砖烧造工艺、鲁班传说、山东梆子、运河秧歌、微山湖歌谣，等等。

第四，清咸丰五年（1855）以后，大运河济宁以北断航，大运河山东段进入衰落期。大运河山东段的文化遗产随之进入了发展维护期。咸丰五年（1855），黄河铜瓦厢决口后，夺大清河河道入海而改道，大运河济宁以北段被冲毁淤塞，航运中断。光绪二十七年（1901），清政府下令废止了河运。这一时期，由于济宁以北河运衰竭，大运河山东段文化繁荣现象不再。但是，这一时期的大运河文化遗产也有新的变化发展，由于两千多年的历史文化积淀，大运河两岸人民形成了可贵的运河精神，主要体现为融合精神、创新精神、传承精神、务实精神，这些都是大运河宝贵的精神文化遗产。

第五，新中国成立后，国家在大运河山东段新修河道 300 多千米，兴建了许多新的枢纽工程、桥梁、涵洞、渡口、码头等，为保护传承利用大运河文化遗产做了大量工作。8 年申遗期间大运河山东段的保护传承利用工作受到省及沿河市县区的高度重视，取得明显成效，大运河文化遗产再现生机，得到了梳理和升华。自 2014 年 6 月大运河列入《世界遗产名录》后，山东省委、省政府和沿运市县区将保护大运河遗产、弘扬大运河文化纳入战略发展规划，制定了保护和利用大运河的措施。沿运市县区采取多种形式保护大运河文化遗产，发展特色大运河城镇，打造大运河旅游品牌，创造了大量的经济价值和文化价值。

（二）大运河山东段文化遗产的分类

大运河山东段文化遗产种类繁多、内容丰富、形式多样，既有世界文化遗产，也有国家、省、市重点文保单位等，既包括河道、工程设施、沿河文化古迹和城乡建筑等物质遗产，也包括饮食、音乐、舞蹈、工艺等非物质文化遗产，还包括数百年来因大运河影响而形成的山东区域精神面貌、性格特征、区域文化等精神遗产。不同类型的遗产所发挥的作用、体现的形式、历史传承的阶段虽有差异和区别，但其共同特征都是由大运河贯通所直接或间接导致产生的，其文化遗产的属性、样式、表现力都有着深刻的大运河烙印。从大运河山东段实际看，大运河文化遗产大致可分为物质遗产、非物质遗产、精神遗产三大类。

1. 物质文化遗产

在大运河山东段的物质文化遗产中，又可分为列入世界遗产名录和未列入世界遗产名录两类。在《世界遗产名录》所列的物质遗产中，运河山东段共有河道 8 段，水工遗存、运河附属建筑 15 处，河道总长度 186 公里。这些河道形成的历史时期差异性较大，由于开凿时间的和地理环境不同，河道使用状况也大不一样。黄河以北河道自 20 世纪六七十年代即已基本废弃，废弃的运河河道作为静态遗产的形式存在，其文物属性更强，基本功能只有文化观赏和旅游等方面的价值。黄河以南即济宁至杭州段，仍发挥着航运、泄洪、灌溉等作用，被称为“活着的运河”。大运河山东段的水工设施共有 12 处，这些水工设施多建于元明清三代，体现了中国先进的水工、水利技术，对大运河的贯通与航运的延续起到了重要作用，是水利文化中的宝贵财富。大运河沿岸的管理设施有一处列入《世界文化遗产》名录，即临清户部钞关。目前保存相对较好的临清钞关属于国内唯一留存下来的国家运河钞关。相关遗产两处列入《世界文化遗产》名录的有临清的鳌头矶与南旺分水龙王庙。未列入世界遗产名录的物质文化遗产，其中河道类有卫运河、漳卫新河、南阳新河等 18 处；水工设施类有四女寺枢纽、台儿庄枢纽等 56 处；大运河附属遗存有北厂曹沧遗址、济宁河道总督遗址等 5 处；湖泊/水柜/泉有南四湖、南旺湖遗址等 8

处；大运河相关遗存有苏禄王墓、聊城山陕会馆等17处；大运河城镇有临清老城区、济宁古城等6处。

2. 非物质文化遗产

相对于物质文化遗产，大运河山东段的非物质文化遗产数量更多、内容更丰富、规模更庞大，这些遗产涉及民间艺术、饮食文化、手工制品等，多数都是数百年历史发展中传承与延续下来的，与大运河山东段区域社会、民众的生活紧密联系在一起。非物质文化遗产更加生动、形象，民众的创造精神更加明显。如民间美术与手工艺制品有东昌府的木版年画、曹州的面人等。民间音乐有临清驾鼓、大运河船工号子等。舞蹈有莘县火狮子、武城抬花杠等。饮食有德州扒鸡、高唐驴肉等。其他如聊城杂技、东阿阿胶、武术等非物质文化遗产也是大运河山东段非遗文化的重要内容。大运河山东段的非物质文化遗产按级别又可分国家级非物质文化遗产、省级非物质文化遗产、市级非物质文化遗产、县级非物质文化遗产、未列级别的非物质文化遗产。如鲁西南鼓吹乐、济宁渔鼓属于国家级非物质文化遗产；四音戏、运河大鼓属于山东省非物质文化遗产；湖上端鼓腔属于市级非物质文化遗产；山东梆子属于县级非物质文化遗产等。

3. 精神文化遗产

大运河山东段在形成与发展的历史进程中，也铸造了沿河民众的精神特征，使他们的性格、视野、内涵发生了潜移默化的变化，如兼容并蓄、开放融合等，并予以传承、融会、创新，成为齐鲁文化的优秀代表，可以概括为四类精神遗产：传承精神、融合精神、创新精神与务实精神。正是沿河人民生生不息的传承精神，促使人们不断地开凿修复运河，完善水工设施，保证了运河的南北畅通，才有了今天世界上开凿时间最早、流程最长的人工运河。大运河山东段人民的融合精神在整个大运河中体现得尤为明显，人水和谐、南北交融、农耕文化与商贾文化的结合、汉族与少数民族文化并存发展、中西方文化的交流都是融合精神的真实体现。科技是文化的灵魂，科技的发展与进步离不开创新，创新精神是大运河山东段人民的重要精神特征，大运河山东段创造了世界水利科技之最，南旺水利枢纽、戴村坝被称为我国古代的都江堰，让世界水利专家叹为观止，集中体现了大运河的科技价值。务实精神是大运河文化的延续，过去运河的开凿、建设、利用与今天的传承与保护都离不开务实精神，务实精神将世世代代劳动人民创造的大运河经济文化价值发扬光大。

（三）大运河山东段文化遗产的独特魅力

大运河山东段是中国大运河纵贯南北、珠联璧合的关键河段，既体现了中国大运河的共性，又呈现独具魅力的个性。共性的一面，正如联合国教科文组织在《保护世界文化遗产和自然遗产公约》最新版《行动指南》中所评价的那样："中国大运河代表了人类的迁徙和流动，代表了多维度的商品、思想、知识和价值的互惠和持续不断的交流，并代表了因此产生的文化在时间和空间上的交流与相互滋养。这些滋养长期以来通过物资和非物质遗产不断得到体现。"大运河山东段的独特魅力用精彩绝伦来形容并不为过。比如大运河科技成就的"珠峰"在山东，大运河的"文圣""兵圣"在山东，大运河的"双航两翼"（微山湖湖西湖东双航道、鲁南苏北双航道）奇观在山东，有"运河之心"之誉的戴村坝在山东，有"运河之都"之称的济宁在山东，"五岳之首"的泰山、"天下第一庄"的台儿庄、"天下第一码头"的临清、唯一运河流域的国君陵墓德州苏禄王墓等也在山东。众多的"世界之最""中国第一""运河唯一"让大运河山东段星辰闪烁，风情万种，呈现精彩壮观、"英雄史诗"般的伟大形象。概括起来讲，大运河山东段的独特魅力表现为"六个运河"。

1. "中心"的运河

从地理区位上看，大运河山东段正处在京杭大运河的中部，京杭大运河的"心脏""蛮腰""脊梁"均处于山东。自"运河之都"济宁、"江北水乡"枣庄，向北到北京的距离和向南到杭州的距离大致相当。就像隋唐大运河的中心洛阳、宋代大运河的中心开封一样，地处京杭大运河中心位置的山东各城镇总比其他位置的城镇人气要旺盛、商贸要繁荣、货物品种要丰富。"中心磁场效应"产生的原因，一是南来北往的漕船、商旅经过中心自然会产生驻足休息、停船修整的念头，从而为中心带来经贸的繁荣。二是中心位置的融南汇北作用，可为中心融合多元性的文化。事实上山东沿运各城镇，因大运河的南北贯通，融合了齐鲁文化、燕赵文化、淮扬文化、吴越文化、楚汉文化、江海文化、岭南文化，甚至西域文化、西方文化。这种多元杂糅的文化特质，与大运河山东段处于中心位置是分不开的。作为大运河"脊梁"的山东段，非常明显地支撑了大运河的腰身、挺起了大运河的腰杆、连接了大运河的首尾，其地位、作用、贡献都不可低估。

2. “水脊”的运河

大运河山东段的剖面图就像一座巨大的拱形桥，拱形桥的制高点位于济宁以北的南旺地带，进入山东段的行船，无论是从南向北走，还是从北向南走，都要“船往高处走”。所以大运河最高点南旺处，被人们称为“水脊”。大运河水脊向南高于徐州运河段116尺，向北高于临清运河段90尺。元朝开凿会通河后，修建了许多闸坝蓄水、截水，保证行船，但水源仍然奇缺。明代兵部尚书宋礼，采纳汶上农民水利专家白英的建议，修筑戴村坝蓄水，然后引汶河入运河，并在“水脊”处分水，“七分朝天子，三分下江南”，从而解决了大运河水脊缺水的难题。

3. “鲁风”的运河

齐鲁大地历史悠久，人杰地灵，文化遗产丰富多彩、光辉灿烂。儒家文化、墨子文化、董子文化、水浒文化、泰山文化、黄河文化相映生辉，形成了独特的齐鲁之风。大运河流经山东这些文化圣地，与这些文化交融糅合，成了特点鲜明的“鲁风运河”，赋予了大运河山东段“自强不息，厚德载物”的文化特质。追溯历史，这种“剑胆琴心”的鲁风运河塑造了鲁西南人们讲礼仪、讲诚信、讲仁义的温情与善良，也塑造了鲁西南人们“路见不平、拔刀相助”“该出手时就出手，风风火火闯九州”的刚毅与英勇。事实上，备受国人推崇的《响马传》《水浒传》《义和拳》等兵学经典就出现在山东段运河流域。鲁风运河还以其独特的魅力征服了过往的行人，上达皇帝、下至平民，其中不乏文人骚客留下的不朽诗篇。元代画家、诗人朱德润写下“日中贸易群物聚，红氍碧碗堆成山。商人嗜利暮不散，酒楼歌管相喧阗”。乾隆帝也曾写下“运河转漕达都京，策马春风堤上行”。几经变迁，当代的鲁风运河风韵不减，既有泰山汉子的豪迈，奔涌着前进；也有儒学女子的温婉，带来一路芬芳。因此，大运河山东段“刚柔并济”的鲁风是其他运河段无法比拟的，也是不可效仿复制的。

4. 科技的运河

在舟船水运为主流交通的古代，大运河流域集中了当朝最优秀的科学技术和人才力量，特别是地形复杂、水运困难的大运河山东段，其科技之光更加璀璨。大运河山东段是地貌起伏的复杂区域，开河与行运特别困难。大运河进入山东不仅要受到起伏地貌的制约，还要经受黄河泛滥的威胁。尤其是咆哮的黄河，发怒时常会横冲运道，致使大运河山东段成为京杭大运河上的一段“险河”。为除害避险，力保运河“命脉”，历朝历代无不重视山东段大运河的疏浚治理和设施建设，因此大运河山东段集中了当朝最高的水利和交通科技成就。比如“避黄保运”“筑坝蓄水”“脊顶分水”“逆水行舟”“束水攻沙”“开引堵决”“梯级船闸”“复式船闸”，还有“减水闸”“滚水坝”等科学技术密集地集中在大运河山东段。元代在开凿济州河、通惠河时，依靠科技的力量精心设计，充分利用泗水南流入淮，汶河北流入大清河、汶泗相邻、支流相通等自然条件，巧妙地引水入运，从而保证了运河水源。元代在会通河上临清至济宁之间建造了 31 座船闸，明代在泇运河上台儿庄至韩庄 45 千米距离内建造了 8 座船闸。明代的两次科技飞跃均发生在山东水运工程上。第一次科技飞跃的标志是戴村坝和南旺分水枢纽工程的建成，至今仍是世界最高科技水平的水利工程。第二次科技飞跃的标志是鲁南泇运河的开通，使徐州至邳州段的“借黄行运”航道逐步废弃，提高了大运河山东段航运的安全指数。清朝河道总督靳辅，在吸收前人“束水攻沙”技术的基础上，创造性地发明了“开引堵决法”，有效治理了河患。可以毫不夸张地说，大运河山东段留下的宝贵科技文化遗产，谱写了中国大运河科技发展史上的光辉篇章。

5. 红色的运河

大运河山东段红色文化资源十分丰富，在整个大运河沿线是极其罕见的。除古代众多的兵学资源和战争资源外，近代以来，就留下了辛亥革命、抗日战争、解放战争等丰富的革命战争资源。在艰苦卓绝的八年抗日战争中，运河沿线的枣庄、济宁、泰安、聊城、德州 5 市，涌现出大批投身军旅、拿起武器与敌人英勇奋战的将士，如张自忠、范筑先、马本斋等，更有无数仁人志士，不惜抛头颅、洒热血，用生命谱写了一曲曲令人荡气回肠的赞歌。大运河山东段流域的抗战可分为三种类型。第一种是以国民党爱国军队为主的正面战场抗战，主要以第五战区司令长官李宗仁指挥的台儿庄大战为代表，这一战役共歼灭侵华日军坂垣、矶谷两大师团 11984 人。第二种是以中国共产党领导的八路军、新四军和武工队开展的敌后游击作战，主要以运河支队、铁道游击队、鲁西北抗日游击队、平原游击队等人民武装的抗战为代表。第三种是运河民众自发性的抗战，如台儿庄的彭楼保庄会、济宁的戈山人民抗日、泰安的西区人民抗敌自卫团、聊城的张家楼抗敌、德州的崔杨抗战等。这三种抗日类型，足以代表整个中华民族的抗战。大运河山东段流域留下了极为丰富的红色文化遗产，比如枣庄的铁道游击队纪念园、济宁的梁山歼灭战遗址、泰安的徂徕山抗日武装起义遗址、聊城的孔繁森纪念馆、德州的齐禹抗战纪念馆等。

6. “咽喉”的运河

山东所处的地理位置以及复杂的地形地貌，决定了大运河山东段“一夫当关，万夫莫开”的战略地位，因为是整个京杭大运河的关键，常被运河学家誉为“咽喉”。明河道总理于湛在《运河题铭》中说：“国家定鼎燕京，仰借东南朝税四百万石，以资京师，唯此漕渠一脉，为之咽喉。”如果堵塞了大运河山东段，就等于堵塞了整个中国大运河；腰斩了大运河山东段，就等于腰斩了整个中国大运河；瘫痪了大运河山东段，就等于瘫痪了整个中国大运河。历史上是这样，当代同样是这样。现在大运河首尾不能相接，南北不能通达，使黄河以北的城市与长江以南的城市“梦断鹊桥”，只能隔空眺望。这一现象的生成，就在于地处山东的运河“咽喉”堵塞，中断了进食。

三　大运河山东段文化遗产保护传承利用的基础和存在的主要问题

（一）大运河山东段文化遗产保护传承利用的基础

长期以来，尤其是经过 8 年申遗，大运河山东段文化遗产的保护传承利用工作受到省及沿河各市县区的高度重视，既对大运河申遗成功做出了突出贡献，又认真履行了申遗后做好保护的承诺。

1. 大运河文化遗产保护有法可依

2013 年 7 月，公布实施了《山东省大运河遗产山东段保护管理办法》，这是我国第一部由省级人民政府颁布实施的大运河遗产保护专项政府规章。沿河各市分别制定出台了大运河遗产保护的近、中、远期规划，颁布了遗产保护管理规定；划定了保护区，确定了各类区划的管辖与保护管理权属。根据大运河遗产的特点，出台了保护与整治措施，开展了文化遗产本体保护及环境整治工作。

2. 打造大运河文化遗产保护展示工程

以大运河山东段8段河段、15处遗产点为中心，充分研究大运河遗产的文化内涵特质，在尊重历史、保持原貌的基础上，打造出南旺分水枢纽考古遗址公园、台儿庄古城、德州南运河段等一批文化遗产保护利用的亮点工程和大运河文化产业园区（基地），大运河湿地公园等，有效地展示了大运河遗产的历史、科学、文化价值。

3. 建立大运河遗产管理机制

明确管理机构、管理职能、执法权限并配置相应管理人员，制定管理制度，开展教育培训、社会宣传活动。

4. 建立大运河文化遗产保护档案

设置遗产保护标识系统，建立、完善保护检测系统，制定了考古研究规划，分阶段对大运河各类型遗产开展考古调查、勘探和发掘工作。

5. 开展大运河非物质文化遗产进校园、进社区、进广场、进军营活动

组织非物质文化遗产项目代表性传承人的认定和命名工作，定期评选国家级、省级、市级、县级非遗项目传承人。

6. 打造“鲁风运河”文化旅游品牌

“台儿庄模式”已成为联结海峡两岸和世界游客展示大运河文化的典范；聊城市通过打造“江北水城，运河古都”品牌，城市文化影响力显著增强；素有“中国运河之都”美誉的济宁市，大运河正成为促进经济文化社会发展新的增长点和驱动力；泰安市东靠泰山、西沿运河，正在形成泰安旅游的两个隆起带；作为“古典德州风韵之河”，大运河德州段正成为“生态德州活力之翼”，推动旅游产业链不断延伸，打造“运河全线德州亮点”。

（二）大运河山东段文化遗产保护传承利用存在的主要问题

1. 思想认识不够，保护传承利用意识淡薄

有些领导干部没能从战略高度看待大运河山东段的地位，对大运河山东段文化遗产的丰富性和保护利用的优越性认识不足，以致造成今天大运河山东段大部分淤塞，北段瘫痪，形成半身不遂、自废武功的局面。大运河山东段遗产区面积为16603公顷，缓冲区面积29501公顷，均超过全国半数。凭借文化遗产资源优势和自然地理优势，山东完全可以在大运河文化带建设中发挥“纲

举目张”的引领作用，但山东各级却缺乏“一览众山小”的眼界和气魄，跟不上当代经济文化融合发展的快节奏。目前大运河沿线各省市按照习近平总书记关于大运河文化遗产保护传承利用的重要指示批示，正在如火如荼地建设大运河文化带，而大运河山东沿线各级却表现得不紧不慢、慢条斯理，没有把大运河文化带建设作为遗产保护传承的新机遇，更没有把大运河文化带建设作为经济社会发展的新动能。

2. 体制上政出多门，机制上落后陈旧

山东在大运河文化遗产的保护传承利用方面，没有建立起统一的组织领导机构，政出多门、九龙治水的问题依然存在。涉及大运河的管理部门除了水利、航运、文化文物等部门外，还有环保、国土、渔政、农业、建设、规划、城管、园林、旅游等多个部门。一些具体的大运河遗产点也是分属不同部门管理，管理头绪非常复杂。在缺乏统一管理的情况下，各属地、各部门各自为政、互不通气，缺乏全局观念，缺乏交流与协作，甚至出现矛盾与冲突，因此严重影响了大运河山东段文化遗产的保护与利用。机制陈旧的问题也很突出，诸如综合决策机制、监管监督机制、联动协作机制、技术创新机制、社会保障机制、考核评价机制、激励约束机制、生态补偿机制、公众参与机制等都需要进一步健全和完善，一些不合时宜的政策、法规、制度等，应进行必要的清理。

3. 规划综合性不强，监管力度不够

就省级层面来讲，目前仅有保护规划，而缺少传承利用方面的规划。现有规划的执行也有问题，存在重规划、轻监管的现象。有的地方政府缺乏针对性地设立多层次监管体系，管理部门之间由于沟通和交流缺失，导致对遗产保护规划的监管不了解、不深入、不到位。违反规划的现象和问题时有发生，而责任追究机制也未能及时跟上，影响了文化遗产保护规划的权威性和严肃性。联合国教科文组织对于大运河文化遗产保护有明确规定：“世界文化遗产中的文物保护单位，应当根据世界文化遗产保护的需要依法划定保护范围和建设控制地带并予以公布。保护范围和建设控制地带的划定，应当符合世界文化遗产核心区和缓冲区的保护要求。”同时，“省级人民政府应当为世界文化遗产作出标志说明。……世界文化遗产标志说明应当包括世界文化遗产的名称、核心区、缓冲区和保护机构等内容，并包含联合国教科文组织公布的世界遗产标志图案”。在这方面，除台儿庄运河区主管部门认真履职之外，大运河山东段沿线其他地方主管部门的履职情况基本上都不达标。

4. 河道“半枯半荣”，环境恶化严重

大运河山东段以黄河为界，黄河以北段运河水源断绝，河道淤塞，完全失去了航运功能，无论是生态系统还是人文系统都遭到严重破坏，昔日的繁荣不复存在。鲁西衰败颓废的主要原因在于运河的断流停航。现在只有黄河以南的运河济宁段和枣庄段共324千米仍然保持着通航能力，但水运经济弱小，港航建设形势严峻，如生产能力严重不足、行业竞争压力加剧、货种货源变化剧烈、行业管理弱化、项目融资困难等。无论是通航的河段还是停航的河段，无不存在着道路不配套、绿化不到位、文化遗产点环境差等问题。尤其是废弃停航的河段，还存在着乱搭乱建、乱堆乱挖等现象，甚至在个别区域的河床上、漫滩上、堤岸上存在着坟头墓葬。因此，整个大运河山东段环境保护和治理的任务仍然十分艰巨。

5. 专业人才匮乏，管理手段落后

大运河山东段文化遗产保护与管理的人才队伍总量偏少，学历偏低，年龄偏大，结构性矛盾突出，缺乏一批“高精尖”的人才队伍。而且现有人才队伍不稳定，调动频繁，还存在所用非所学现象。特别是运河沿线文博单位，普遍缺少文物修复人才，难以适应日益发展的文保工作新形势。就整个保护管理系统而言，现行事业单位制度，如岗位设置、分配制度、人才激励机制等不够完善，从而制约和影响了人才的培育、引进，致使人才队伍活力不足。另外，科学保护文化遗产的意识不强，保护与管理手段落后，信息化技术、高科技分析、电子监控、实验仪器的数量和质量远远达不到要求。

6. 盲目开发，利用不当

对大运河文化遗产，虽然保护的呼声很高，但在保护与利用过程中，还存在着重开发轻保护、重经济建设轻文化建设、重眼前利益轻长远利益的问题，导致大运河文化遗产过度开发、盲目开发、利用不当、效益低下。有些点段文化遗产保护范围划定不规范，有的缓冲区预留空间不足，有的界桩标志物模糊不清或人为移动，从而破坏了大运河文化遗产保护的整体性环境。在房地产、旅游、工业园区等各类开发的刺激下，有的地方无视文化遗产的存在，人为地侵占和破坏遗产点段，甚至大拆大建、拆真建假，致使大运河历史文脉的延续受到影响。

7. 投入不足，经费短缺

分析近年来大运河山东段文化遗产的保护传承利用，应该说有所投入，有一定的经费保障，但与国家要求和现实需要相比，明显存在投入不足，经费短缺的问题。许多文化遗产保护经费的审批需要烦琐的手续，而且存在审批过程中打折扣、拨款过程中被截留现象。由于经费的短缺，基层单位不能进行有效的保护和管理，一些保护管理措施不能落实到位，现代科学保护设施不能配备，许多民间流散的文物不能及时回收。同时，由于经费问题，影响了非物质文化遗产项目的调查及挖掘整理，有些传承人年龄偏大，积极性不高，一些传统工艺绝活面临消亡的危险。

四　大运河山东段文化遗产保护传承利用的总体要求和战略举措

（一）大运河山东段文化遗产保护传承利用的总体要求

1. 指导思想

高举中国特色社会主义思想伟大旗帜，认真贯彻习近平总书记重要指示和批示精神，牢固树立创新、协调、绿色、开放、共享的发展理念，紧紧围绕统筹推进“五位一体”总体布局和协调推进“四个全面”战略布局，按照实施新旧动能转换重大工程及乡村振兴战略的要求，坚持以大运河为主轴、以文化为引领、以“三好”为目标，着力强化文化遗产保护传承利用，着力推进河道水系治理和生态修复，着力推动新型城镇化建设和乡村振兴，着力促进产业融合和文化旅游业发展，着力完善政策体系和协同推进机制，努力把大运河山东段建设成“创新转型发展的示范区、城乡协调绿色发展的先行区、经济文化融合发展的样板区”，成为全国著名的璀璨文化带、绿色生态带、缤纷旅游带，为推进经济文化强省建设提供重要支撑。上述目标力争到“2022 年形成框架，2027 年基本建成，2030 年全面实现”。

2. 基本原则

（1）以文化引领，创新发展。把增强文化自信作为大运河山东段文化遗产保护传承利用的重要职责，在努力做好“保护、传承、利用”三篇文章的前提下，着力推动技术创新、内容创新、模式创新，赋予其新的时代内涵和现代表达形式，丰富展示传承载体，推动优秀传统文化创造性转化、创新性发展，提高文化价值引导力、精神原动力和文化引领转型发展的能力。

（2）以问题为导向，突出保护。针对大运河文化遗产保护传承利用存在的突出问题，按照真实性、完整性保护要求和大运河活态遗产特点，统筹推进大运河山东段文化遗产保护修葺，河道水系整治管护和生态环境保护修复，强化顶层设计，加强合理规划，遵循科学规律，创新方式方法，推进分类施策，谋划分步实施，不断建立健全保护法律法规体系和执法监管措施，推进跨区域、跨部门齐抓共管，构建大运河各类遗产保护大格局。

（3）以人民为中心，强化传承。坚持以“人民为中心”的发展思想，挖掘大运河优秀传统文化的精神内涵，多渠道、系统性传承大运河山东段优秀传统文化，全面阐释大运河山东段文化的当代价值和时代精神，让大运河山东段“活”起来，更好地适应经济社会发展和人民美好生活的现实需要，更加丰富人民群众的精神文化生活，弘扬和践行社会主义核心价值观，增强文化自觉和文化自信，全面提升文化软实力。

（4）以绿色为基础，合理利用。突出大运河山东段文化属性和综合功能，优化文化遗产、河道水系、生态环境等保护传承利用的空间格局，统筹考虑大运河山东段资源承载能力，注重与国家和山东省重大区域发展战略衔接，在做好保护的基础上，合理利用文化生态资源，推动文化旅游业及相关产业高质量发展。明确沿线城乡发展底线约束，避免过度开发和重复建设，树立融合发展新思路，形成大运河山东段区域发展新模式。

（5）以通水为牵引，培植生态。增强“流动运河”“活态遗产”理念，尽最大可能恢复大运河山东段的功能，让大运河山东段“活”起来。积极争取国家层面的支持，协同山西、河南、河北等大运河水源地涵养水源，还大运河山东段清波荡漾的风貌。在此基础上搞好大运河“穿黄工程”以及黄河以北段复航工程的研究论证和勘察设计，待条件成熟，和京津冀一道争取国家对“穿黄工程”和大运河复航的支持，努力实现京杭大运河的全线通航。稳步推进“大运河生态走廊”规划建设，形成纵贯鲁西的历史文化景观带。

3. 战略定位

根据国家对大运河文化遗产保护传承利用的总要求，对照大运河文化带其他省市的文化资源情况和建设预期，紧密联系大运河山东段文化遗产优势、特殊魅力和新旧动能转换的需要，结合山东省在大运河文化带建设中的责任担当，在大运河山东段文化遗产保护传承利用中应把握“六个战略定位”。

（1）打造大运河山东段继古开今的璀璨文化带。大运河山东段源远流长，大运河文化博大精深，文化遗产丰富多彩，不愧为“古代文化长廊”“古代科技宝库”和“历史名胜陈列馆”。这既是山东宝贵的资源，也是山东人民增强文化自信的资本。因此要按照习近平总书记“要古为今用，深入挖掘以大运河为核心的历史文化资源”的指示精神，进一步挖掘这笔资源，用好用足这笔财富，以彰显鲁风运河特色、擦亮齐鲁文化名片，并通过积极有效的保护传承利用，将其打造成为一条继古开今的璀璨文化带。

（2）打造大运河山东段水清秀丽的绿色生态带。大运河山东段有山川、有平原、有河流、有湖泊、有湿地、有河滩，生物种群繁多，生态自然条件比较优越。但也面临着环境污染、人为破坏、生态系统退化的严峻形势。对此，必须树立尊重自然、顺应自然、保护自然的生态观，把大运河山东段的生态修复、环境保护，以及森林城市创建、美丽乡村建设放在更加突出的位置，通过长期坚持不懈努力，将其打造成为水清秀丽的绿色生态带。

（3）打造大运河山东段世界文明交流互鉴的先行区。大运河山东段流域是中华文明的重要发祥地之一，是儒家文化、兵家文化、墨家文化的发源地，也是黄河文明的主要载体。大运河山东段除自身为世界遗产外，还有与之相邻的泰山、曲阜“三孔”、齐长城三处世界遗产，加之近年来世界儒学大会、尼山世界文明论坛等交流平台的作用，足以彰显大运河山东段的中华文明与世界开展对话，足以构筑具有鲁风运河特色的世界交流传播体系，也足以凭借文化集聚裂变效应打造与世界文明交流互鉴的先行区。

（4）打造大运河山东段新的经济增长极。我省东西部发展不平衡的问题由来已久，西部隆起带战略规划的实施还没有取得大的成效，西部落后的面貌尚未改变。因此要以大运河文化带建设为契机，充分发挥大运河山东段文化资源优势以及文化引领经济发展优势，深入实施新旧动能转换重大工程，积极探索产业转型升级之路，促进产业智慧化、智慧产业化、跨界融合化、品牌高端

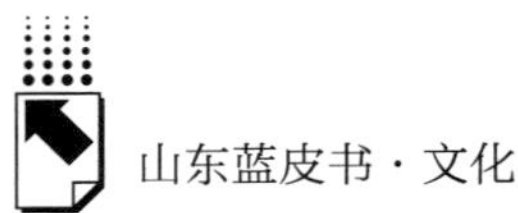

化，提升西部发展竞争能力，打造大运河山东段新的经济增长极。

（5）打造大运河山东段五大城镇组团经济文化融合发展示范区。大运河山东段城镇体系完备、发展脉络清晰、大运河文化特色鲜明，根据历史以来的城镇布局和未来发展趋势，规划以枣庄、济宁、泰安、德州、聊城为基点打造五大运河城镇组团。这五大组团，就像五颗闪耀的五星，镶嵌在齐鲁大地西部的大运河文化带上。五大运河城镇组团的打造，要坚持以文化为纽带，以同城化为方向，以基础设施互联互通为支撑，完善一体化合作机制，形成功能互补、产业互动、融合发展的大格局，促进大运河山东段成为经济文化融合发展示范区。

（6）打造大运河山东段乡村振兴的山东样本。大运河山东段流域，长期以来以农业为主，工业发展滞后，农耕文明特征明显，这为乡村后发振兴提供了庞大的空间。要充分利用大运河文化资源和乡村历史风貌特色，深入研究保护乡村风貌、传承乡村文明、引导乡村发展的思路和措施，打造大运河山东段具有运河风韵、环境优良、风景秀丽、乡风文明、生活富足、服务设施齐全的乡村振兴“山东样本”。

（二）大运河山东段文化遗产保护传承利用的战略举措

保护传承利用大运河山东段文化遗产，是一项战略性的任务，是一项涉及全局性的工作。沿河省市县区各级必须提高认识，统一思想，坚持以科学先进的理念作指导，搞好顶层设计，制定整体规划，采取强有力的措施加以推进。从我省整体布局来看，应着重加快推进实施“五大工程”。

1. 加快推进实施大运河山东段文化遗产保护展示工程

文化遗产是文明的载体，是宝贵的资源，也是不可再生的财富。要教育引领各级坚决克服“保护遗产，影响发展”的错误思想，牢固树立“敬畏遗产，保护优先”以及“保护遗产，促进发展”的观念，全面贯彻文物保护和非物质文化遗产保护“两个方针”，全面落实《山东省大运河遗产保护管理办法》，全面实施大运河山东段文化遗产保护展示工程，切实保护好大运河山东段的原始风貌和文化特色。

一是加强物质文化遗产保护展示。对大运河山东段已经列入世界文化遗产名录的 8 段河道、12 处水工设施、1 处管理设施和 2 处相关遗产，必须按照

《世界遗产公约》和全国重点文物保护单位的规范要求，真实完整地保护起来。对其他未列入《世界遗产名录》的遗产点、段和相关遗产，要参照《世界遗产公约》和全国重点文物保护单位的规范要求进行科学的有效保护，不留死角，实现文化遗产保护的“全覆盖”。严格规定县级以上文物保护单位都要有保护范围、有标志说明、有记录档案，有专门机构或者指定专人负责管理。在划定的大运河保护区内，严格落实古河道不移、古工程不弃、古建筑不拆、古牌坊不搬、古街（区）名不变、古（老）字号不失、古树不挪、古碑不毁的保护思想，维护历史风貌的真实性、完整性。对遗址遗迹保存相对完好但周边历史风貌遭到破坏的，要积极稳妥地推动周边历史风貌修复工作。建设和完善台儿庄迦运河博物馆、济宁南旺大运河科技馆、聊城大运河文化博物馆等项目。提高大运河山东段文化遗产的展示规模和展览水平。鼓励各乡镇、街道、园区以及社会团体、企业、个人创办具有行业特征和地方特色的专题博物馆、展览馆，不断提高大运河文化遗产的展示规模和展览水平。加大文物执法力度，严厉查处盗掘地下文物和破坏、损害不可移动文物本体及其环境风貌的行为，坚决制止在文物保护单位保护范围和建设控制地带内的违法建设。

二是加强非物质文化遗产的保护传承。对大运河山东段现存的非物质文化遗产，要进一步充实、完善和掌握各项目档案资料，建立非物质文化遗产档案资料库和电子数据库。对已被列为各级非物质文化遗产名录的项目，相关保护单位要制定科学的保护规划，明确保护责任主体，落实保护经费。对濒危的非物质文化遗产项目实施抢救性保护，对具有一定市场前景的非物质文化遗产项目实施生产性保护。实施非遗传承人群研修培训计划，扩大传承人群，提高传承实践能力。健全完善各级非遗综合展示中心，充分利用文字、图片、音像、实物等形式集中展示各类优秀非物质文化遗产及其保护传承成果。进一步发掘和保护大运河山东段的传统庙会，增强其物资交流、文化交流和非物质文化传承的功能，塑造“山东运河大庙会”的民俗形象。

2. 加快推进实施大运河山东段文化遗产连通工程

针对大运河山东段河道不贯通、遗产“碎片化”、遗产保护困难的现状，当前急需解决“通路”“通水”“通航”问题，使这条千年形成的运河遗产带连通起来，成为名副其实的“文化带”。

一是解决通路问题。在加快推进大运河山东段流域范围内国道、省道、县乡公路等路网建设的基础上，规划实施“大运河遗产小道”（简称“大河小道”）建设。大河小道定位在大运河遗产本体范围内，基本遵循历史路线，连通运河沿线各遗产节点，让人们在步行和骑行中感知大运河山东段的悠久历史和独特魅力。这条小道自鲁南台儿庄，沿途经过韩庄、微山、济宁、梁山、东平、张秋、聊城、临清、四女寺等城镇，直到鲁北的德州。大河小道建设，不仅有利于遗产保护和展示，同时有利于游览、健身、休闲、绿化，因此能够创造出大运河文化遗产保护的“山东样板”。大河小道建成后，将是世界上最长的文化遗产小道，属于国际上流行的历史文化小道范畴。在大河小道建设过程中，还要综合考虑小道标志系统、支援系统、解说系统等相关构成，使之通行、游览、服务等功能更加完备。

二是解决通水问题。让“半身不遂”的大运河山东段贯通起来，流动起来，是对运河遗产最好的保护。制约大运河山东段“通水通航”的原因有水源问题、穿黄问题、投入问题等，但根本在于对通水作用及水运地位的认识，关键在于顶层设计决策者的决心和信心。在“通水通航”尚未正式列入国家规划范畴的前提下，山东应超前一步，敢为人先，动员支持沿运5市18县区（核心区）整修淤塞河段，按照三级航道的标准加以疏浚改造，并采取适当留住降水（洪水资源化）、多方疏通内水（河网建设）、必要时借助黄河水源的办法，优先解决黄河北段通水问题和生态环保问题，为下一步大运河全线“通水通航”创造条件。

三是解决通航问题。根据中国大运河发展规律，大运河“主航道越短越好，支线越多越好”。主航道越短经济效益越高，支线越多社会效益越大。以李殿魁同志为代表的专家学者经过多年研究论证，认为“南四湖的水自流梁山港，从梁山县城北国那里、路那里开通京杭运河穿黄隧道，选定经过台前县夹河乡通往张秋至临清的主航道，从而形成济宁至临清的最短主航线”。从历史上看，京杭大运河通航的关键在山东。明初1411年建成戴村坝·南旺闸，实现以汶（河）济运（河），建成京杭运河，是发挥山东大汶河的优势；明末1604年建成韩庄运河，实现以湖（微山湖）济运，发展京杭运河，是发挥山东泗水、微山湖的优势；今日开通京杭运河穿黄隧道、实现黄运立交、鲁水济运，恢复京杭运河航运，是发挥南四湖南北分流、以北为主的优势。山东省应积极主动与交通运输部、水利部、黄委会协调，并与济宁、聊城一起调研论证提出切实可行的建议案，使上下认识到加快大运河山东段通水通航，不仅有着可观的经济效益，更有着对鲁北和华北地区水生态修复、水环境营造、水资源配置的生态效益，还有着对大运河遗产保护、流动文化传承的文化效益，以及对雄安新区建设和京津冀协同发展的社会效益，努力将这一举多得的大事、好事、实事，办好、办实、办妥。

3. 加快推进实施大运河山东段城乡风貌抢救修复工程

大运河山东段漕运的发展，催生了许多历史文化名城、名镇、名村、名商埠、名街区、名码头，促进了运河沿线城镇乡村发展和商贸文化繁荣。它们就像珍珠一样，镶嵌在大运河文化带上。在历史发展的长河中，由于运河断流停航、自然灾害、战乱和人为破坏，一些古老的城镇乡村大都失去了原有的风貌。因此，大运河山东段流域范围内在实施新型城镇化建设和乡村振兴战略中，要积极开展城乡风貌特色的抢救修复工程，使具有齐鲁风情特色的“运河之都”“运河之城”“运河之镇”“运河之村”“运河之街区”再现昔日风采。

一是抢救修复“运河之都”风貌。中国大运河是动态发展的人工河流，是流动的文化。隋唐大运河的中心在洛阳，宋代大运河的中心在汴梁（今开封），到了元明清时期，大运河的政治、经济、军事、文化中心则变迁到了山东的济宁。中心所在之处，便可称为“运河之都”。“运河之都”济宁的历史风貌特色是非常鲜明的。政治上，朝廷关注，重臣驻节，百官聚集，千军防守，有“七十二衙门”之说。商贸上，济宁“因河兴商”，运河两岸店铺林立，州城内外商贾云集，通衢要道百业兴盛，出现了“官舸商艅鳞集，麻拥于济城之下”的兴旺景象，加之“前街后河，家家临水”的商业特色，因此济宁有“江北小苏州”之称。针对“运河之都”的唯一性和龙头性，山东省有责任抢救和修复“运河之都”济宁的历史风貌。专家建议，除了部分修复济宁老城区历史街区和古建筑外，应抢救性建设“以明清建筑为肌体，以大运河文化为灵魂”的济州古城，使之成为大运河文化传承利用的典范。

二是抢救修复城乡历史聚落风貌。结合实施新型城镇化和乡村振兴战略，积极开展山东“运河之城、运河之镇、运河之村、运河之街区”历史调查，研究其历史文化底蕴和风貌特征，编制以城带乡、以点带面的系列性抢救修复规划，实施抢救修复工程，全面展示大运河山东段历史居民点和古建筑群的独特魅力，打造大运河文化带实施新型城镇化建设和乡村振兴战略的“齐鲁样板”。运河之城，主要以台儿庄古城、江北水城聊城、泰安东平古州城、临清、德州等县级以上城市为代表；运河之镇，主要以台儿庄区的涧头集镇、峄城区的古邵镇、滕州市的滨湖镇、微山县的南阳镇、阳谷县的张秋镇、武城县的四女寺镇等运河古镇为代表；运河之村，数量较多，主要以运河沿线遗留下来的闸村、坝村、庙村、泉村、商埠村、军屯村、纤夫村等为代表。要科学引导运河流域县级小城镇发展，突出大运河文化的关联，合理确定城镇功能布局和空间形态，加强城镇区域内河湖水域岸线管理，促进城镇建设与运河水系相互融合，建设富有运河特色的宜居、宜商、宜游城镇。按照“产业兴旺、生态宜居、乡风文明、治理有效、生活富裕”的总要求，运用大运河所独有的地域、民族、乡土、时代、文化等特色传统元素和符号，修复和改善沿运乡村建设风貌，形成“一村一韵”“一村一景”的多元化特色。

4. 加快推进实施大运河山东段绿色生态廊道建设工程

运河之美，首在风景。要牢固树立“绿水青山就是金山银山”的发展理念，坚持以“天蓝、地绿、水清、气爽、花香、景美”为目标，努力搞好大运河山东段绿色生态廊道工程，构筑“船在水中、车在林中、人在景中”的优美意境。

一是强化生态系统的保护与修复。大运河岸线管理，可参照长江岸线管理方法，将岸线划分为保护区、保留区、控制利用区、开发利用区四类。将可能对防洪安全、河势稳定、供水安全、重要枢纽工程、生态环境、遗址文物产生重要影响的岸段划分为保护区，禁止开发。加强大运河山东段天然林资源、湖区资源、自然湿地的保护和修复，同时加强沙化土地修复和自然保护区建设。在保护区和保留区建设水资源保护带和生态隔离带，提升水源涵养和水土保持功能。加强生物多样性的维护，提升外来入侵物种防范能力。严格执行环保法和环境保护制度，建立全省运河管理与保护工作联席会议等运行机制，明确运河保护责任主体，分级推行“河长制”。在保护运河生态系统、各类文化遗产、人文景观风貌真实性、完整性的基础上，开展“扩水造绿行动”，扩大水网面积，提高绿化水平，创建森林城镇，打造美丽乡村。

二是推进绿色航运发展。水是大运河之本，水利、航运是大运河活化之基。确保大运河水环境质量达标、航道畅通、水利功能完备，是大运河山东段绿色生态廊道工程建设的重要任务。因此要加快推进绿色航运发展，实现“船闸公园化、堤岸风景化、港口花园化、船舶美观化”的改造升级目标。大力发展矿石、液化气、化学品等专业化船舶运输，推动内河船舶向大型化、专业化、节能化方向发展。采取鼓励政策积极发展绿色船舶，淘汰老旧船舶，发展江海直达型船舶，全面提升内河营运船舶的载重能力。鼓励船舶改造油气收集系统，加装尾气污染治理装备，安装生活污水收集处理装置，有效治理运河水体污染，确保“一河碧水永流”。发挥大运河枣庄段、济宁段、泰安段全省文明样板航道、全国重点航道优势，提升标准化、网络化航道建设水平，建成国内领先的内河高等级航道，打造全国内河航运主枢纽通道。

5. 加快推进实施大运河山东段经济文化融合发展工程

让大运河文化融入经济社会发展之中，是对大运河文化遗产最好的保护，也是最有效的传承利用。因此必须强化“创新发展、融合发展”理念，推动大运河山东段文化遗产与相关产业同兴共荣。

一是促进经济文化全方位融合发展。按照区域经济发展“先极化、后均衡”的规律，大运河山东段沿线要想率先打造增长极和隆起带，就必须全方位推进经济文化融合发展。全方位融合发展的意义，从国际层面讲，顺应世界经济文化一体化发展潮流；从国家层面讲，顺应“一带一路”倡议思想；从山东内部看，顺应山东省已经出台的“一圈一带”发展规划和即将出台的大运河文化带建设规划。在大运河沿线的发展实践中，要自觉地用好大运河文化遗产，借鉴古人的智慧，创造新的财富。如果把大运河文化融入企业中，那么企业文化就有了新的内涵；融入产品中，那么产品就会升值；融入农业中，那么现代农业就有了新的内容；融入城市中，那么城市建设就有了灵魂；融入服务中，那么服务就会提升质量；融入家庭中，那么就会打造出更多的“书香之家”和文明家庭。因此要探索和推进“文化 + 科技”“文化 + 金融”“文化 + 企业”“文化 + 现代农业”“文化 + 城建”“文化 + 服务”等融合模式，发挥文化在相关产业中的灵魂作用和引领作用。

二是突出文化旅游融合发展。文化与旅游率先融合，先行先试，周期最短，见效最快。因此，要依托丰富宝贵的大运河文化遗产，统筹推进旅游景区建设、旅游产品开发和旅游品牌打造，搭建起集遗产旅游、生态旅游、红色旅游、休闲养生等为一体的大运河山东段旅游带。强化“鲁风运河”品牌联盟建设，构建“鲁风运河”整体旅游品牌形象，打造世界级旅游产品。整合大运河文化、儒家文化、泰山文化、水浒文化、台儿庄大战文化等，开发大运河山东段“世遗大观”旅游产品，形成特色鲜明的“鲁风运河”旅游带。在“寻梦的地方”台儿庄，规划建设“中华运河梦园”，提升其对外辐射能力。依托运河沿线水工设施遗存，发展运河水利科技成就观光与研学游，同时在济宁南旺建设和完善“中国大运河科技馆”。研究开发台儿庄运河支队抗战、枣庄铁道游击队抗战、微山微湖大队抗战、济宁抗日游击总队抗战、东平万里抗战、聊城范筑先抗战、临清张自忠抗战、德州齐禹抗战等红色资源，打造大运河山东段红色精品旅游线。合理利用大运河山东段重要工业遗产，通过厂矿遗址保护、建设专题博物馆等方式，展示工业遗存蕴含的丰富文化内涵。抢救挖掘传统农事活动和婚丧嫁娶、时令节庆、地方戏曲、传统工艺等民俗风情，建设一批特色鲜明的民俗博物馆、收藏馆和展览馆。在保护传承“山东运河大庙会”的基础上，策划开展台儿庄渔灯节、微山湖荷花节、菏泽牡丹节等民俗节庆活动，丰富大运河山东段文化内涵。

五 大运河山东段文化遗产保护传承利用的保障机制

中国大运河是中华文明的重要标志，建设大运河文化带是千年大计和艰巨复杂的系统工程。山东段是贯通南北、承上启下的重要河段，必须增强“四个意识”，站在民族文化复兴的高度，以走在前列的精神，创造性、高质量地推进大运河建设，力争成为先导段、示范段、样板段。

（一）加强组织领导

加强组织领导，是统筹搞好大运河文化遗产保护传承利用的根本保证。建议成立山东省大运河文化带建设推进工作领导小组，根据党中央、国务院的统一部署，参照江苏等省市的做法，由省委书记担任组长，省长担任第一副组长，省直有关部门和相关市的主要负责人为成员，负责研究审议全省大运河文化带建设的重大政策、体制机制创新、重大事项、重大工程建设等问题。领导小组下设办公室，具体负责协调、推进国家与省级大运河文化带建设的工作部署、督导落实。大运河山东段各市县也应建立相应组织机构，负责规划、实施本地区大运河文化带建设的推进工作。要建立完善沿大运河各市与省直有关部门的协调机制，重大政策落实以省直部门为主，重点项目和重大工程建设以所在市为主，以形成推进大运河文化遗产保护传承利用的强大合力。

要加强大运河文化保护传承利用智库建设，充分发挥山东运河经济文化研究中心、聊城大学运河学研究院、山东儒学研究中心、曲阜师大孔子文化研究院和国学院、山东师大齐鲁文化研究院等科研机构、大专院校的智库作用。沿河各市县也应建立大运河文化机构，并在大运河文化带建设领导小组下设立专家委员会。建议在“运河之都”济宁设立大运河山东段城市合作组织，并定期举办论坛，为党委、政府实施科学决策发挥参谋部、智囊团作用。

健全河长制、湖长制，完善其组织体系，明确省市县乡四级河长湖长相应职责。由各级主要领导担任辖区河道的河长、湖长，全盘统筹区域文物古迹、文化遗产的保护传承利用事务，认真听取群众意见，自觉接受群众监督，建立完善的激励机制与奖惩制度，确保体制的正常运转。成立跟踪督查小组，定期检查大运河文化遗产的现状，建立遗产保护台账，进行客观评价与评估，及时处理存在的问题与安全隐患。

（二）加快规划编制和实施

认真贯彻国家《大运河文化保护传承利用规划纲要》总体要求、空间布局和重点任务，做好与其他省市同类规划的相互衔接工作，做到“保护上联动、传承上联手、利用上联合”。

在充分普查和研究的基础上，要精心制定《大运河山东段文化传承利用总体规划》，既要与国家《规划纲要》搞好对接，又要有本区域的创新和特色；既要管当前，又要管今后和长远；既要强化本区域的“点”，又要关注左邻右舍尤其是整个文化带。

要加强对大运河各类专项规划和市县规划的指导与约束，加快完善规划体系，形成规划实施的整体合力。要同国民经济和社会发展规划、城乡建设规划、土地利用总体规划、生态环境保护规划、文物保护规划等搞好衔接，建立“多规合一”的体制机制，确保一张蓝图绘到底。

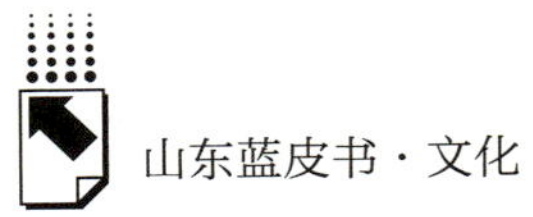

（三）健全法制保障体系

严格落实《世界遗产公约》《中华人民共和国文物保护法》《中华人民共和国非物质文化遗产保护法》《山东省大运河文化遗产保护管理办法》等现有法律法规，使大运河山东段文化保护有法可依、有法必依、执法必严、违法必究。要积极推动国家层面修订《大运河遗产保护管理办法》，制定和实施《山东省大运河保护条例》，使大运河保护立法工作更加规范、更具约束力。要整合各类执法资源，强化执法队伍建设，依法查处各类违法事件，实施沿大运河建设项目管理，落实建设项目遗产影响评估和遗产监察巡视制度。大运河沿线各市要制定加强大运河文化遗产保护的地方性法规和实施细则，加快形成完善的大运河文化遗产保护传承利用法律法规体系，从法规层面实现部门之间、地区之间的充分协调，做到法治保障和规划引导管控双向发力，确保高标准、高质量建设好大运河山东段文化带。建立健全相应的知识产权制度和一些强制性保护措施，明确文化遗产项目的知识产权主体、客体及其内容，确立文化遗产项目的使用许可制度。

（四）深化重点领域改革

进一步深化涉水事务管理改革，构建与大运河山东段保护传承利用相适应的一体化管理机制。用改革创新的办法，通过新体制、新举措，形成科学、系统、完善的大运河文化带建设新模式。坚持搞好顶层设计，探索建立统一事权、分级管理体制。开展流域生态保护补偿试点，推进水权、碳排放权、排污权交易，推行环境污染第三方治理，建立起科学有效的生态补偿机制。建立健全政府、企业、社会组织和公众共同参与大运河保护管理的长效机制。加快大运河山东段文化遗产基础数据库建设，构建大运河文化遗产保护、利用数字化管理、监测信息资源云平台，使数字资源转变为现实生产力，真正服务于大运河山东段文化遗产的保护传承利用。

（五）强化人才队伍支撑

大力推动大运河山东段遗产保护、生态修复、旅游发展、文化创意等急需人才队伍建设。积极整合高等院校、研究机构、学术团体的专业人员、专家学者和企业家队伍等资源、汇集遗产保护、非物质遗产传承专业人才，建立运河山东段研究联盟，组建研究中心，建立文化专家咨询机制和评审、监督制度。建立大运河山东段非物质遗产基金会，推进多种形式的教育合作，开展联合办学，打造一批开放共享的专业技术人才培养基地，培植非遗传承人。通过合作办学，开设专门学科，利用新一代信息技术展示、标志性工程设计等，培养文化创意人才。

（六）加大资金投入力度

建设大运河文化带，搞好大运河文化保护传承利用是一项浩大的系统工程，需要投入大量的人力、财力、物力。而山东省大运河沿线市县区又多属欠发达地区，在资本市场和货币市场上均处于弱势，必须充分利用计划、投资、财政、信贷等多种手段加强宏观调控，积极建立政府主导、市场运作，多元投入、共创辉煌的投融资机制。中央和省级财政除利用现有的资金渠道加大对大运河沿线文化遗产保护、生态保护、城市水利、交通等基础设施建设支持力度之外，建议设立山东省大运河文化带建设基金，重点用于大运河文化遗产普查、抢救、研究、整理，历史遗存、大运河文化堂馆、文化广场、文化长廊和标志性工程建设，民间艺术队伍、艺术活动非物质文化遗产传承和扶持等，同时要抓住国家深化供给侧结构性改革、推进新旧动能转换、大力支持文化产业和服务业发展的机遇，积极争取政策性资金扶持；还要搞好大运河文化遗产项目的对外推介，吸引各类社会资本，积极参与大运河环境友好型、文化生态型的打造和重大文化产业、旅游项目的开发，共创大运河文化新的辉煌。

B.16
关于推进大运河文化带建设的研究报告

班开庆*

摘　要： 中国大运河源远流长，大运河文化博大精深。习近平总书记站在传承中华文明、增强文化自信、提升中国文化影响力的战略高度，作出深入挖掘以大运河为核心的历史文化资源，统筹做好保护、传承、利用。建设大运河文化带，应坚持以习近平总书记治国理政新思想、新理念、新战略为指导，着眼于推进运河沿线隆起、加快实现新旧动能转换和建设经济文化强省、强国的奋斗目标，搞好顶层设计。坚持以建设大运河文化带为引领，综合推进运河水运、运河生态、运河城建、运河产业、运河旅游等全面协调可持续发展，逐步把中国大运河沿线建设成为举世著名的经济文化融合发展廊道。

关键词： 大运河　文化带　大运河文化

2017 年 7 月 27～29 日，由民进山东省委、山东运河经济文化研究中心联合举办，微山县委、县政府承办的第三届运河论坛，在京杭大运河中段的微山县举行。这次论坛的主题是：深化供给侧结构性改革与推进运河人文自然资源的保护与开发。重点是围绕京杭大运河全线复航与积极参与“一带一路”建设、运河沿线城镇化与打造古城镇建设亮点、运河沿线自然优势与特色产业培植、运河沿线人文资源与优秀传统文化弘扬、运河沿线丰富景观与

* 班开庆，山东运河经济文化研究中心首届理事长、顾问。

旅游产品开发等，进行深入研讨。民盟中央、致公党中央、交通运输部、中科院的代表，天津、江苏、浙江等兄弟省市的代表，我省有关部门、相关大专院校、交通科研单位和各市运河研究机构的专家学者，新华社《瞭望·新闻周刊》、《大众日报·农村版》、《济宁日报》等媒体记者，共60多人参加了研讨活动。时任山东省政协副主席许立全、济宁市委书记王艺华，省委原常委、省军区原政委南兵军，省政协原副主席李殿魁，微山县四大班子主要领导等出席会议，并参加了研讨活动。在与会同志的共同努力下，论坛获得了圆满成功，取得了丰硕成果。现将关于推进大运河文化带建设的研究成果，专题报告如下。

一　深刻理解习近平总书记关于大运河指示、批示的精神实质

中国大运河在2014年6月22日申遗成功，标志着我国对大运河的保护、传承与利用进入了一个新的阶段。2017年2月下旬，习近平总书记在视察京杭大运河通州段治理工程时指出："要古为今用，深入挖掘以大运河为核心的历史文化资源。保护大运河是运河沿线所有地区的共同责任，北京要积极发挥示范作用。"6月4日，习近平总书记又在中办调研室《调研要报》第48期《打造展示中华文明的金名片——关于建设大运河文化带的若干思考》一文上批示："大运河是祖先留给我们的宝贵遗产，是流动的文化，要统筹保护好、传承好、利用好。"与会专家一致认为，习近平总书记站在传承与弘扬中华文明、增强文化自信、提升中国文化影响力的战略高度，做出的重要指示、批示，高屋建瓴、内涵丰富、意义重大，必须认真学习、深刻领会、科学把握。

（一）充分认识大运河历史文化资源的重要价值

专家们认为，中国是世界四大文明古国仅存的硕果，有丰富的历史文化遗产，最著名的有两处：一是长城，二是大运河。中国大运河吸纳了吴越文化、江淮文化、荆楚文化、齐鲁文化和燕赵文化的精华，形成了丰富绚丽的水工设施、文物古迹、文学艺术、诗词碑刻、风情习俗、饮食文化等文化遗产，以其

深厚的历史文化内涵被誉为“古代文化长廊”“古代科技宝库”“名胜博物馆”“民俗陈列室”。大运河和万里长城都是中国劳动人民的伟大创造，人们把长城比作中华民族的脊梁，大运河则被比作中华民族流淌的血脉。习近平总书记讲的坚持文化自信，就是指坚持对中国优秀传统文化和中华文明的自信，我们一定要从实现中华民族伟大复兴和传承中华文明的战略高度，来认识大运河历史文化资源的重要社会地位和价值。

（二）科学把握大运河文化的故有特质

专家们认为，习近平总书记用“流动的文化”来形容大运河文化，既形象生动，又意涵深刻。所谓流动的文化，是指这种文化是“活态”的，是源远流长的，是生生不息、代代相传的。从吴王夫差开凿邗沟算起，中国大运河已经流淌了 2500 多年，它囊括了中国古代政治、经济、文化、军事、建筑、民俗、文学、科技、移民等多种文化元素，是当今世界公认的衡量文化先进性的核心标准。我们建设中国特色社会主义、实现中华民族伟大复兴，既要建设经济强国，又要建设文化强国。如果我们在祖先创造的古代文明的基础上，把中国大运河建设成为当代世界级的文化之河、经济之河、生态之河，就能更好地彰显中华文明的新魅力，成为建设经济文化强国的金名片。

（三）切实做好大运河文化“三篇”文章

专家们认为，习近平总书记视察大运河时提出“要统筹保护好、传承好、利用好”，是对大运河沿线地区的总体要求，也是我们当代人共同肩负的重要历史使命。我们要努力做好“保护好”“传承好”“利用好”三篇文章。如何保护好，就是对大运河历史留存下来的原有故道、水工设施、文物遗迹要倍加珍惜，不能人为地进行破坏和开发。认真贯彻遵守文物保护方针：“保护为主、抢救第一、合理利用、传承发展。”不仅仅对已列入“世界遗产名录”的历史文化遗存要保护、爱护，对未列入“世界遗产名录”的历史文化遗存也要认真保护。如何传承好，主要是指对大运河非物质文化遗产进行挖掘、研究、整理，运用现代科技手段和新媒体方式，把大运河文明、大运河优秀传统文化弘扬传播。让更多的人重新认识大运河，热爱大运河，激发人们的民族自豪感。如何利用好，与会专家认为，沿河各地政府及有关部门领导，应该从经济文化大繁荣大发展进行宏观布局，结合国家对大运河保护传承利用的顶层设计，根据大运河自身的文化遗产内容，打造出大运河文化的特色品牌，与当地的旅游资源结合，助推经济、文化、旅游的融合发展。

二　大运河文化的内涵和推进大运河文化带建设的思路

所谓文化，是指人类社会创造的一切物质财富和精神财富的总和，是物化产品的灵魂。文化凝结于物质之中，又游离于物质之外，二者具有镶嵌性和粘连性，经济文化化、文化经济化，是其应有之意。这次大运河论坛，围绕什么是大运河文化和怎样推进大运河文化带建设，进行了深入研讨，达成了许多重要共识。

（一）大运河文化形态和大运河文化带的概念

专家们认为，中国大运河是跨省市的、线性的、活态的、具有传承性的、由物质文化和非物质文化共同构成的文化形态。大运河文化底蕴深厚、意境独特，它历经了两千多年的历史沧桑，构筑了一条贯通南北的漕运交通道和水利枢纽工程，造就了沿河两岸一个个商贸集散地，形成了大运河特色文化系列，培育出众多中国最具发展潜力的城市群。大运河文化带，是以大运河河道及沿大运河修建的各种水利枢纽工程、交通运输设施为基础，以积累了数千年的大运河文化功能为凝聚力，以沿线各个区域为发展轴，以内外兼修、开放互通的经济社会发展为方向，构成的一种融漕运、生态、城镇、商贸、文化、旅游等为一体的带状区域文化经济系统。中国大运河既是一条廊道文化带，又是一条混合经济带。建设大运河文化带，在空间上即可同国家和区域间发展战略“互联互通”，在时间上实现历史与当下的“古今联通”，在发展内涵和结构上实现文化与经济的“融合贯通”，进而推动大运河沿线文化、生态、城建、经济、社会全面协调可持续发展和同兴共荣。

（二）大运河文化带的构建思路

专家们认为，建设大运河文化带，既是重大的文化工程，又是生态工程、精神工程、发展工程。在建设思路上，应坚持以中国特色社会主义理论、习近平总书记系列重要讲话精神和治国理政新思想、新理念、新战略为指导，按照“五位一体”总体布局和“四个全面”战略布局，牢固树立和认真落实创新、协调、绿色、开放、共享的发展理念，着眼于同“京津冀协同发展”“长江经济带”“长三角经济圈”等国家战略和“雄安新区建设规划”相衔接，同推进大运河沿线隆起、加快实现新旧动能转换、建设经济文化强省强国大思路紧密结合。在战略目标上，通过大运河文化带建设，使中国大运河成为世界遗产保护的中国样板；向世界展示中国古代与现代多元优秀的文化长廊；被世界各国人民广泛认可和喜爱的中国文化符号；中国文化强国建设的先行地带。

（三）大运河文化带建设的着力点

专家们认为，建设大运河文化带是国家战略，必须以科学先进的理念作指导，在广泛深入调研论证的基础上，实行科学分类，搞好顶层设计，制定整体规划，区别轻重缓急，积极有序地加以推进。应着重在以下几个方面下功夫。

一是加强搞好大运河水工设施修复和利用。漕运文化是中国古运河的主要功能，对于巩固中央政权、维护国家统一，发挥了至关重要的作用，同时也带来了运河沿线地区经济大发展和南北文化大交融。1855 年，由于黄河迁徙，京杭大运河被拦腰斩断，形成了以黄河为界的南北两段运河。黄河南段即济宁至杭州 1000 多千米河道，其航运功能一直保持至今，被称为“活着的运河”；黄河北段 700 余千米，其航运功能不断萎缩，最终于 20 世纪六七十年代最后一艘船从大运河消失。专家们认为，大运河的生命在于水，让半身不遂的大运河全线“活”起来，是对大运河文化遗产的最好保护。制约黄河北段复航的原因有水源问题、穿黄问题、货源问题、投入问题等，但根本在于对水运地位和作用的认识，关键在领导特别是高层领导的决心。以李殿魁同志为代表的专家学者，经过多年研究论证，认为“不是由于华北地区缺水而造成京杭运河断航，而是因为京杭运河断航造成了华北地区缺水和生态破坏”。华北特别是鲁北地区，基本上是“三年两丰水”，只要采取“降河开隧、黄运立交、湖水北流、鲁水济运”等工程措施，就可使古老的运河焕发生机。内河航运不仅可以降成本、带产业、促发展，而且可以减污染、养生态、造景观。西方发达国家现代运输体系如此完备，仍高度重视发展内河航运，就是鲜明的例证。习近平总书记多次强调指出，既要金山银山，又要绿水青山。实现京杭大运河全线复航，对于生态建设影响巨大。不要只看到大运河复航的经济效益，更要看到它对鲁北和华北地区水生态修复、水环境营造，水资源配置，对雄安新区建设和京津冀协同发展，对大运河文化的传承，对旅游资源的开发，对港航腹地经济社会进步的拉动等综合效益。在复航还没有正式列入国家议事日程的条件下，应规划鼓励沿河各地积极整修淤塞河段，最好按照三级航道的标准加以疏浚改造，采取适当留住降水（洪水资源化）、多方疏通内水（河网建设）、必要时借助黄河水源的办法，优先解决黄河北段通水问题，为下一步全线贯通复航创造条件。

二是搞好大运河古城镇保护与打造。古运河漕运的发展，催生了许多历史文化名城、名镇，促进了大运河沿线城镇发展商贸文化繁荣。由于商贾来自全国各地，他们把各种建筑艺术、风土人情、宗教信仰等带到大运河沿线，形成了融南汇北、承东纳西的各类建筑群体和古城、古镇、古村、古街巷等极为丰富的建筑景观。由于天灾、战乱和人为的破坏，一些古城镇大都失去了原有的风貌。专家们认为，目前不少地方城镇化建设要么千人一面，要么只见钢筋水泥、不见文化符号。城镇的亮点在特色、灵魂在文化、看点在景观、品味在故事。大运河沿线在实施城镇化战略中，应首先搞好城镇建设定位，深入挖掘大运河城镇文化底蕴，丰富城镇文化内涵，提高城镇文化品位。在生态层面上，应体现亲水滨水的自然风情，使人与自然得到和谐相处；在经济层面上，应具有完善的基础设施和市场系统，为新的开发提供经济便利的基础条件；在社会层面上，应成为具有活力的开放性社区，拥有丰富多彩的城市生活组织；在城镇意向上，水文化应成为识别性和认知感的重要标志。以此形成大运河沿线城镇建设亮点，来拉动整个经济社会发展。

三是努力培植壮大运河特色产业。大运河文化具有混合型特征，其形态是经济中有文化、文化中有经济。古运河沿线大都集漕运、商贸、手工业、农产品加工和农产品商品化于一体。特别是明清时期，山东德州、临清、张秋、济宁、台儿庄等地，衙署会馆、官仓商铺、驿站钞关、古街园林等鳞集云立，生意异常兴隆，并出产许多名优特产和美食名吃。如德州的“博枣”、泰安的“肥桃”、聊城的“鸭梨”；缯国（原枣庄一地）的丝绸、临清的贡宫砖、东昌府的木版年画、泥塑、葫芦雕刻；台儿庄的张家狗肉、马家牛肉，济宁的玉堂酱菜，聊城的武大郎烧饼，德州的扒鸡，微山湖的湖产品及渔家宴，等等。专家们认为，建设大运河文化带，应坚持经济文化融合发展。黄河南段尤其是具有水利和水运龙头地位的微山湖湖中河，应充分发挥港航优势，进一步完善立体交通运输体系，大力构建临港经济园区和发展壮大现代物流服务业；要加强农业产业化示范基地建设，巩固发展绿色高效规模生态农业；瞄准国内外市场前沿和优质、高效，大力推进传统产业高端化、优势产业集群化、高新产业规模化。要加大对大运河特色经济的培植力度，并注重弘扬工匠精神，打造知名品牌、开发百年老店，在大运河沿线形成经济走廊和发展高地。

四是强化大运河文化遗存和非物质遗产保护与弘扬。京杭大运河纵贯我省5个市，支线延伸到菏泽市，全长643千米，并且在山东境内跨黄河、穿“水脊”（汶上南旺），是流经区域最长、施工条件最难、科技含量最高、文化资源最丰厚的河段。山东被列入《世界遗产名录》的有8段河道、15处水工设施和辅助建筑及衍生工程，总面积16603公顷，缓冲区面积2950公顷。德州被称为“九达天衢、神京门户”，当年仓储物流业十分发达；临清是重要的钞关，有“天下第一码头”和“小天津”之称，谓之“南有苏杭、北有临张”；汶上南旺是京杭大运河的“制高点”，白英治水的戴村坝、南旺分水枢纽工程被誉为“江北的都江堰”；元、明、清三个朝代“运河总督河院署”均设在济宁，被誉为“运河之都”“江北小苏州”；微山湖南阳古镇是京杭大运河沿线四大古镇之一和乾隆下江南的下榻之处，被称为“湖上明珠”；台儿庄闸坝林立，“入夜一河水火，歌声十里，夜不罢市”，被誉为“天下第一庄”。由于京杭大运河山东段地处特殊区位，它把佛家的慈悲为怀、济世救民思想，道家追求人与自然和谐一体的哲学思维，儒家倡导德治仁政的治国理念，法家主张精赏正罚的管理方略，兵家知彼知己的行为科学，墨家兼爱交利的科学精神，鲁班精益求精的工匠艺术等兼容并蓄，形成了以诚信、仁义、包容、开放的文化特质和顺应自然、改造自然、勇于担当、鼎力治水的革新精神。专家们建议，要组织专业队伍和社会力量，深入搞好大运河文化遗存和两岸文物古迹的普查、登记和分级挂牌保护，分期分批加以修复完善，同时加强运河堂馆、运河广场、运河园区、运河长廊、运河品牌和运河标志性工程建设；支持大运河沿线和相关大专院校建立运河学会、协会、研究会等相关组织，支持相关部门、社会团体、新闻单位和各界人士，深入挖掘运河名人逸事、民间故事、传统工艺等非物质文化遗产，并做好编纂、出版、发行工作；支持运河沿线定期举办一些以弘扬大运河文化、传播当地风情和群众喜闻乐见的论坛、节庆、庙会等活动，以促进当地经济大发展、文化大繁荣。

五是逐步做大做强大运河旅游产业。大运河既是一条运输线、生态线，又是一条风景线、旅游线。随着经济社会发展，人们对休闲度假、观光旅游的愿望日益增长，大运河沿线有着丰富的人文自然景观和众多的名胜古迹，是满足人们精神文化需求的好去处。山东省大运河沿线现有古遗址 190 多处，古建筑 16 处，古墓葬 10 处，国家级历史文化名城 3 座，省级历史文化名城 2 座，国家重点文物保护单位 11 处，省级重点文物保护单位 1 处，国家森林公园 1 处，省级森林公园 2 处，省级自然保护区 2 处，省级风景名胜区 4 处，市县级文物更是星罗棋布，且大运河沿线民风淳朴、风景秀丽、具有众多美食名吃。专家们认为，应加强大运河文化带与旅游产业的整合，文物保护与古城镇街区修复的整合，水环境治理与大运河产业的整合，大运河故道与美丽乡村游的整合，促进文化扶贫和文化、旅游、生态、度假产业的全面振兴。省政府办公厅今年初印发的《关于加快推进十大文化旅游目的地品牌建设实施方案》，把“鲁风运河”旅游品牌纳入其中，是一项重大举措。建议加强旅游联盟线路建设，突出大运河“慢节奏”、休闲性、体验性旅游品质，使大运河沿线逐步成为领略大运河风情、接受传统教育、增强文化自信的重要旅游目的地和国际知名品牌。

近几年，民进山东省委经过广泛深入调查研究，提出了坚持“五个运河一张图”（文化运河、水利运河、生态运河、交通运河、经济运河一张规划图），推进大运河文化、水利、生态、商贸、旅游一体化发展的重要提案，引起了省委、省政府的重视。在该次研讨会上，中国科学院的专家提出，应以流域一体化和航运一体化为主导，积极构建一河四群、水轴连群的“串珠状”城镇体系。省政协副主席许立全同志在出席该次运河论坛并在讲话时指出，习近平总书记对深入挖掘大运河历史文化资源，推进大运河文化带建设，统筹做好“保护、传承和利用”的文章高度重视。刚刚闭幕的山东省第十一次党代会，坚持走在前列的目标定位，绘制了加快新旧动能转换和加快建设经济文化强省的宏伟愿景，刘家义书记在报告中对加强大运河资源的保护传承和利用提出了明确要求。目前山东省沿河地区经济社会发展仍相对滞后，西部地区是中华文明的重要发祥地之一和是齐鲁文化的核心发源地，建设大运河文化带为西部隆起带来了重大机遇。我们要善于用联系的观点、发展的观点、辩证的观点来观察分析问题，正确认识和处理局部与全局、当前与长远、目前可操作与未来可实施的关系，坚持以大运河文化带建设为统领，积极搭建多层次、宽领域、广覆盖的融和发展平台，带动大运河水网、大运河生态、大运河交通、大运河经济、大运河旅游等相关产业发展，就可为加快实现山东省由大到强的战略性转变作出重大贡献。

三　推进大运河文化带建设的保障措施

根据习近平总书记关于深入挖掘大运河历史文化资源和做好保护、传承、利用“三篇”文章的重要指示和批示精神，大运河沿线行动迅速，北京、河北、山东、江苏、浙江等省市党政主要领导，都亲自调研、亲自动员、亲自部署，为大运河沿线加快发展迎来了重大机遇。围绕推进大运河文化带建设的保障措施，专家们进行了深入研讨，提出了许多重要意见和建议。

（一）加强统一领导，建立协调机制

专家们认为，建设大运河文化带是一项跨省市、跨区域、跨流域、跨部门的巨系统工程，中央必须加强统一领导，同时应要求沿河各省市左右衔接、上下联动。省级是一个相对独立的建设区域，也应自成体系，加快推进。建议各级党委、政府都应从增强文化自信、造福沿河人民、实现中华民族伟大复兴的战略高度，把弘扬大运河文化、建设大运河文化带列入重要议事日程，建立定期会商、协调、合作机制，形成党委统一领导、党政群协同推进、有关部门各负其责、全社会共同参与的建设格局。鉴于大运河文化带的构建涉及许多历史、科技、文学等领域，建议大运河沿线各级政府都应设立专家咨询委员会或专家咨询组及专门研究机构，为党委、政府实施科学决策发挥参谋部、智囊团作用。

（二）制定建设规划，搞好分步实施

专家们认为，建设大运河文化带，涉及大运河文化及大运河文化带的定义、内涵和外延；涉及保护的点段、保护的区域、保护的标准；涉及传承的内容、传承的途径、传承的要求；涉及利用的范围、利用的方式、利用的限度；

还涉及与国家相关战略相衔接，等等。国家应组织有关部门和专家学者在广泛调查、深入研讨论证的基础上，坚持“全球视野、中国高度、本土特色”，搞好顶层设计，制定建设纲要和专项规划，做出包括立法在内的制度性安排，以防止低标准、浅层次、无序盲目建设。省级也应突出区域特色，体现整体性、差异性、关联性、协同性要求，把目标定位、建设思路、工作重点、重大项目、推进措施等加以规范，立足当前、着眼长远，组织好分步实施。山东历史上就是京杭大运河的著名河段，鉴于国家将要制定大运河文化带建设规划，山东省应超前思考、深入调研、筛选重大项目，争取列入国家盘子，力争把山东建设成典型河段。山东省如能制定关于建设“运河经济文化示范区”综合规划更好，否则也可制定关于京杭大运河山东段文化带建设专项规划。

（三）完善扶持政策，落实保障措施

专家们认为，推进大运河文化带建设，无论是硬件、软件都需要加大投入。应建立政府主导、市场运作、多元投入、再创辉煌的共建机制。建议设立国家和省级大运河保护开发基金，各级政府每年都应安排一定数额的经费，重点用于大运河文化资源的普查、抢救、研究、整理，历史遗存、文物古迹的修复维护，古城镇打造，大运河文化堂馆、文化广场、文化长廊和标志性工程建设，民间艺术队伍、艺术活动的扶持，等等；同时要紧抓国家产业调整，大力发展文化产业和服务业的历史机遇，围绕大运河文化带建设，积极争取政策性资金扶持；还要搞好大运河文化遗产项目的对外推介，吸引各类社会资本，积极参与大运河环境友好型、文化生态型的打造和重大文化产业、旅游项目的开发。通过全国上下和大运河沿线地区持之以恒的共同努力，逐步把中国大运河沿线建设成为举世闻名的经济文化融合发展廊道。

B.17
大运河山东段非物质文化遗产的保护、传承与利用研究*

胡梦飞**

摘　要： 大运河山东段文化遗产资源极为丰富，保留了大量物质和非物质文化遗产。大运河山东段非物质文化遗产涉及的内容极为广泛，与大运河相关的民俗、技艺、戏曲、音乐、舞蹈、民间文学等均属于大运河非物质文化遗产的范畴。近年来，大运河山东段非物质文化遗产保护工作取得了显著成效，但仍存在一些问题和不足。针对这一情况，相关部门应加大宣传力度，增强保护意识，在完善保护机制的同时，切实保护大运河生态环境。在加强统筹协调、避免重复建设的前提下，采用民俗博物馆、城市RBD、舞台展演、主题公园等模式传播非物质文化遗产项目，活跃群众文化生活，共享文化发展成果。

关键词： 大运河山东段　非物质文化遗产　大运河文化

京杭大运河作为经济和交通大动脉，在促进沿线区域经济社会发展方面发挥了难以估量的历史作用。“在运河的开凿、使用过程中形成的绚丽多彩的大运河文化，包括曲艺、舞蹈、戏剧、文学、民间艺术等相当多的人类口述和非物质遗产，构成了大运河的非物质文化遗产的重要内容。”① 2014 年 6 月，中

---

* 本文为山东省艺术科学重点课题“山东运河非物质文化遗产保护与传承研究”（QN201906104）阶段性成果。

** 胡梦飞，聊城大学运河学研究院讲师，历史学博士。

① 单霁翔：《大运河遗产保护》，天津大学出版社，2013。

国大运河成功申遗，就此拉开了后申遗时代的序幕。本文在对大运河山东段文化遗产的内涵和价值进行分析的同时，重在探讨其保护、传承和利用举措，以求为相关部门的决策提供参考和借鉴。

一 大运河非物质文化遗产的内涵和价值

大运河山东段沿岸劳动人民在长期生产生活实践中所创造的丰富多彩的非物质文化遗产，是具有重要价值的珍贵文化资源。大运河非物质文化遗产涉及的内容极为广泛，与大运河相关的民俗、技艺、戏曲、音乐、舞蹈、民间文学等均属于大运河非物质文化遗产的范畴。

人们在开凿运河、创造历史的同时，也创造着历史的人和事，并萌生、发展、积淀成大运河的民俗文化。民俗生活是一个历史的范畴，一个发展的概念。“运河民俗，就是在运河开凿、经营的长期历史过程中逐渐形成的，是沿运民众自然、社会、精神等层面，自觉或不自觉遵循和认同的、重复进行的生活方式。”① 从内容上看，主要包括生产习俗、生活习俗、商贸习俗、宗教信仰习俗、民间游艺习俗、民间禁忌习俗六大类。“运河民俗涵盖生产生活的方方面面，而最具有典型意义的，则是商业、手工业的习俗，这也是运河民俗文化中的精华所在。”② 商业民俗包括有经营贸易、行栈店铺、招幌广告、店规禁忌、行业暗语、商会行帮以及会馆公所等习俗，每一方面都有着十分丰富的内容。此外，大运河民俗还包括运河沿岸所独有的社会组织形式、人生礼仪、岁时礼仪、游艺活动、信仰禁忌等。除大运河民俗外，众多与大运河相关的传统技艺、戏剧、音乐、舞蹈、技艺等也属于大运河非物质文化遗产的范畴。这些非物质文化遗产凝结着大运河沿岸劳动人民的勤劳和智慧，从中我们可以看到当时人们的生存状态和生活方式、生活习俗以及他们所蕴含的思想感情、思维方式、价值取向和艺术品质。

传统技艺指历史上传承下来的手工业技术与工艺。传统技艺与人们的衣食住行用等日常生活和社会生产密切相关，既具有现实的使用价值、经济价值，

① 刘玉平、贾传宇、高建军编著《中国运河之都》，中国文史出版社，2003。
② 刘玉平、高建军主编《运河文化与济宁》下册，中国社会出版社，2012。

又具有很高的审美艺术价值和人文价值、历史价值。传统手工艺是以手工劳动为基础的技艺表现形式。“每一件手工艺制品都是一次独立的技艺创造过程，这是传统技艺有别于大机器工业化生产的最独特、最显著的特性。”① 传统技艺种类、数量繁多。大运河山东段沿岸地区具有代表性的传统技艺主要有德州扒鸡制作技艺、东昌刻版印技艺、临清贡砖烧制技艺、东昌运河毛笔制作技艺、临清“千张袄”制作技艺、临清哈达织造技艺、济宁玉堂酱菜制作技艺等。

工艺美术是指美化生活用品和生活环境的造型艺术。“它的突出特点是物质生产与美的创造相结合，以实用为主要目的，并具有审美特性。”② “工艺美术的发生、发展、制作思想、制作工艺不仅反映着与时代相对应的文化，也反映出与时代相契合的生产力的发展水平、生活方式、生产方式。”③ 大运河山东段沿岸地区代表性的传统工艺美术主要有东昌木版年画、张秋木版年画、东昌葫芦雕刻等。

“戏剧，指以语言、动作、舞蹈、音乐、木偶等形式达到叙事目的的舞台表演艺术的总称。”④ 戏剧是由演员将某个故事或情境，以对话、歌唱或动作等方式表演出来的艺术。“曲艺是中华民族各种‘说唱艺术’的统称，它是由民间口头文学和歌唱艺术经过长期发展演变形成的一种独特的艺术形式。”⑤ 大运河为戏曲的形成和发展提供了素材和土壤，促进了戏曲文化的南北交融，奠定了戏曲繁荣的物质基础。在戏曲的传播和发展过程中，大运河的作用功不可没。大运河山东段沿岸地区代表性的传统戏剧、曲艺主要有：德州木板大鼓、夏津马堤吹腔、聊城八角鼓、临清驾鼓、临清时调、山东快书、枣庄柳琴戏、鲁南花鼓、微山湖端鼓腔等。

音乐和舞蹈都是反映人类现实生活情感的一种表演艺术，二者关系极为密切，传统舞蹈中一般会伴随有音乐的演奏。音乐与舞蹈是大运河非物质文化遗产的重要组成部分，是沿岸民众审美情趣和生活方式的生动体现。历经千年、贯通南北的大运河，在促进中国古代音乐、舞蹈的繁荣兴盛，南北音乐、舞蹈

---

① 贾鸿雁、张天来编著《中华文化遗产概览》，东南大学出版社，2015。
② 刘普兰、李西琳、周莉主编《美术基础实训教程》，华中科技大学出版社，2014。
③ 杜江、业晓凯编著《合众艺术馆：艺术修养》，上海科学技术文献出版社，2016。
④ 胡春景、魏桢编著《文艺常识》（精编本），东华大学出版社，2014。
⑤ 尹利强主编《文学艺术常识》，中国广播电视出版社，2008。

文化的交流与传播方面起到了不容忽视的作用。大运河山东段沿岸地区代表性的音乐、舞蹈主要有水兽旱船、抬花杠、武城运河船工号子、运河秧歌、临清五鬼闹判、伞棒舞、渔灯秧歌、四蟹抢船、嘉祥唢呐、平阳寺火虎等。

大运河文化，既是一种社会现象，是大运河自开凿以来长期创造形成的产物；又是一种历史现象，是大运河区域社会历史的积淀物。杂技、武术作为民间技艺，其兴盛、发展与大运河有着极其密切的关系。明清以来，由于大运河漕运的发达，带动了沿线区域社会经济的发展，众多城镇、码头的兴起，为艺人的杂技表演提供了重要的活动场所。大运河便利的水路运输和保障人员、货物安全的现实需求也促进了武术的发展和传播。大运河山东段沿岸地区代表性的传统杂技与武术主要有德州安家拳、聊城杂技、临清武术、临清潭腿、任城查拳、梁山燕青拳等。

大运河文学主要包括运河诗文、传说与歌谣。民间传说是指民众口头创作和传播的描述特定历史人物或历史事件、解释某种地方风物或习俗的散文体口头叙事文学，是劳动人民集体智慧的结晶。民谣以当地的生产生活、民风民俗、重大事件、奇人奇事为创作素材，采用形象、生动、精练的民间口语，结合一定的音乐韵律，朗朗上口，易传易记，在内容和方言上具有鲜明的地方特征。大运河沿岸流传着众多的民间传说和歌谣，它们是大运河沿岸民众的集体记忆和文化宝库，生动地记录了大运河的历史变迁，形象地反映了大运河沿岸地区的生产生活和风土民情。大运河山东段沿岸代表性的民间文学主要有武城四女寺传说、武城运河民谣、夏津民歌、临清“铁窗户”的传说、聊城凤凰城的传说、张秋黑龙潭的传说、汶上白英老人的传说、南旺分水龙王庙的传说、济宁梁祝传说、枣庄鲁班传说等。

二 大运河非物质文化遗产的保护举措

近年来，在各级各部门和社会各界的共同努力下，包括非物质文化遗产在内的大运河文化遗产保护工作取得了显著成效，但仍存在一些问题。除部分已被列入各级非物质文化遗产名录外，其余均尚无适当的保护措施，面临濒危、失传的危机。全社会对非物质文化遗产的重视程度、开发和利用意识不强，导致非物质文化遗产保护和传承工作相对滞后。大运河非物质文化遗产是沿岸劳动人民创造的宝贵精神财富，同时也是重要而珍贵的文化资源，如何保护好、传承好、利用好它们是目前的当务之急。为保护和传承好大运河非物质文化遗产，我们要力求做到以下几点。

（一）增强保护意识

大运河山东段文化历史悠久、内涵丰富，但有关大运河文化遗产的保护和开发，长期以来存在重物质、轻非遗，“重开发、轻保护”的现象。面对如此宝贵的文化遗产，应该运用电视、网络、报纸等手段，加大宣传力度，增强民众保护大运河文化遗产尤其是非物质文化遗产的意识，努力让大运河非物质文化遗产的保护与传承成为广大人民群众的自觉行为。继承和发扬海纳百川、兼容交流传统大运河文化精神，创作一批有影响的、以大运河为题材的文艺作品，提高大运河沿线群众文化素质。认真策划和组织“大运河文化遗产日”等活动，普及介绍大运河文化遗产知识，展示大运河文化遗产保护成果，营造有利于大运河文化遗产保护的舆论氛围。

（二）完善保护机制

相关部门对保护非物质文化遗产重要意义的认识不深，存在重“物质”，轻“非遗”的思想，缺乏保护的紧迫感、责任感和使命感，是导致大运河非遗保护形势日益严峻的重要原因。沿运各级相关部门要结合当地实际，制定运河非物质文化遗产保护工作规划，明确保护范围、措施和目标，并认真付诸实施。要深入挖掘大运河文化内涵，充分搜集与运河相关的地方戏曲、民间传说和民俗歌谣等地方文化，并针对非物质文化遗产自身的特点，健全保护、管理和监督机制，做好运河非遗的保护和传承工作。

（三）保护运河生态环境

“非物质文化遗产尽管具有非物质形态，但其生存与发展离不开特定的文化土壤，没有生态环境就失去了非物质文化产生的源头活水。”① 大运河文化

① 周素霞、徐业龙：《后申遗时代淮安运河非物质遗产保护与利用》，《淮阴工学院学报》2015 年第 2 期。

与周围的地理环境和社会环境有着密切联系，两者相互依存，密不可分。保护大运河文化不但要保护大运河文化遗产自身，更要注意保护其周围的生态环境。要将物质遗产保护和非物质文化遗产保护结合起来，将大运河遗产中的实物以及和实物有密切关联的非遗项目和文化生态作为整体来考量，使大运河非物质文化遗产的保护与传承更为全面、直观、生动、形象。

三　运河非物质文化遗产的传承和利用

随着大运河成功申遗，有关大运河文化遗产的保护、传承和利用逐渐被提上沿运各省市的议事日程。大运河山东段非物质文化遗产的保护和传承须立足山东实际，彰显山东特色。在加强统筹协调、避免重复建设的前提下，鼓励有条件的地区建立具有地域特色的非物质文化遗产专题博物馆或非物质文化遗产综合馆等传承活动场所，采用舞台展演、主题公园等模式传播非物质文化遗产项目，活跃群众文化生活，共享文化发展成果。对于大运河非物质文化遗产的传承和利用，我们可以采取以下几种模式。

（一）民俗博物馆模式

“博物馆是人类保存记忆的重要载体，民俗类博物馆在抢救和保护非物质文化遗产中应占有一席之地。”① “民俗博物馆主要是为保护民俗文物、丰富收藏并为参观者了解民俗文化内涵而建立的，其主要功能是教育功能和传播文化功能。”② 可以尝试在相关地点建设运河文学、传统技艺、运河民俗、运河饮食、运河传统音乐等专题性博物馆，或者在综合性博物馆内设立非遗展厅，通过多种方式对其进行有效保护。

（二）城市 RBD 模式

“所谓 RBD 就是为季节性涌入城市的游客的需要，城市内集中布置饭店、

① 魏爱霖：《民俗类博物馆与非物质文化遗产展示》，《中原文物》2011 年第 4 期。

② 王红姝、佟敏：《生态旅游与生态环境保护研究》，东北林业大学出版社，2005。

娱乐业、新奇物和礼品商店的街区。”① 山东运河沿岸各地拥有众多成片的历史文化街区，聊城东昌古城、临清古街巷、济宁竹竿巷等。聊城东昌古城这些历史文化街区往往文物古迹比较集中，能较完整地反映某一历史时期传统风貌和地方、民族特色，具有较高历史文化价值。在对这些历史文化街区进行利用和开发时，我们可以尝试采用城市 RBD 模式。

（三）舞台表演模式

舞台表演是艺术实践中将作品创作与欣赏衔接的桥梁，是非物质文化从平面形态变为时空形态、从生活状态转化为艺术表演的具体过程。舞台表演的体验性、娱乐性均较强，符合游客心理偏好，具有很高的艺术价值和观赏价值。可以考虑在台儿庄古城、聊城东昌古城、临清宛园等景区中进行山东快书、戏曲演唱、杂技武术、工艺美术等文艺表演和传统技艺展示活动，以增强景区对游客的吸引力。

（四）主题公园模式

主题公园是一种以游乐为目的的模拟景观的呈现，赋予游乐以某种文化主题，为特定的文化主题营造内容和形式。文化主题公园模式富有创造性，它的兴建需要发挥文化创造力，集文化、科技等诸多吸引物，构建一个具有想象力活动空间的文化景区，增强游客旅游的文化体验和参与度。山东沿大运河沿岸各地可以努力发掘当地特色文化，建立梁祝爱情文化园、墨子科技园、水浒文化园、金瓶梅文化园等主题公园，树立精品意识，使之成为大运河文化旅游开发的典型案例。

（五）节庆活动模式

“节庆活动模式是以传统的民俗节日、民俗活动或民俗文化为主题，以举办大型节庆活动为形式而进行的一种民俗旅游开发模式。”② 大运河山东段沿岸各地节庆活动众多，可通过举办国际运河旅游节、梁祝爱情文化节、水浒武

---

① 张帆著《旅游功能区产业发展研究》，中国旅游出版社，2012。

② 何佳梅、王德刚主编《山东省文化资源旅游开发研究》，齐鲁书社，2004。

术文化节、金瓶梅文化节、微山湖渔民节、微山湖红荷节、运河庙会等节庆活动以保护和传承大运河非物质文化遗产。对于大运河沿岸的节庆活动可采用“原生境”方式进行展示，把大运河非物质文化遗产置于其孕育和衍化的原生态环境之中，尽量保持活动的“原汁原味”，游客仅作为外来的“旁观者”或“参与者”对其进行研究和欣赏。

（六）文化生态保护区模式

“文化生态保护区，是指以保护非物质文化遗产为核心，对历史文化积淀丰厚、存续状态良好，具有重要价值和鲜明特色的文化形态进行整体性保护，并经省级以上文化行政主管部门批准设立的特定区域。”[①] “设立文化生态保护区的目的是完整地保护当地非物质文化遗产及其所生存的文化生态环境。”[②] 在大运河山东段沿岸的四女寺古镇、东昌古城、临清古城、台儿庄古城、南阳古镇等地均可设立类似的文化生态保护区，用于保护和传承大运河非物质文化遗产。

四　结语

“非物质文化遗产包括了人类的情感，包含难以言传的意义和不可估量的价值，它与我们的生活和整个社会息息相关。”[③] 山东作为大运河沿岸的重要省区市，大运河文化遗产资源丰富，对大运河非物质文化遗产的开发利用，不仅是一种专门的学问或知识，还是一种新视野、新理念、新方法。要以中国大运河成功申遗为契机，打造大运河特色旅游品牌，推动大运河文化产业的繁荣与发展，让大运河文化在新时代重新焕发生机和活力，为推动地方经济建设、文化发展和社会进步做出重要贡献。

---

① 福建省政协文史和学习委员会、福建省文化厅编著《福建文化遗产保护读本：文脉流芳》，福建人民出版社，2016。

② 汪欣：《中国非物质文化遗产保护十年（2003～2013 年）》，知识产权出版社，2015。

③ 石永民：《试论对京杭大运河非物质文化遗产的保护》，《现代城市》2007 年第 3 期。

B.18
京杭大运河内河游轮“慢”游新模式探讨

侯甲彬　任威　王涛*

摘　要： 本文分析了内河游轮的国内外发展现状，并结合乘船“慢”游新模式深入探讨了京杭大运河展开内河游轮“慢”游的必要性以及优势，提出了多城联运的内河游轮“慢”游新模式开发策略——贯彻落实《京杭大运河旅游总体规划》、健全游船旅游基础设施、改善运河生态环境、深入挖掘运河历史文化内涵和加强舆论宣传等。

关键词： 内河游轮　“慢”游　京杭大运河　多城联运

内河游轮是指在内河上行驶，以旅游观光、休闲度假为目的的旅游客船。内河游轮旅游最大的特色就在于港口岸上行程的丰富性。内河游轮港口一般就是城市的最中心、最繁华处，可以更加便捷地深入接触到城市的核心文化集聚区和独特的风土人情。内河游轮公司也越来越注重开发更具特色的岸上行程供游客选择，夜晚航行，白天有充足的时间探索更多的目的地。内河游轮旅游在节约大量路程时间的同时，还能提供更多新奇的文化体验，因此是一种舒适惬意的深度游方式，在舒适的船舱内近距离欣赏内河两岸的人文建筑，还能观赏其他陆路交通较难抵达的自然风景区的原始风光。

2016 年，国内旅行社推出了欧洲内河游轮游线路，首次面向中国游客推出内河游轮包船行程，并保证行程可控、船位充足，旨在让国人享受内河游轮度假旅游。相对于在陆地上游欧洲而言，这种“躺游欧洲新方式”可谓小众

* 侯甲彬，山东交通学院讲师；任威，山东交通学院教授，山东内河航运研究中心主任；王涛，山东交通学院副教授。

且私密。乘坐内河游轮可以长驱直入欧洲腹地，沿着经典的蓝色多瑙河一路漫游，停泊在全球最具魅力的市镇旁，上岸游玩，轻松随心，并可饱览多瑙河沿岸各国的人文风情与自然美景。与传统的旅游方式相比，内河游轮深度游，既没有跟团游“一日三国走马观花”的匆忙，也解决了自由行烦琐的准备工作和语言障碍等问题，因此迅速成为中国游客欧洲游的新选择。不同于海上游轮的喧哗，内河游轮“个头小”、人员少，游客能够享受到的是一段更为精致而私密的行程。内河游轮的航线，串联着欧洲的许多著名的城市和景点，旅游线路安排可以让游客体验沿岸更多的精彩，既有古香古色的老城，也不乏小巧玲珑的村镇，早晨可能还在领略国际化大都市的风采，日暮时就已经在感受淳朴的乡村特色了。中国经济的快速发展，使得世界各游轮公司蜂拥而至，渴望能分游轮旅游市场的一杯羹，海上游轮旅游如此，内河游轮旅游也是如此。较具代表性的是挪威的维京游轮公司（Viking Cruises），2016 年正式进入中国市场以来，持续增加投入、丰富航线内容。维京游轮发布了 2020 年欧洲内河游轮全年航线，为中国游客量身打造欧洲“内河雅奢慢旅”，专为中国市场新增 1 艘备有 87 间双人客房的河轮，总计将有 6 艘河轮专门服务中国游客，共提供 9 条航线、18 种行程、37 个目的地、178 个航次。

对于国内游客而言，游轮出行已经渐入人心，高品质的“慢”游也成为休闲新风尚。作为我国水运的主通道之一的京杭运河，具有厚重的历史文化，自北向南纵贯大半个中国，如一条丝带，串起沿岸的名山大川、古镇园林，是我国不可多得的带状旅游资源聚集区。京杭大运河申报世界文化遗产成功后，沿河两岸的旅游开发更是如火如荼，出现了更多具有地方特色的新景点，古老的运河呈现新时代的风采。“慢”游运河，细品沿岸风光，这种高品质的旅游需求逐渐凸显。

一　国内外内河游轮发展概述

（一）国外内河游轮发展现状

1. 欧洲内河游轮发展现状

欧洲西部河流多、运河多，由于自然条件和社会经济发展等原因，构成发达的内河运输网。因此，欧洲的内河游轮起步很早，数百年前，内河游轮就已成为欧洲皇室贵族挚爱的出游方式。随着时代的发展，这种优雅舒适与旅行探索相结合的方式，逐渐进入寻常百姓家。如英国的内河游轮，可以追溯到1943 年成立的北切尔西游艇俱乐部。以英国温德米尔湖游轮为例，目前共拥有 16 艘游轮，全年游客量超过 160 万人次。

法国运河旅游为游客提供多种层次的选择，既有普通的运河驳船旅馆，仅可载乘几名游客；也有高端的大型豪华游船，能提供几十甚至上百间客房。以“12 日莱茵河时尚之旅”线路为例，包括法国、卢森堡、德国、意大利 4 国 10城。时尚之旅，购物、品酒、咖啡……既可入住巴黎和米兰五星级酒店，也可体验游轮移动酒店的自由，在繁华都市与湖光山色间自由切换。

2. 美洲内河游轮发展现状

密西西比河位于北美洲中南部，其长度仅次于非洲的尼罗河、南美洲的亚马孙河和中国的长江，是整个北美大陆的第一长河。密西西比河是美国的母亲河。著名作家马克·吐温就在密西西比河边长大，在他笔下，这条河流“年轻而有朝气，清秀而优雅”，河畔田园牧歌式的生活是他的心之所向。马克·吐温生活的年代，正是水轮船最辉煌的岁月，如今这样的轮船虽已退出人们的视野，但 American Cruise Line，American Queen Steamboat Company 等公司的内河游轮却保留了类似的红色大桨，成为密西西比河上独特的风景。密西西比河内河游轮旅行通常分为三段：上游、中游、下游。上游为圣保罗与圣路易斯之间，是密西西比河风景最美的航段；中游为孟菲斯至圣路易斯，停留港口较少，航次也不多；下游为新奥尔良至孟菲斯，途经橡树庄园、诺托韦种植园等地，也是较热门的选择。每个航段的航行大约 1 周，也可以选择用 3 周时间完成一趟完整的密西西比河旅行。

3. 东南亚的内河游轮发展现状

以缅甸伊洛瓦底江内河游轮之旅为例，从蒲甘漫游到曼德勒，享受号称“五星的住宿条件，贵族的待遇”，可以一路欣赏两岸风光。8 ~ 13 天的内河之旅，除了当地渔民的捕鱼小舟外，几乎没有商业船只。行程以蒲甘的金色寺庙群为核心，使游客充分领略孤绝世外的僧院和古堡，“手指之处，皆为佛塔”，这是对蒲甘最恰当的描述，现存的 2000 多座佛塔遗迹规模宏大、鳞次栉比，展现着宗教的庄严与历史的恢宏。日出或日落时分，天边的红霞、成群的佛塔与滚滚的江水融为一体。途中也可以上岸欣赏村镇风景，感受民风民俗，品尝当地的特色美食；乌本桥边看日落则是结束一天行程的完美去处。游轮上设施齐全，装修精致，甚至还在甲板上设有游泳池，令游客真正闲下来、慢下来。

（二）我国内河游轮发展现状

我国现代内河游轮起步较晚，其“发源之处”和“繁荣之地”都是长江水道。1978 年，美国林德布瑞特旅行社包租“昆仑号”游轮，率先开辟了长江游船旅游业务。随后，内河游轮开始快速发展，几年后，“长江三峡游轮”应运而生，其代表船“神女号”已经初具现代游轮的设计理念，按酒店特点配置设施设备。

1983 年，武汉“扬子江旅游船”出现，标志着中国内河游轮发展进入多元化的格局。20 世纪 90 年代中后期到 21 世纪初期，中国人口老龄化趋势日显，老年人休闲游发展迅速，“夕阳红”群体与游轮旅游几乎实现了无缝对接。尽管在这个过程中出现了一些问题，整个游轮市场却得到了持续的发展。2009 年前后，内河游轮终于迎来了一次发展高潮，大集团、大线路、大系列、大团队都呈规模出现或整合。

内河游轮作为水上旅游的重要载体在国际上发展已十分成熟，能够直接带动沿岸各城市间互动合作，联合推动著名旅游目的地的形成。其独特优势首先在于具备明显的低碳特征，资源消耗少、环境污染小，符合生态文明建设总体要求；其次，游轮旅游业集中度较高，集行、游、食、住、购、娱于一体，覆盖社会消费各个方面，是拉动内需的先导产业；再次，游轮旅游产业具有较强的集聚效应，能够有效地带动人口的流动和区域性交流，实现旅游产业链互动和城市间的板块互动。这也是长江内河游轮蓬勃发展的根本原因。

截至目前，长江流域豪华游轮（四星级以上）总计 40 余艘，综合运力约 14000 个客位，总接待能力约 70 万人次/年。具有代表性的沿江航运旅游公司及船舶情况见表 1。

表1　长江游轮公司及船舶统计

序号	航运公司	船舶数(艘)
1	长江黄金游轮	7
2	东江实业	7
3	冠达游轮	7
4	大美长江三峡	2
5	长江海外游轮	5
6	东方皇家	1
7	扬子江游船	5
总计	7家	34

数据来源：王金凤：《三峡游轮旅游产品结构及优化研究》，云南大学硕士学位论文，2017。

在看到长江游轮繁荣的同时，还需要理性地分析，最典型的问题是运力分布不均和区域性运力过剩。如上述的船舶运力，90%以上都集中在“宜昌—重庆”段660千米航线上，其中最为拥挤的是三峡库区的180千米航段。尤其是2012年以后，新船的陆续下水，船舶数量、尺度都有所提升，长江上游的豪华游轮运力明显过剩。企业方面需要通过进一步向全球推介长江黄金水道以增加游客量、调整运力布局等方式，消化多余的运力。如近年来增加长江下游的精品旅游航线，增加重庆至武汉（5～6天）、上海（9～10天）等复合中长线路等。

（三）京杭运河内河游轮发展现状

目前，京杭大运河跨城市旅游，仅有苏州至杭州班轮，当日17：30开船，次日6：00左右到达对方城市，沿京杭古运河航行，航程大约150.2千米，时间约为14小时。船上设有四星和三星标间（双人或4人间），房间内有电视、中央空调等设施，船上提供餐饮服务。

山东、江苏、浙江等运河段，部分城市根据当地旅游发展需要，也有旅游船在运河上航行，但受政策等原因影响，船只较小、航线较短。

二　京杭大运河发展内河游轮的优势

（一）京杭大运河是“活”着的博物馆

京杭大运河始建于春秋时期，是世界上里程最长、工程最大的人工河，也是最古老的运河之一，并且使用至今。大运河纵贯我国南北6省市，连通海河、黄河、淮河、长江、钱塘江五大水系，全程可分为通惠河、北运河、南运河、鲁运河、中运河、里运河、江南运河七段运河，全长约1797千米。大运河在我国历史发展过程中，一直充当着南北经济、文化和社会交流纽带的重要角色。纵观历史，京杭大运河的开凿和延伸，都带动了沿河经济、文化的广泛交流，无形中形成一条繁荣的经济带和文化带。2002年，大运河被纳入了“南水北调”东线工程，成为其主动脉；2014年，大运河载入世界文化遗产名录，获得全世界对大运河物质文化遗产和非物质文化遗产的认可。

关于大运河的时间和范围的划定方面，2006年5月，国务院将“京杭大运河”整体分布为第六批全国重点文物保护单位，确定大运河的时间范围为“春秋至清”，分布范围为6省市，分别是“北京市、天津市、河北省、山东省、江苏省、浙江省”。2006年12月，国家文物局将“大运河”列为《中国世界文化遗产预备名单》时，涉及8市，分别为“北京市、天津市、河北省、山东省、江苏省、安徽省、浙江省、河南省”。

关于大运河的自然环境方面，虽然大运河是人工开凿，但经过漫长的历史演变，大运河的自然环境在变化中形成相对稳定的机制，“是一个独特的、有着广泛影响的半自然的生态系统。运河廊道长期横跨南北多种不同类型的自然、半自然、人工生态系统，通过长期的能量、物质、信息的流动和循环，河域本身形成了复杂、影响广泛的生态系统，形成了自身的生态调节能力”。

关于大运河的文化遗产价值方面，运河特殊的“动态”和“活态”属性越来越被人们所认知。在世界文化遗产中，大运河的一个典型特征就是历经千年，它的基本功能仍然在持续发挥着作用，因此被称为“活态遗产”。此外，大运河更是一条活着的、流动的、发展的经济文化黄金通道。运河流域，沃野数千里，是中国最富庶的农业区之一；运河沿线，城镇密集、工业繁荣，是中国经济精华荟萃之地；运河两岸，河工号子、特色民俗、典型建筑，无不透露出运河民风务实之魂；古往今来的文艺文化作品，更为大运河文化锦上添花。京杭大运河，是真正地展现历史、当代乃至未来的“活”着的博物馆。

（二）京杭大运河是“活”的运河

京杭大运河南北跨越不同的自然区域，连通各大水系，串联各个文化和行政地区，沿线城市、村镇星罗棋布。大运河的沿线贯通，使得沿线自然、经济、文化等主体要素串联在一起，形成一个有机整体。大运河的基本分段情况如表2所示。

表2　京杭大运河的基本区分段

名称	长度	基本情况	通航情况
通惠河	82千米	昌平区到积水潭	不能通航
北运河	186千米	通州区到天津	部分季节性通航
南运河	414千米	天津到临清	部分季节性通航
鲁运河	约500千米	临清到台儿庄	部分通航
中运河	186千米	台儿庄到淮安	通航
里运河	约180千米	淮安到瓜州	通航
江南运河	约330千米	镇江到杭州	通航

目前，京杭大运河的主要通航河段是山东济宁段至浙江杭州段，这是南北货运的主要通道之一。近年来，运河的通航里程、通航等级等都有所提升。如北段通航航道延伸至山东梁山、东平，并且一直在调研运河“穿黄工程”，论证实现运河的全线通航。航道等级方面，济宁至徐州段航道已由三级升至为二级，可通航2000吨级货船。千百年来，大运河一直发挥着其基础性功能，是名副其实“活”的运河。

然而，旅游开发方面，大运河沿线地区各具特色的景区景点、传统村落、特色小镇和古城古都等构成优质独特的文旅资源，但也暴露出各自为政、分散发展的问题，无法形成大运河旅游的整体特色。《大运河文化保护传承利用规划纲要》的出台，为运河沿线旅游明确了新的方向，中长线路运河游轮已经具备了发展的天时和地利。

（三）慢旅游模式的发展

随着人民群众对休闲文化的深入理解，“慢旅游”模式越来越受到全民的青睐。慢旅游的概念，源自19世纪末意大利人发起的一场为了抵制超市和快餐文化的“慢食”运动，是“慢食”理念的延伸，提倡人们从快节奏、高效率的紧张生活中慢下来，真正去享受旅游带给人身心方面的愉悦。慢旅游的主要特点可以表现为四个方面，倡导闲庭信步、节奏舒缓的缓慢旅行，倡导低碳出行、原生态体验的绿色旅行，倡导融入生活、真实体验的深度旅行，倡导体会本真、净化心灵的精神旅行。

慢旅游的基础条件首先是旅游线路具有连续性，从时间上能满足游客休闲的需要；其次，在景点的分布上，要有区域性的差异，使游客获得更多的体验；最后，景点应有足够的文化底蕴，使游客获得精神层面上真正的感触和提升。上述条件，大运河得天独厚，兼具于一身。游客已经不满足于“点到点”的旅行模式，大运河游轮慢游已经具备人和。

三 多城联运的京杭运河内河游轮慢游模式开发策略探讨

（一）进一步贯彻落实《大运河文化保护传承利用规划纲要》

为了贯彻落实习近平总书记关于大运河的指示精神，中共中央办公厅、国务院办公厅印发了《大运河文化保护传承利用规划纲要》，为大运河沿线发展谋篇布局，大运河文化保护传承利用迎来历史最好时期。而在此之前，由山东省旅游规划设计研究院担纲设计编制的《京杭大运河旅游总体规划》，提出“一带三极六段十六节点”的区域功能布局，形成大运河旅游开发的总体合力。实际上，各界都已经形成共识，即运河旅游需要整体联动，共同发展才能获得共赢。

（二）尽早确定运河穿黄方案，使运河全线“活”起来

京杭大运河是我国“两横一纵二网”的内河航运网的重要组成部分，自北向南流经我国东部发达地区。同时千年大运河源远流长，文化积淀厚重的漕运历史以及沿岸城市的自然与人文景观，都是极其丰富而又宝贵的旅游文化资源。习近平总书记指出，大运河是祖先留给我们的宝贵遗产，是流动的文化，要统筹保护好、传承好、利用好。由此可见，保护、传承、利用好大运河文化带，

是当务之急。而首要任务，就是让千年古运河“通”开，使其能够真正地“流动”起来。京杭大运河黄河以北段恢复通航是一项牵涉面广、影响范围大的重大工程，而其中的瓶颈问题，就是运河“穿黄”方式与地点的确定。只有尽早确定运河穿黄方案并尽快将其实施，才能让古老大运河真正地“活”起来。

（三）丰富并集约运河旅游资源，使运河游轮之旅“慢”下来

京杭大运河沿线分布着众多的城镇与河港，集聚着运河独有的传统文化，时代的变迁不能淹没优秀的传统，因此，沿线城市仍然需要深入挖掘当地的运河历史文化，塑造具有地域特色的公众文化。同时，也需要注意，历史文化内涵，并非仅仅是仿造几个古建筑、建设几个公园就能实现的，而是真正对古遗迹、古建筑、民风民俗进行整理、重塑，使其成为运河特色文化景观。此外，还应注意，挖掘历史文化内涵，并非“唯古”，运河沿线也应结合地方经济发展特色，完善运河沿岸休闲设施，建设富有时代特色的新景观。历史与现代并不冲突，而是有机地融合在一起。

另外，运河沿线各地应在“旅游推广联盟”的基础上，加强运河全线合作，针对运河线路游，统一加强市场开拓、设施建设、环境维护，集约配置资源，沿线合理地布置酒店、餐饮、文化、娱乐、交通、商铺等配套设施，形成现代化带状旅游示范区。

旅游资源的丰富和集约化管理，才能使游轮具有更多的停靠点，也才能使旅行节奏“慢”下来。

（四）优化通航环境和生态环境，使运河游轮发展“快”起来

运河的利用既要传承运河的文化，也要保护运河的环境。运河的规划和使用，需要充分考虑通航的需要，合理地规划航道等级和码头设施，使其与当地的经济相适应。同时软件建设方面，也应进一步完善运河通航方面的政策和法规，鼓励运河船舶尤其是游轮的发展。

运河经济、文化发展的核心元素就是水，青山绿水是运河沿线最宝贵的财富，也是亲水活动、河上游览的基本条件。在生态文明建设的大环境下，再也不能以牺牲环境发展经济。因此，科学管理运河沿线城市的生态环境，处理好城市发展和生态环境保护之间的关系，也是运河游轮发展需要考虑的重要因素。

（五）加强旅游宣传，使运河游轮慢游品牌“响”起来

近年来，运河沿线城市针对京杭大运河旅游开展了各种宣传活动，2015年6月在欧洲开展的“美丽中国——京杭大运河”旅游宣传推广活动，更是让更多的人了解了京杭大运河。沿线城市应在此基础上，探索更多的合作方式，在国际上宣传、推介大运河。针对运河游轮慢游项目，充分吸收欧洲国家成功的经验，以专业的运营团队，构思“运河风光游”“运河历史游”“运河研学游”等不同模式的游船旅游产品，满足人们多层次的不同需要，赢得运河游船旅游持久的魅力，打造运河游轮慢游品牌，通过运河论坛、旅游官网、媒体推介等方式，使运河慢游品牌“响”起来。

游轮慢游模式在国际上已经有极为成功的经验，也越来越成为诸多出行者的选择。当前的政策和环境，使京杭大运河游轮慢游天时地利人和具备，沿线城市应抢抓这一历史机遇，学习国际上的先进经验，深入贯彻《京杭大运河旅游总体规划》，对沿线旅游共同规划、共同开发，科学合理地配置沿线游轮基础设施，深入挖掘运河历史文化积淀，丰富旅游资源，打造京杭大运河游轮“慢”游的品牌。

参考文献

［1］詹一虹、周雨城、陈瑶：《中国少数民族非物质文化遗产保护与开发互动研究——以鄂西土家族为例》，《西北民族大学学报》（哲学社会科学版）2017年第1期。

［2］蒋艳：《非物质文化遗产与旅游业的互动关系及协调机制》，《中国市场》2015年第38期。

［3］徐淑升：《京杭大运河遗产廊道生态文化旅游开发探讨——以山东南段为例》，《旅游纵览》（下半月）2017年第2期。

［4］贾国华、丁继国：《京杭大运河（聊城段）保护传承利用工作探讨》，《水利发展研究》2018年第7期。

［5］诸汉涛、赵冲：《慢旅游理念下的传统村镇失落空间优化研究》，《中外建筑》2016年第12期。

B.19
“互联网＋”背景下大运河山东段线性文化产业带品牌建设研究

郑亚鹏　张　磊*

摘　要：　大互联时代带来了信息需求的转变，互联网思维应运而生，成为当今品牌建设的发展趋势。作为典型的线性文化品牌，大运河山东段文化建设需要精准的受众定位，树立大运河品牌，兼顾传统与时代，打造地域文化品牌，推广融媒体传播，开发网络品牌，以政府为主导，协同品牌营销，坚持可持续发展，提升科技创新品牌。

关键词：　“互联网＋”　线性文化品牌　大运河文化

一　“互联网＋”思维对品牌建设的影响

在“互联网＋”背景下，面对面的信息交互除了传统的传受双方以外，还包括人机交互和终端交互等。网络的使用群体非常庞大，这使它已经超越了简单的生活伴随，功能愈加健全的互联网已被用户认可为当下主要的线上品牌推广的平台。运用互联网思维加强品牌的建设与推广是当下的重要潮流和走向，再加上物联网、大数据、云计算等现代科技手段的加盟，迫使我们必须运用互联网思维对品牌建设（从品牌的产品、服务、市场，到受众、渠道甚至整个产业链）进行重新思考。

“互联网＋”背景下，品牌建设主要从传播介质和用户（受众）这两个方

---

* 郑亚鹏，枣庄学院副教授；张磊，枣庄学院讲师。

面去探究。一方面，互联网地融入，改变了品牌建设与传播的方式，企业大力通过互联网技术革新传播模式：App平台、微媒体、精准广告、短视频、移动互联终端等多种新媒体平台。另一方面，互联网思维催生了新的受众群体，我们应对受众群做一个全新的认识。除了传统的现实受众和潜在受众以外，多了一个因互联网而存在的网络粉丝群体。粉丝们本身具有强烈的对于喜爱事物的追逐欲，他们对于喜爱的品牌，通过朋友圈推送，进行多元化传播、推广，互联网促使他们成为具有超高传播水平的品牌粉丝。

二 运河线性文化考

"文化线路"于1994年被提出，2003年的《保护世界文化与自然遗产公约实施指南》讨论稿中有了具体的说明，"一种陆地道路、水道或者混合类型的通道，其形态特征的定型和形成基于它自身具体的和历史的动态发展和功能演变……并代表了因此产生的文化在时间和空间上的交流与相互滋养，这些滋养长期以来通过物质和非物质遗产不断地得到体现"。[①] 2008年的《关于文化线路的国际古迹遗址理事会宪章》，即《文化线路宪章》，标志着文化线路正式成为世界遗产保护的新领域。[②]

运河线性文化品牌是在文化线路的基础上创新提出的，形成于运河线性文化遗产的开发、保护和建设中。运河线性文化品牌其实包含了物质和非物质两大类文化族群品牌，这些文化品牌具有鲜明的特征，即形成于线形或带状区域中。

"线性文化品牌建设将一些原本不关联的城镇或村庄串联起来，构成链状的文化遗存状态，真实再现了历史上人类活动的移动，物质和非物质文化的交流互动，并赋予作为重要文化遗产载体的人文意义和文化内涵。"[③] 这体现了

① 朱晗、赵荣、郗桐笛：《基于文化线路视野的大运河线性文化遗产保护研究——以安徽段隋唐大运河为例》，《人文地理》2013年第3期。

② ICOMOS charter on cultural routes: prepared by the international scientific committee on cultural routes (CIIC) of ICOMOS. Ratified bythe 16th General Assembly of ICOMOS, Québec (Canada) [C]. International Journal of Cultural Property, 2008 (15): 385 - 392.

③ 单霁翔：《大型线性文化遗产保护初论：突破与压力》，《南方文物》2006年第3期。

文化线路品牌建设的共性——由单体到多元、广域化传播。

文化线路的概念对京杭大运河的保护和开发有着积极的作用。作为人类宝贵遗产的京杭大运河，如何科学地按照文化线路的指导对其进行有效的保护、开发和利用，是当下人们迫切需要思索的问题。

三　山东段京杭大运河文化现状

京杭大运河历史悠久、文化源远流长。明清时期大运河山东段繁荣空前，特别是流域内的济宁、聊城、临清和德州等地发展迅速，位列全国大城市之列。但是自清朝后期起，国家衰退，黄河水灾频发，运河遭到了巨大的破坏，山东段运河区域的发展日趋低下，政治、经济以及文化等地位迅速跌落。

山东地处我国中东部，地域文化为齐鲁文化，素有孔孟之乡、礼仪之邦的美誉。大运河山东段文化融合了齐鲁文化和水域文化，贯通南北、兼收并蓄，创新形成了独特的“运河大一统”文化。这和业内著名的大运河文化观点不谋而合。顾风等专家指出“中国大运河完全具备了文化线路的基本要素，是具有完整的起点和终点、具有一定长度和宽度的线性景观或网络系统，它具有毋庸置疑的突出普遍价值，是标志着民族文化身份的重要遗产”①。单霁翔指出，“大运河遗产是大型线性、系列文化遗产，同时具有文化景观的性质”。②

大运河是古代劳动人民智慧的结晶，不仅具有丰富的历史文化价值，而且对沿岸经济、社会的发展起到了举足轻重的作用。在当下经济快节奏发展的时代，如何保护和传承好大运河文化，建立大运河品牌，是我们的当务之急。目前山东段京杭大运河对沿岸产业带的推动正在如火如荼地进行着：整合开发运河历史文化资源，创新建设大运河文化旅游品牌，保护修复运河遗址遗迹，科学建设大运河文化景观带，等等。例如台儿庄运河古城、济宁运河风情街区、聊城大运河文化博物馆等的重建和开发，正在找回和实现昔日运河的辉煌。

---

① 顾风、孟瑶、谢青桐：《中国大运河与欧美运河遗产的比较研究》，《中国名城》2008 年第 2 期，第 31 ~ 36 页。

② 单霁翔：《“活态遗产”：大运河保护创新论》，《中国名城》2008 年第 2 期，第 2 ~ 4 页。

四 “互联网＋”思维下大运河线性文化品牌建设策略

（一）精准受众定位，树立“大运河”品牌

精准的目标受众定位是在“互联网＋”时代，品牌推广的重要环节。如何做到吸引目标受众，引起他们的品牌认同，关键是要厘清产品自身的特质和其精准服务的特性，同时还要调研目标受众的消费需求，达到知己知彼。

对于大运河山东段文化品牌建设，要基于大运河历史文化、水域文化、山东区域文化以及运河现状的综合考量，定位于兼容并蓄的“大运河”品牌，并且分阶段、有层次、有步骤地建设和推广。对于目标受众要分析他们的现实和潜在需求，通过互联网平台分阶段推送大运河品牌，让大运河文化产业在建设的各个阶段都能有侧重点地把闪光点传播给受众。“互联网＋”背景下大运河山东段线性文化品牌建设要基于山东省的区位优势，以济南为中心，向外辐射，把京、津、冀、苏、豫、皖、沪、浙等地区的用户作为目标受众，建设一体化大数据平台，实现运河资源共享，促使目标受众对山东“大运河”品牌信息进行多元传播。

山东台儿庄运河古城是目前打造的重要运河品牌之一，该项目运用“互联网＋”思维，依托已签订协议和进驻的海峡两岸文创企业，建立起台儿庄古城官方微平台，同时利用互联网海量的用户资源，实时推送台儿庄古城相关信息，使得受众实时了解、掌握古城的第一手资料。通过大数据分析，培养、建立台儿庄古城的粉丝群，通过他们对于古城品牌进行二次、多次分享、传播，为台儿庄运河古城品牌的树立奠定用户基础。

（二）兼顾传统与时代，打造地域文化品牌

当下，文化与经济、社会的发展紧密联系在一起，文化产业发展迅猛并日趋成熟，文化品牌的建设就越来越需要与之相匹配。同时文化品牌建设以地方传统、特色文化为依托，可以就地取材，特色发展，事半功倍。“地点、团体和文化产业往往紧紧地联系在一起。由于这个原因，许多类型的文化产品在偏好各异的消费者眼里总是和特殊的地理位置联系在一起的。伦敦的歌剧、巴黎

的时装、意大利的家具，都带有这种声誉效应。”① 山东省大运河文化品牌的打造，可以紧密结合山东地域文化，例如与儒家文化、墨家文化、齐文化、城邦文化、红色文化等相结合，线性整合大运河山东段沿线城市、城镇、乡村的其他文化品牌，共同呈现大运河山东品牌。

“文化集合体”的模式，也是建设大运河山东段文化品牌的重要路径。大运河不仅属于山东，也属于中国、世界，大运河文化是其流域内多种文化交流与融合，久而久之形成的网带状区域文化集合体。如今，大运河文化集合体模式在山东经济、社会、文化等发展中，效果明显。合力建设大运河文化旅游品牌、大运河文化演艺品牌、大运河文化活动品牌等，集合了旅游、演艺、活动等项目，把看似单一的文化，运用集合体的形式紧紧拧在一起，受众满意、企业乐业、政府拍手，取得了一加一大于二的可喜成果。

（三）推广融媒体传播，开发网络品牌

在互联网时代，网络平台的快速、便捷、交互、海量、多元等的优势，真正开发出了一个多方共赢互利的生态圈，这是其他平台或渠道所无法比拟的。运河品牌的建设与推广迫切需要融媒体助推。当下推出的融媒体平台，对于大运河文化品牌网络平台建设，正是添砖加瓦。大运河文化相关企业可以运用融媒体平台将自身的优质信息转发推送，借助新媒体技术手法，把运河资源转化为受众喜闻乐见的视听元素，如短视频、动漫游戏、文艺演出、文化衍生品等，让运河产品更直观、更简洁、更明了，以此打造和培育大运河文化产业品牌。

山东枣庄大运河文化品牌建设积极运用枣庄融媒体资源，创新提出“大运河文化融媒体化”的传播路径，实现了“美人之美，天下大同”② 的可喜成绩。通过有效的媒介文化价值引导，使人们在媒介中找寻到新的、优质的、有价值的文化。枣庄市的运河品牌建设以运河流域为主体，形成了“五区九片二带”的框架式布局，并在指动枣庄 App、智慧枣庄 App 以及各县域融媒体公

① 〔美〕阿伦·斯科特：《文化产业：地理分布与创意领域》，载林拓、李惠斌、薛晓源编《世界文化产业发展前沿报告》，社会科学文献出版社，2004，第 124 页。

② 费孝通：《重建社会学与人类学经过的回顾与体会》，载费孝通《师承·补课·治学》，天津人民出版社，1985，第 360 ~ 361 页。

众号进行实时推广。这一方面使大运河文化产业本身得到了及时的传播，另一方面借助各融媒体平台，受众也进行了实时的反馈互动，在大数据技术的精准分析下，一大批目标受众尽收眼底。枣庄运河园区依据融媒体平台成熟地建设出了枣庄运河特色影视文化、枣庄运河特色旅游文化，筑建了“文化枣庄”的运河品牌。

（四）以政府为主导，协同品牌营销

政府、企业和当地百姓组成了我国文化品牌建设的三大主体。大运河文化带的地理环境决定了当地百姓是它的建设主体。但当地百姓大多是个体经营，规模小而散，旅游者对其的信任度低。企业主有一定的资金，但追逐利润的特质导致他们往往注重短期利益而不考虑长期的品牌效应。所以大运河文化品牌的建设应以政府为主导，政府与企业合作，百姓参与的科学模式。

在山东济宁大运河文化品牌建设中，首先政府组织专家对运河品牌进行全局规划，统筹安排，联合推广和宣传。企业则积极配合政府，把自身特质的资源、文化等优势倾情打造、包装，当地百姓从日常实际出发，挖掘身边的运河故事、传说等，为运河品牌的建设提供中肯意见，这样打造出的运河品牌是既接地气又具有独特文化韵味的优质品牌，经得起推敲。正是这样，济宁市在运河品牌的创建中，走出了从保护到经营，再到创新的文化品牌三步走战略。

济宁市政府以济宁市的发展规划为指导，运河开发相关政策为准绳，切实做到科学、合理、开发、保护济宁大运河文化遗产。深入挖掘和研究济宁大运河文化，积极发展文化产业，加强大运河文化产品的创新生产。在政策、资金、环境等方面给予老字号玉堂酱园、民间织锦、孔府菜烹饪技术等非物质文化遗产重点扶持。同时发挥区位资源优势，发展创新大运河文化，充分发挥济宁的水域资源、煤炭资源、区域交通等独特优势创新产业，努力创建济宁运河产业品牌，取得了可喜的成绩。

（五）坚持可持续发展，提升科技创新品牌

可持续发展是我国现代化建设的重要战略，运河品牌的建设需要走可持续发展之路。将运河品牌“内置于城乡品牌化建设之中，并在城乡品牌建设中

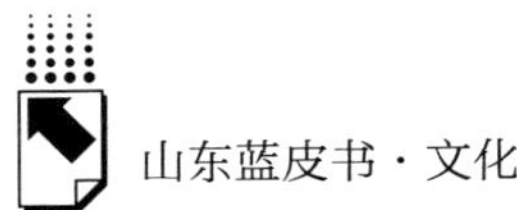

完善、发展这一理念，是可持续品牌建设的重要途径”①。但是我们也要辩证地承认“这种文化上的接触导致了社会的变迁，不管这种变迁是不是人们想要的，变迁总会发生”②，可持续发展的运河产业带创新之路，切实推动了运河产业的积极发展，实现了资源的合理利用，保护了城乡生态的平衡。

同时，还要加快提升文化产业科技创新能力，发展高科技园区为支撑的文化科技创新体系。山东运河带高新科技园区建设，可以运用现代数字媒体技术、虚拟现实技术、人工智能等新媒体技术实现运河故事、运河传说、运河遗迹遗址等的数字化复原，让受众参与其中，尽享高科技的冲击和运河资源的魅力，增强人们的民族自豪感和自信心，激发人们创造出具有自主知识产权的地域文化品牌。聊城建设了中国大运河文化博物馆，该馆系统介绍运河发展史、科技史以及沿岸地区的重要文化面貌和文化内涵，提升聊城在运河城市中的地位，对进一步弘扬大运河文化具有重要的促进作用。

五　结语

“互联网 +”时代为我们呈现了一个快速、便捷、交互、海量、多元的新场域空间，在这里每一个用户既是信息的接受者又是传播主体，在这个多元交互的场域里获得了前所未有的自由和满足，并对其越来越信任、依赖和创新应用。当下，山东省大运河文化产业带品牌的建设和推广要用好“互联网 +”思维，要从渠道、空间、领域、受众等层面不断发展创新。要在以政府为主导的基础上，依托海量全媒体、智能传播技术和平台，积极推动传统产业与科技之间的深度融合，以此探寻出一条“互联网 + 品牌”的大运河山东段线性文化产业带品牌建设的智慧新路向。

---

① 郑亚鹏、唐金玲：《山东大运河文化遗产品牌开发探究：基于“互联网 +”思维》，《美术大观》2019 年第 9 期。

② Cohen, E. The Impact of Tourism on the Hill Tribes of Northern Thailand. *Internationales Asienforum*, 1979 (10): 5 – 38.

文化大事记

Record of Cultural Events

B.20
2019年山东省文化发展大事记

李　颖*

1月

1月1日　省委发出通知要求认真学习宣传贯彻习近平总书记对《大众日报》创刊80周年重要批示精神。省委书记刘家义到大众日报社，主持召开座谈会，传达学习习近平总书记重要批示，深入学习贯彻习近平总书记关于新闻舆论和宣传思想工作的重要论述，研究贯彻落实意见。省委书记刘家义强调，全省新闻舆论、宣传思想部门单位和广大新闻宣传工作者，要以学习贯彻习近平总书记重要批示精神为动力，更加奋发有为地做好工作，牢记习近平总书记嘱托，在新时代展现新作为。要始终把坚持党性原则、坚持正确政治方向放在第一位，这是做好新闻舆论工作的根本性要求。必须牢牢把握正确舆论导向，始终坚持以人民为中心。必须坚持改革创新，不断提高新闻舆论传播力、引导力、影响力、公信力。

* 李颖，山东新世纪嘉华电影城有限公司。

1月1日 济南文旅发展集团与泰山体育集团战略合作签约暨“山东泰山健康科技有限公司”揭牌活动在舜耕山庄隆重举行。山东省委常委、济南市委书记王忠林，省体育局局长李政，市委常委、秘书长蒋晓光，副市长王桂英，副市长孙斌参加活动。双方开展合作后，将积极整合文化、旅游和体育资源，打造省级体育产业集团，整合上下游企业，建设全产业链体育设施装备制造园区，争创国家级体育产业园区；贯彻健康中国和乡村振兴战略，打造产城融合的体育特色小镇和美丽乡村，助力全民健康事业；推广泰山品牌，推动泰山体育产品和体质监测等高端科技产品与康复医疗、健康查体相结合，全面提升市民健康生活；与广大中小学、高校、体育机构、旅游景区紧密联合，让更多市民游客认知和使用民族品牌，体验高科技带来的体育运动和娱乐享受；全面整合体育场馆设施等产业资源，策划引进国内外知名体育赛事，提升泉城济南的知名度、美誉度和国际化水平，推动体育与文化、教育、旅游、健康、园区、物联网等融合发展，形成全方位、全时空、全产业链的发展格局，做大做强济南市体育产业。

1月1日 2019中国（日照）元旦迎日祈福大典暨全省“好客山东贺年会”启动仪式在日照万平口旅游区演艺广场隆重举行。日照市委书记齐家滨，山东省文化和旅游厅副厅长张明池，日照市政协主席王斌，市委常委、宣传部部长高杰，市委常委、秘书长马先侠，市人大副主任王森勋，市政府副市长、公安局局长张培林，市政府副市长林彦芹出席活动。

1月4日 文化旅游融合发展座谈会在济南召开。会议邀请了文化、文物和旅游方面的专家，共同探讨文化和旅游融合发展的理念、基本思路、工作的着力点、具体政策举措等问题。本次座谈会聚焦如何从供给侧推动文化和旅游高质量发展的问题，与会专家从不同角度提出文化和旅游融合发展的理念和措施，对全省文化和旅游深度融合、高质量发展具有重要意义。

1月7日 由省文化和旅游厅主办，《山东商报》承办，省摄影家协会为指导单位的第二届山东文化惠民消费季摄影展开幕式暨第二届山东文化惠民消费季摄影大赛颁奖典礼在省文化馆举行，省文化和旅游厅副厅长胡上山出席开幕式。摄影大赛汇集了来自全省的优秀作品，有专业院团的演出，有各文化街区的活动，也有与百姓们息息相关的文化、体育、新兴时尚活动的呈现，全景记录了新时代文化领域的流光溢彩，真正体现了文化惠民消费季“荟文化、惠生活”的主题。

1月7日 第十七届香港国际授权展在香港会议展览中心开幕，山东省文化和旅游厅副厅长王廷琦出席中国内地馆开幕式。由山东省文化和旅游厅主办，山东省文化创意设计行业协会组织承办的山东文创展团一同亮相，为国际授权展呈现了来自孔孟之乡的创意之光。本次山东展团共有8家企业参展，涵盖旅游文创、数字文创、城市文创、图书出版、艺术衍生、音乐文创、文化IP、创意赛事等多个领域，汇聚来自山东省十七地市的文化创意精品，向世界展示不一样的齐鲁文化。

1月初 中央网信办发布《2018年中国优秀政务平台推荐及综合影响力评估结果通报》。文化山东英文网（www. en. sdwht. gov. cn）荣获“2018年度中国外文版政府网站领先奖”，位居省级委办网站全国第二名。

1月中旬 《中华优秀传统文化故事会微视频集锦》由山东文化音像出版社出版，入选146部获奖微视频和12部外国留学生微视频作品。

1月17日 山东省文化和旅游厅在山东省文化馆举行“山东省文化扶贫项目——第二批流动文化服务车配发仪式”。省农业农村厅党组书记、副厅长，省扶贫开发办主任崔建海，省文化和旅游厅厅长、党组书记王磊出席配发仪式，省文化和旅游厅一级巡视员李国琳主持仪式。为加强对贫困地区、革命老区公共文化事业的扶持，在省扶贫办、省财政厅等部门的支持下，省文化和旅游厅利用两年时间为58个省财政困难县每县配备一辆流动文化服务车，这是扎实推进文化扶贫和乡村文化振兴的重要举措，也是全省加快推进公共文化服务均等化的有效途径。流动文化服务车具备开展中小型文艺演出、文化娱乐活动，综合科普展示、艺术展览、时事政策宣传，应用多媒体开展知识讲座、技能培训、影视音乐欣赏等功能。

1月18日 省文化艺术学校山东梆子专业2013级毕业汇报演出。山东梆子专业的60名学生，轮番走上舞台表演了山东梆子折子戏《太庙惊魂》《失子惊疯》《闯幽州》《老羊山》等剧目。

1月23日 2019韩国·中国山东文化年——山东木版年画展览暨年俗讲座与非遗展演开幕式在首尔举办。活动由首尔中国文化中心、山东省文化和旅游厅共同举办，山东博物馆承办。中国驻韩国大使邱国洪、中国驻韩国使馆文化参赞兼首尔中国文化中心主任张忠华、韩国美术协会理事长李范宪出席开幕式。开幕式上举办了《迎春接福——山东杨家埠木版年画贺年展》《春节礼俗与年画》讲座以及非遗展演体验等活动，杨家埠木版年画贺年展共分3个主题、38组、55件。《春节礼俗与年画》讲座主要介绍了中国春节的起源、春节的礼俗和中国年画。这次来韩国展演的非遗项目主要有东明粮画、菏泽面塑、高密剪纸、高密木版年画等。

1月23日 2019全省文化和旅游工作会议在济南召开。省文化和旅游厅党组书记、厅长，省文物局局长王磊讲话，李国琳、周晓波、胡上山、张桂林、王廷琦、张鲲、张明池、郭景华、孙树娥、刘敏等出席会议。会议指出，为推动文化和旅游融合互动、高质量发展，率先从评定十强文化旅游企业、探索文化和旅游融合发展试点、打造旅游演艺项目、开发文创产品、建设智慧文旅平台、提升假日旅游体验等六个方面发力。

1月24日 省广播电视局在济南召开全省广播电视工作会议。会议以习近平新时代中国特色社会主义思想为指导，落实全国广播电视工作会议和全省宣传部长会议精神，总结工作、分析形势，安排部署2019年任务。省委宣传部副部长，省广播电视局党组书记、局长李昌文出席会议并讲话。会议强调，做好2019年全省广播电视工作，要紧紧围绕学习宣传贯彻习近平新时代中国特色社会主义思想这个首要任务，紧紧围绕庆祝新中国成立70周年这条主线，认真履行“举旗帜、聚民心、育新人、兴文化、展形象”的使命任务，推动广播电视强省建设，更好地服务新时代现代化强省建设大局。

1月24日 省文化和旅游厅召开“2019山东省非物质文化遗产月”新闻发布会，通报山东省非遗保护成果。省文化和旅游厅一级副巡视员李国琳出席发布会。山东省非物质文化遗产月以“非遗助力脱贫、推动乡村振兴”为主题，将于1月28日启动，持续至3月8日。据统计，2019年全省各地举办的685项非遗展演展示活动中，87.5%的活动直接或间接与非遗助力脱贫、推动乡村振兴相关。

1月28日 省文化和旅游厅举行“2019山东省非物质文化遗产月”启动仪式，于杰副省长、省直相关部门负责同志，1000余名观众观看演出。省文化和旅游厅党组书记、厅长王磊宣布“2019山东省非物质文化遗产月”启动。

2月

2月18日 省广播电视局参加省政府纠风办与山东广播电视台联合主办的广播直播节目《阳光政务热线》，副局长刘国华和有关处室负责同志做客直播间，与广大听众进行交流。节目介绍了2019年全省广播电视重点工作安排，特别是实施“新时代精品工程”“改革推进工程”“公共服务工程”等方面的部署和举措。在线答复、处理群众来电反映问题10余件，努力做到让群众满意。

2月21日上午 山东省人民政府新闻办公室组织召开新闻发布会，介绍大型民族歌剧《沂蒙山》相关情况。省文化和旅游厅党组成员、副厅长张桂林，山东歌舞剧院院长王彬林出席发布会。该剧依据抗日战争时期沂蒙山革命根据地发展壮大的真实历史创作而成，生动讲述了根据地军民同甘共苦、生死相依的动人故事，深刻揭示了“军民水乳交融、生死与共铸就的沂蒙精神”深刻内涵，是一部红色主题浓郁、山东特色突出、艺术水平高超的优秀文艺作品。

2月27日 大型民族歌剧《沂蒙山》在山东省会大剧院精彩上演。省委书记刘家义，省委副书记、省长龚正，省委副书记杨东奇，有关省领导，省直部门负责同志和社会各界群众等1200余人一起观看演出。

3月

3月1日 “山东2019全省新闻媒体研学旅行基地建设研讨会”在“书圣故里”山东临沂市召开。会议旨在针对新形势下新闻媒体如何深入贯彻《国家十一部委关于推进中小学生研学旅行的指导意见》，承担更多的社会责任；当前研学旅行面临的新的机遇与问题，以促进各新闻媒体“小记者”业务与研学旅行有机结合，促进新闻业务与旅游经济强强联合等问题做探讨。

3月20～22日 2019年全省公共图书馆馆长联席会在济宁召开，山东省图书馆党委书记、馆长刘显世，济宁市委副秘书长徐铎，济宁市文化和旅游局负责同志以及十六地市图书馆馆长参加会议。刘显世指出，2018年全省公共图书馆以习近平新时代中国特色社会主义思想为指引，按照省委省政府、省文化和旅游厅工作部署，全面推动各项工作的贯彻和落实，在党建工作、绩效评价机制建立、总分馆建设、“两个计划”、尼山书院等方面都取得了明显成绩。他指出，2019 年恰逢新中国成立 70 周年，也是省图书馆建馆 110 周年，是图书馆事业发展进入新时代的重要机遇期。全省各项工作要以党建统领，规范建设；优化整合，融合发展；抓住契机，激发活力为原则和思路，全面推进事业发展再上新台阶。与会的馆长们就把握文化旅游融合机遇，创新发展、提升服务效能，拓展服务外延，强化协作协调，深化品牌意识，转变服务理念等方面进行了深入交流。

3 月 25 日　由山东省文化和旅游厅主办的 2019 年好客山东文化旅游推介会在韩国首尔举行。中国驻韩国大使馆公使衔参赞王鲁新，山东省文化和旅游厅厅长、省文物局局长王磊，首尔市观光体育局局长朱容台，首尔市观光协会常务副会长朴正绿，中国驻首尔办事处主任李保荣，首尔中国文化中心副主任李少鹏等共同出席了推介会。本次推介会播放了精彩的山东旅游形象片，重点对山东世界文化遗产和博物馆旅游产品进行专题推介。王磊向韩国民众推介好客山东独具特色的文化旅游资源，生动介绍山东省拥有“举世闻名的文化圣地”“雄奇壮丽的山水画卷”“热情好客的度假天堂”三大优势，诚挚发出到山东开启文化之旅、追寻圣人足迹、品味美景美食的邀请，欢迎韩国民众走进山东，赏文化瑰宝、品齐风鲁韵。

3 月 26 日　山东省文化和旅游厅代表团来到日本东京中国文化交流中心，举办 2019 好客山东文化旅游（东京）推介会。中国驻日本大使馆文化参赞石永青，山东省文化和旅游厅厅长、山东省文物局局长王磊，日本中国友好协会副会长桥本逸男，东京中国文化中心主任罗玉泉，中国驻东京旅游办事处主任王伟出席推介会。本次推介会对山东世界文化遗产和博物馆旅游产品进行了专题推介。从 2019 年起，山东将在全球推广旅游营销渠道体系和“孔子旅游大使”计划，并实施促进入境旅游发展的一系列政策，这些政策的实施将进一步深化山东和日本文化旅游交流合作。

3 月 28 ~ 29 日　2019 年全省艺术创作工作会议在济宁曲阜召开。山东省文化和旅游厅党组成员、副厅长张桂林出席会议并讲话，省文化和旅游厅二级巡视员刘敏及厅相关处室、省直文艺单位、各地市文化和旅游局的相关负责人参加，济南市文化和旅游局等 7 家单位做交流发言。会议强调，2019 年是中华人民共和国成立 70 周年，是决胜全面建成小康社会关键之年，抓好 2019 年的艺术创作有着特殊重要的意义。全省广大文艺工作者及相关单位要提升政治站位，切实把学习贯彻习近平新时代中国特色社会主义思想引向深入；要强化创新意识和质量意识，打造推出更多精品力作；要精准聚焦现实题材这个重点，为时代画像、为时代立传、为时代明德；要聚焦新中国成立70周年这一主线，策划举办系列重大活动；要加强基础建设，突出抓好文艺院团改革发展工作。

3月30日 作为2019年“丝路文化月”的揭幕项目，由首尔中国文化中心与山东省文化和旅游厅共同主办的“海丝新篇”——“2019韩国·中国山东文化年暨齐鲁新韵·山东海洋贝瓷文化展”“孔子故乡·大美山东图片展”在首尔中国文化中心隆重开幕。山东省委副书记、省长龚正，中国驻韩国使馆代办金燕光公参，山东省政府秘书长申长友，山东省发改委主任张新文，山东省政府副秘书长、研究室主任孙守亮，山东省文化和旅游厅厅长、省文物局局长王磊，首尔中国文化中心副主任云峰、李少鹏等出席开幕式。此次活动是首尔中国文化中心2019年重点打造的“丝路文化月”系列活动的第一项活动，旨在配合国内2019年最大的主场外交、第二届“一带一路”国际合作高峰论坛，于3月底至5月中旬在韩国多地密集举办围绕“一带一路”主题的展演、讲座、互动体验等文化活动，展示内涵丰富的丝路文化，宣传丰富多彩的中国文化和旅游资源，促进中韩民心相通。

3月31日 山东博物馆联合意大利佛罗伦萨国立考古博物馆举办的大型古埃及文物特展“不朽之旅——古埃及人的生命观”正式开展，百件古埃及珍贵文物亮相省博。

3月31日 由山东最幕文化传媒有限公司、海南省金盾影视文化演艺有限公司等联合出品的电视剧《齐鲁儿女》在沂蒙红色影视基地举行开机仪式。该剧作为新中国成立70周年献礼作品，坚持“小人物、正能量、大情怀”的创作理念，以“徂徕山起义”为故事背景，讲述1937年全面抗战爆发后齐鲁儿女在中国共产党的领导下发动抗日武装起义，不畏牺牲、抗击日寇的英勇故事。

4月

4月3日 山东省加强学校思想政治理论课工作座谈会在青岛大学举行。

省委书记刘家义出席会议并讲话，省领导王清宪、关志鸥、唐洲雁出席。会议深入学习习近平总书记在学校思想政治理论课教师座谈会上的重要讲话精神，研究贯彻措施，切实加强学校思想政治工作，开好思想政治理论课，用习近平新时代中国特色社会主义思想铸魂育人。刘家义代表省委向全省广大教师特别是思政课教师，为推动全省教育事业发展做出的重要贡献，表示崇高敬意和衷心感谢。

清明假期，济南市千佛山景区举办“三月三”民俗文化庙会和第十四届相亲大会。

4月12日 省广播电视局召开“第一书记”工作座谈会，贯彻落实省委、省政府关于做好“第一书记”工作的决策部署，安排做好新一轮“第一书记”工作。副局长彭子良主持会议并讲话。彭子良对第三轮“第一书记”工作取得的成绩给予充分肯定，强调新一轮选派的“第一书记”要倍加珍惜新工作岗位、机会、经历，不惧挑战、克服困难。对回到单位工作的“第一书记”，要积极发挥他们的优势，多交任务、多压担子。

4月12日 省文化和旅游厅召开全省文化旅游发展座谈会，传达学习贯彻省委文化和旅游工作专题会议精神，研究安排《全省文化旅游发展规划》编制工作和当前重点工作任务，扎实推进全省文化和旅游融合发展、高质量发展。会上，省文化和旅游厅厅长王磊传达山东省委书记刘家义在文化和旅游专题会议上的讲话精神，山东省文化和旅游厅副厅长张明池通报《全省文化旅游发展规划编制工作方案（征求意见稿）》。王磊指出，要提高认识，切实把思想统一到省委决策部署上来。要上下通力，精心编制《全省文化旅游发展规划》。

4月19日 省广播电视局在泰安市召开全省广播电视广告管理工作会议，通报全省广播电视播出机构和广告管理工作情况，部署下一步工作。局党组副书记、副局长孙杏林出席会议并讲话。孙杏林指出，广播电视作为党和政府舆论宣传工作的主阵地，必须深入贯彻落实习近平总书记“广告宣传也要讲导向”的重要指示精神，严格落实意识形态工作责任制，始终把社会效益放在首位，全面加强广告内容建设。会议还邀请总局传媒机构管理司有关同志讲授了广告管理有关政策法规。

4月19日 “海岱朝宗——山东古代文物菁华”展览开幕式在中国国家

博物馆举行。中国国家博物馆馆长王春法，国家文物局副局长关强，中国国家博物馆副馆长陈成军，山东省文化和旅游局一级巡视员周晓波，淄博市委常委、宣传部部长毕荣青等出席开幕式。王春法说，本次展览以齐文化腹心地区出土的新石器时代至秦汉时期的精品文物为主体，以时代演进为脉络，从文化缘起、演变、交流、互动的动态视角考察该地区考古学文化的渊源、脉络及其时代和区域特色，力图让观众对海岱之间的齐地文化面貌有更加全面、直观、具体、深入的了解。周晓波说，此次展览汇集的近 200 件（套）文物精品，堪称山东地区最能代表齐文化特色和发展水平的代表性考古遗物。这是新中国成立以来山东齐文化文物精品首次大规模、成系列地在首都北京展出。这是山东落实习近平总书记“让文物活起来”指示精神，弘扬优秀传统文化，推动齐鲁文化“走出去”的重要举措。

4 月 20 日　第 36 届潍坊国际风筝会开幕，来自中国、保加利亚和新西兰等 65 个国家和地区的风筝代表队 20 日齐聚山东潍坊。

4 月 22 日　“阅读新时代 助力新发展——2019 齐鲁阅读季暨齐鲁家庭读书活动”启动，启动仪式在山东广播电视台 800 平方米演播室举行，省委宣传部常务副部长王红勇致辞。活动由山东省委宣传部、省妇联、山东出版集团、山东广播电视台联合主办，其间全省各地开展名家讲坛、文化沙龙、经典朗读等千余场阅读推广活动，各地新华书店将开展图书打折销售活动，进一步促进文化惠民消费，大力推动“爱读书、读好书、善读书”，掀起新一轮全民阅读热潮。

4 月 23 日　第 24 个“世界图书与版权日”，山东省图书馆、山东省图书馆学会开展以“读经典　学新知　链接美好生活”为主题的全民阅读活动。

4 月 23 日　由山东省文化和旅游厅主办，山东省图书馆、山东省图书馆学会联合全省各市图书馆承办的“书香为伴　礼赞祖国——第十四届全省读书朗诵大赛”在山东省图书馆圆满落幕并举行颁奖典礼。

4 月 26 日　省广播电视局在济南召开全省广电和电信企业 IPTV 专项整治工作会议，贯彻落实全国 IPTV 建设管理工作会议精神，总结经验、分析问题，安排部署 IPTV 专项整治工作。省局副局长刘国华出席会议并讲话。会议指出，自 2010 年三网融合试点以来，全省 IPTV 业务适应经济化、网络化发展大势，实现快速发展，成为弘扬主旋律、传播正能量的一支重要力量。下一步，要准确把握新时代新形势新要求，深刻认识当前加强 IPTV 专项整治工作的极端重要性、必要性、紧迫性，全力推动 IPTV 建设管理规范有序、高质量发展。

4 月 28 日　中国共产党山东省广播电视局直属机关第一次党员代表大会暨 2019 年度党建工作、党风廉政建设工作会议在局机关会议室召开。省委宣传部副部长，省广播电视局党组书记、局长李昌文出席会议并讲话，副局长彭子良代表机关党委做工作报告，局领导班子成员作为党员代表参加会议。会议选举产生了新一届机关党委委员和机关纪委委员。李昌文代表局党组对当前和今后一个时期党建工作和党风廉政建设工作做了安排部署，强调全局各基层党组织和全体党员要全面贯彻新时代党的建设总要求，结合广播电视工作实际，坚定信心、把牢方向、创新思路、狠抓落实，努力开创全局党建和党风廉政建设工作新局面。

5月

5 月 3 日　歌剧《沂蒙山》音乐专访在央视播出。

5 月 4 日　中俄地方合作园油画展暨俄罗斯艺术家写生创作基地揭牌仪式在青岛国际经济合作区绿馆举行，近百幅俄罗斯画家创作的中俄风情油画首次在中国亮相。俄罗斯联邦驻华大使馆参赞、北京俄罗斯文化中心主任梅利尼科娃·奥莉加，圣彼得堡美术家油画协会会长拉乌连卡·米哈伊，圣彼得堡市政府对外联络委员会库利科夫·格列勃，北京俄罗斯文化中心项目主管高磊，圣彼得堡华人华侨联合会副会长宋锐，中国文化艺术界联合会国内联络部巡视员罗江华，山东省文化和旅游厅副厅长王廷琦等百余位嘉宾出席活动。梅利尼科娃·奥莉加说，在当今的大国关系中，中俄关系是其中的典范，通过加强两国人文的交流合作，不但可以全面深化中俄战略伙伴关系，还可以加深两国间的友谊，中俄地方合作园油画展作为中俄文化交流合作的一部分，可以让两国人民通过油画更好地互相了解，增进友谊。王廷琦在致辞中说，2019 年是中俄建交 70 周年，又是中俄地方合作交流年的第 2 个年头，在新的历史条件下，中俄艺术家进行交流，对促进“一带一路”沿线国家民心相通，十分有意义。

5 月 15 ~ 18 日　山东省文化和旅游厅副厅长孙树娥一行赴重庆市开展文化旅游交流协作工作，双方围绕市场监管合作、山东文旅企业赴渝投资、十万山东人游重庆活动等进行座谈交流，并签订了《2019 年鲁渝旅游市场监管合作机制》，并对下一步鲁渝两地文化旅游交流合作进行深入探讨。

5月16日 第十五届深圳文博会在深圳会展中心开幕，山东展团携96家文化企业8520余件展品亮相。参展工作由中共山东省委宣传部组织实施，整个山东展区分为五大板块，亮点纷呈、创意无限。

5月17~20日 亚洲—太平洋广播联盟（简称“亚广联”）秘书长贾瓦德·孟塔基先生一行，在国家广电总局国际合作司副司长闫成胜陪同下先后到山东省考察首届“亚广联歌唱大赛”筹备事宜。5月20日在济南期间，贾瓦德一行与省广播电视局副局长钟华、山东广播电视台相关负责人进行了座谈交流。钟华表示，亚广联是亚太地区广播电视领域重要的国际组织，为推动本地区广播电视业发展、增进国际交流合作做出了贡献。山东省广播电视局将按照省委省政府、总局部署和要求，积极协调青岛有关部门和山东广播电视台全力做好“亚广联歌唱大赛”各项筹备工作。贾瓦德一行还实地参观考察了山东广播电视台融媒体工作平台、电视播控中心、广播播控中心等。

5月21日 “齐风鲁韵最当歌”原创歌曲大赛启动，由山东省文化和旅游厅主办、山东文化传媒有限公司承办。

5月21日 由山东省文化和旅游厅与大众报业集团携手打造的“文旅盛会——2019好客山东国际大学生文化旅游节”在齐河拉开帷幕。这是大众报业集团和省文化旅游厅打造的重点文旅项目和融媒体传播的新样板，将向省内外大学生传播齐鲁文化，传承红色基因，把“好客山东国际大学生文化旅游节”打造成山东省文旅产业精品品牌。大学生们可以通过参与旅游活动进行创新实践，并号召更多文化旅游企业为大学生搭建创业平台和实训基地。省文化和旅游厅副厅长张明池表示，青年需要旅游，旅游也需要青年，希望青年学子们能够在旅游中增长见识，丰富知识，锻炼胆识。

5月22日 “情系齐鲁”两岸文化和旅游联谊行（台湾文化代表团）启程。该活动由中华文化联谊会、海峡两岸旅游交流协会、山东省人民政府共同主办，山东省文化和旅游厅、山东省人民政府台港澳事务办公室承办。台湾文化代表团一行赴青岛、威海、烟台、济南、潍坊和青州等地，参观当地文博单位，观看文化展演展示活动，了解齐鲁大地厚重的历史文化底蕴，并与山东省直文化单位进行对口交流。

5月25日 首届中国文化旅游峰会（2019青岛）在崂山区隆重举行。峰会将以“美好生活与文旅融合发展：使命　责任　路径”为主题，通过主旨报告、主题论坛等活动形式，纵论“文旅融合与全域旅游”“文旅融合与跨界发展”。

5月26日　题为“非遗：让中华优秀传统文化‘活’起来”的明湖会讲在山东省图书馆尼山书院奎虚书藏楼明伦堂举行。

5月27日　首届“海峡两岸文化和旅游交流大会”在济南成功举办。文化和旅游部副部长李群表示，海峡两岸文化和旅游交流大会是两岸文化和旅游交流合作的新平台，旨在进一步促进两岸文化和旅游界互通信息、分享资源、交流经验、共拓市场、深化友谊，希望大家共话合作、共叙友情、共谋发展，为推动两岸文化和旅游交流与合作提供新动力。

5月29日　山东影视精品创作及产业发展座谈会在青岛举行。省委书记刘家义会见与会嘉宾代表，国家广播电视总局副局长张宏森，省委常委、青岛市委书记王清宪出席座谈会并讲话，省委常委、宣传部部长关志鸥主持。座谈会深入学习贯彻习近平总书记关于文艺工作的重要讲话精神，围绕影视创作和产业发展进行研讨交流，进一步提升山东影视精品创作生产水平，加快山东影视产业高质量发展。

5月30日　第五届“环渤海风采”暨庆祝中华人民共和国成立70周年京、津、冀、鲁、辽中国画作品邀请展在泰安市美术馆开幕。山东省文化和旅游厅一级巡视员李国琳、泰安市政协副主席马纯勇出席开幕式。展览共征集作品1500余件，从中精选出130件作品参展，作品形式多样、主题鲜明，内容丰富，全面反映了近年来环渤海地区群文美术系统在中国画艺术的探索与成果，同时彰显了新时代群文美术工作者自身的文化自信与历史担当。

5月31日　以“文旅融合　共赢发展”为主题的“2019山东（济南）国际旅游交易会”在济南高新国际会展中心举行。省文化和旅游厅副厅长张明池、市人大常委会副主任许强、市政协副主席李继民等领导参加了活动。同时参加开幕式的还有来自越南国家旅游局、捷克国家旅游局、法国不列塔尼大区政府、法国雷恩市、韩国旅游发展局、新加坡旅游局、巴基斯坦中国商会等的嘉宾。市委常委、宣传部部长杨峰致欢迎词，同时也向嘉宾们发出诚挚邀请，多走走、多看看，亲身领略“天下泉城”的好山好水好风光。

6月

6月1日 出版的第11期《求是》杂志，刊登山东省委书记刘家义署名文章《以高度文化自信守护中华民族文化根脉》。文章介绍，山东牢记习近平总书记嘱托，按照“走在前列、全面开创”的目标定位，努力将传统文化的重要发祥地、革命精神的重要诞生地，打造成为彰显文化自信的示范区、辐射区，以高度文化自信守护中华民族的文化根脉，为中华文明不断焕发新的生机活力做出贡献。文章坚持理论与山东实践相结合，分成4个部分，“文化自信植根于中华优秀传统文化”“文化自信传承于红色基因”阐明山东的文化资源优势正是文化自信的来源；“在培根铸魂中彰显文化自信”“在文明交流互鉴中增强文化自信”，指出增强和彰显文化自信的途径和方法。

6月5日 省直文化和旅游系统召开“不忘初心，牢记使命”主题教育工作会议。会议深入学习贯彻习近平总书记在“不忘初心、牢记使命”主题教育工作会议上的重要讲话精神，按照党中央部署和省委要求，对省直文化和旅游系统“不忘初心、牢记使命”主题教育工作进行动员部署。省文化和旅游厅党组书记、厅长王磊，省委第六巡回指导组组长孙松青出席会议并作重要讲话。省文化和旅游厅党组成员、副厅长胡上山主持会议。

6月6日 省广播电视局召开“不忘初心、牢记使命”主题教育工作会议。会议深入学习贯彻习近平总书记在“不忘初心、牢记使命”主题教育工作会议上的重要讲话精神，坚决贯彻中央部署和省委要求，对全局开展“不忘初心、牢记使命”主题教育进行动员部署。省委宣传部副部长，局党组书记、局长李昌文出席会议并作动员讲话，省委第五巡回指导组组长曲涛出席会议并讲话。局领导班子成员、局机关全体党员干部、局属单位领导班子成员参加会议。

6月6日 2019年“文化和自然遗产日”山东文旅活动启动仪式在临沂市新四军军部旧址举行。山东省文化和旅游厅一级巡视员周晓波，江苏省文化和旅游厅副厅长、省文物局局长吴晓林，山东省委党史研究院副院长董立新，临沂市人民政府副市长张玉兰，以及省发改委、省财政厅、省退役军人事务厅相关负责人等出席，全省各地文化遗产界、旅游领域的代表进行了展演交流。周晓波发布全省革命文物资源调查成果及数据库建设启动情况并指出，山东将保护好、传承好、利用好弥足珍贵的革命文物资源，发展红色旅游，弘扬沂蒙精神，传承红色基因，推进文旅融合。活动期间，启动了淮河生态经济带文化旅游嘉年华活动，省文化和旅游厅、省委党史研究室签订了《山东省革命文物保护利用规划》方案意向，并为荣获“2018 年度山东省非遗保护十大亮点工作”“2018 年度山东省非遗保护十大模范传承人”及全省非遗传统舞蹈大赛的单位和个人进行了颁奖。

6 月 8 日　“中国文化和自然遗产日”，山东省古建筑保护研究院开展“保护革命文物　传承红色基因”主题宣教活动。

6 月 12 日　由国家文化和旅游部与香港特区政府民政事务局联合主办的“根与魂——青未了·山东非物质文化遗产展演”在香港举办。37 项山东省非物质文化遗产项目共同亮相香港中央图书馆，让香港市民感受齐鲁文化的独有魅力。山东省文化和旅游厅一级巡视员李国琳在展演开幕典礼上表示，此次展演内容活泼、形式多样，希望香港民众能更多了解和感受山东非遗的魅力与内涵。香港特区政府民政事务局副局长陈积志在典礼中致辞表示，这次展演活动除了让市民欣赏齐鲁文化外，更让市民了解国家悠久的历史和文化传统。

6 月 19 日　全省县级融媒体中心建设（东部片区）现场推进会议在昌乐县融媒体中心举行。同时，昌乐县融媒体中心正式投入运行，成为继环翠、黄岛、宁津之后的省内第四个全流程打通运行的县级融媒体中心。山东省委宣传部副部长、省广播电视局局长、党组书记李昌文出席会议并讲话，潍坊市委常委、宣传部部长初宝杰、昌乐县委书记刘裕斌致辞，平邑县、临淄县、环翠区、昌乐县分别作典型发言。此次会议深入学习贯彻习近平总书记关于媒体融合发展，特别是县级融媒体中心建设的重要论述，按照省委要求，对山东省县级融媒体中心建设工作的思想认识进行再统一、工作推进进行再部署。

6 月 19 日　“山东省戏曲名家高鼎铸工作室教学作品汇报音乐会”在山东济南百花剧院举办。

6 月 20 日　省委“不忘初心、牢记使命”主题教育第五巡回指导组组长曲涛一行到省广播电视局督促指导工作并召开座谈会。省委宣传部副部长，省广播电视局党组书记、局长李昌文，局党组成员、副局长彭子良及局主题教育领导小组办公室相关负责人参加座谈会。曲涛对省广电局主题教育工作予以充分肯定，并就下一步如何开展主题教育工作提出具体要求。李昌文就如何做好主题教育工作表态发言。

6 月 21 日上午 由省委宣传部主办的“时代楷模”王传喜辅导报告会在济南举办。省委宣传部副部长，省广播电视局党组书记、局长李昌文，副局长钟华、彭子良、刘国华带领广电局机关各处室、直属各单位 66 名党员干部参加。

6 月 23 日 “2019 中国（日照）精品民宿发展研讨会暨民宿项目投资洽谈会”开幕。省文化和旅游厅副厅长孙树娥出席并致辞，日照市市长李永红、副市长林彦芹，国家文化和旅游部资源开发司乡村旅游和创意产品指导处处长李常海，中国旅游协会民宿客栈与精品酒店分会会长张晓军等出席活动开幕式。“2019 中国（日照）精品民宿发展研讨会暨民宿项目投资洽谈会”由日照市人民政府、中国旅游协会民宿客栈与精品酒店分会主办，旨在推动日照民宿业高质量发展，打响日照精品民宿“不负”品牌；为民宿业发展总结提炼可借鉴经验，为文旅融合、乡村振兴和新旧动能转换提供“民宿方案”；探索精品民宿发展新理念、新方向、新路径，搭建民宿投资交流平台。

6 月 26 日 山东非物质文化遗产精品展演暨“孔子故乡・好客山东”图片展在乌克兰基辅举办。副省长于杰出席活动并致辞，乌克兰文化部第一副部长法缅科・斯维特连娜代表叶甫盖尼・尼修克部长宣读贺信，中国驻乌克兰大使馆公使衔参赞吴连文致辞，省文化和旅游厅副厅长王廷琦、省外国专家局局长张祝秀出席活动。于杰指出，山东和乌克兰在文化、旅游、科技等方面合作潜力巨大，前景广阔，希望以这次活动为契机，进一步凝聚共识，增进双方友谊，促进民心相通和文明交流，加强山东与乌克兰的文化旅游合作。吴连文公参表示，山东是经济大省、科技大省、农业大省，中国驻乌克兰大使馆将积极推动山东与乌克兰的交流。乌克兰文化部第一副部长法缅科・斯维特连娜对展演活动给予高度评价，表示希望进一步加强与山东的合作，共同推动双方交流再上新台阶。

6 月 28 日 “笔墨意象——中国画山东名家作品展”在塞尔维亚共和国首都贝尔格莱德开幕。山东省人民政府副省长于杰、中国驻塞尔维亚大使馆文化参赞崔英兰、山东省文化和旅游厅副厅长王廷琦，塞尔维亚文化和信息部部长乌萨科夫列维奇出席了开幕活动。本次展览以中国独有的水墨艺术为主题，共展出山东省 23 位代表性美术家的 46 件精品。于杰副省长表示，希望通过展览的举办向塞尔维亚朋友展示东方绘画艺术的独特风貌，让塞尔维亚人民喜欢上中国水墨艺术，不断加深双方在文化和旅游等领域的交流与互通，共同打造中塞人文交流合作平台。于杰副省长一行访问了塞尔维亚文化和信息部，与乌萨科夫列维奇部长就加强双方文化艺术领域合作进行了深入探讨，并见证了山东博物馆与塞尔维亚国家博物馆双边框架合作协议的签署。

6月30日 省委宣传部举办“先进典型宣讲报告会”，省广播电视局领导孙杏林、彭子良、刘国华、关卫华及局机关各处室、直属各单位部分党员干部参加。省优秀共产党员、济南广播电视台节目中心副主任李志艳，山东省人民满意的公务员集体青岛莱西市店埠镇人民政府代表、镇党委书记张代利分别作宣讲报告。

7月

7月1日 山东省文化和旅游厅举行迎七一“不忘初心 颂歌向党”主题歌会。

7月5日 “版权新动能，创意新未来”2019青岛国际版权交易会开幕。全国政协文化文史和学习委员会副主任、中国版权协会理事长、原国家版权局副局长阎晓宏，中宣部版权管理局局长于慈珂，山东省委宣传部分管日常工作的副部长、省文明办主任王红勇，山东省委宣传部副部长、省政府新闻办主任魏长民，青岛市委常委、副市长王家新等领导嘉宾和业内专家出席。本届版交会以“版权新动能，创意新未来”为主题，注重版权资源的有效转化和利用，助力新旧动能转换，助力企业转型升级，搭建版权展示、交易的国际化高端平台。

7月8日 省文化和旅游厅党组成员、副厅长，厅主题教育领导小组办公室主任胡上山到省图书馆巡回指导“不忘初心、牢记使命”主题教育工作，厅机关党委相关同志参加巡回指导。胡上山一行听取了省图书馆党委书记、馆长刘显世同志关于省图书馆主题教育工作进展情况的汇报，深入了解省图书馆基层党建工作开展情况，调阅了主题教育开展、党建工作档案资料，实地察看了党员活动场所及党建活动开展情况。胡上山指出，省图书馆作为全省公共文化服务的重要阵地，要按照省委、省政府的要求和厅党组的工作部署，把主题教育抓严抓实，抓出成效，在整个文化和旅游系统中起到示范带动作用，以实际行动践行初心使命，用学习教育成果推动山东省公共图书馆事业发展。

7月8日 省广播电视局“不忘初心、牢记使命”主题教育读书班开班，局党组成员、副局长、局主题教育领导小组办公室主任彭子良出席开班式并作动员讲话。读书班主要学习党的十九大报告和党章、《习近平关于“不忘初心、牢记使命”重要论述选编》《习近平新时代中国特色社会主义思想学习纲要》《中共中央关于在全党开展“不忘初心、牢记使命”主题教育的意见》、习近平总书记在“不忘初心、牢记使命”主题教育工作会议上的讲话精神及省委书记刘家义在全省“不忘初心、牢记使命”主题教育工作会议上的讲话精神。

7月9日 “非遗扶贫就业工坊产品”7·10全平台推广启动仪式暨地方文旅项目推介会在济南百花洲举办，全平台在线推广模式打造“永不落幕的展销会”。活动现场宣布了京东非遗频道上线项目和“非遗扶贫就业工坊产品”全平台推广计划，并将每年7月10日确定为非遗产品推广日。

7月12日 省委宣传部副部长，省广播电视局党组书记、局长李昌文，局领导彭子良、刘国华、关卫华带领省局80余名党员干部到济南战役纪念馆开展革命传统教育。

7月17日下午 省文化和旅游厅党组成员、副厅长张鲲到省文化艺术学校开展调研并召开座谈会。张鲲认真听取学校党委书记安立元关于学校发展建设和主题教育开展情况的汇报，观看学校历程专题片，了解山东文化艺术职业学院新校区筹建情况。在听取汇报后，张鲲指出省文化艺术学校领导班子坚强团结，干部职工精神面貌好，学校办学特色突出、成绩显著，在文化传承、服务社会等方面做出了突出贡献。

7月18日下午 山东省人民政府新闻办公室组织召开新闻发布会。省文化和旅游厅副厅长、消费季组委会办公室副主任张鲲就第三届山东文化惠民消费季筹备情况回答记者提问。本届文化惠民消费季以“文旅融合·惠享生活”为主题，设立文化旅游览胜、艺术精品欣赏、新兴时尚采撷、传统工艺体验、数字文化畅享、人文素养提升六大活动板块。据张鲲介绍，六大板块活动是消费季的主要承载形式，更为重要的是探索建立促进文化和旅游消费的长效机制。

7月26日下午 省广播电视局举办广电大讲堂，邀请省委党校政治和法律教研部主任，张杰教授作《深入学习习近平新时代中国特色社会主义思想》专题辅导。副局长彭子良出席并主持会议，局机关干部、局属单位领导班子成员参加。张杰教授从中国特色社会主义进入新时代、新时代中国特色社会主义思想的基本内涵、新时代中国特色社会主义思想的基本方略三个方面对习近平新时代中国特色社会主义思想的深刻内涵和精神实质进行了全面、系统、深入的解读。

7月28日 全国乡村旅游（民宿）工作现场会在四川成都战旗村召开。文化和旅游部党组书记、部长雒树刚出席会议并讲话，文化和旅游部党组成员王晓峰主持会议。省文化和旅游厅党组书记、厅长、省文物局局长王磊参加会议并进行了现场交流学习。会议指出，实施乡村振兴战略，是党的十九大做出的重大决策部署。充分发挥乡村旅游重点村示范带动作用，扎实抓好乡村旅游精准扶贫，推进乡村旅游可持续发展，一步一个脚印，扎实推进乡村旅游高质量发展。会上发布了由文化和旅游部、国家发展和改革委员会确定的第一批全国乡村旅游重点村名单。其中，山东省中郝峪村、东楮岛村、竹泉村等10个村榜上有名，这些村将获得专项金融、旅游规划、创意设计等“国家级资源”的支持。

8月

8月1日 “红色血脉永相传”庆祝中国人民解放军建军92周年文艺演出暨山东省老干部志愿者协会授旗、志愿服务基地挂牌仪式活动在山东省军区济南第二离职干部休养所举行。中共山东省委老干部局副局长、省委离退休干部工委副书记吕德义，省文化和旅游厅党组成员、副厅长胡上山，省老干部志愿者协会会长康永军，山东省军区济南警备区王友礼副司令员等领导出席活动。

8月6日 “中华传统晒书大会”启动仪式在曲阜孔子博物馆举办。启动仪式由孔子博物馆馆长孔德平主持，国家图书馆馆长、国家古籍保护中心主任饶权，山东省文化和旅游厅一级巡视员李国琳，大连图书馆原馆长张本义先后致辞。饶权指出，中国自古有在农历七月初七翻晒藏书的传统，最初是为了保护典籍，在历史发展中已成为我国独特而醇厚的书籍文化，国家图书馆倡导发起在全国范围内开展“中华传统晒书大会”，旨在通过晒国宝、晒经典、晒技艺、晒传统等丰富多彩的活动，使公私藏家、广大民众一起分享古籍知识，传播爱书护书观念，光大中华传统典籍保护传统，让古籍里的文字活起来，让古籍中的真善美深入人心，逐渐涵养成大家喜闻乐见的晒书节日。

8月25～28日 国家广电总局庆祝新中国成立70周年优秀电视剧百日展播活动启动仪式、中国广电·青岛5G高新视频实验园区备忘录签署和授牌仪式、2019青岛国际影视博览会三大活动，在青岛西海岸新区成功举行。中宣部副部长、国家广电总局党组书记、局长聂辰席，省委书记、省人大常委会主任刘家义，国家广电总局副局长张宏森，省和青岛市领导孙立成、王清宪、关志鸥、于杰、孟凡利等出席。启动仪式上，中国电视剧人齐聚一堂，以信心百倍、豪情满怀的精神风貌，致敬祖国70华诞。

8月25日 由教育部、山东省共同建设的全球儒学研究传播实体平台——尼山世界儒学中心在孔子故里山东曲阜正式成立，山东省委书记刘家义、教育部副部长孙尧出席会议。会议宣读了教育部关于支持建设尼山世界儒学中心的函。刘家义强调，要进一步坚定文化自信，加强儒家思想的研究阐发，使传统文化与现代文化相融相通，共同服务以文化人的时代任务。要大力弘扬中华传统美德，培育践行社会主义核心价值观，激发更多向上向善的力量。要勇于改革创新，积极探索传统文化研究成果转化的新模式、文化与产业融合发展的新路径，更好激发文化发展活力。要深化文明交流互鉴，着力把山东建成“一带一路”国际人文合作交流的重要基地，为“中国智慧”贡献“山东力量”。孙尧指出，希望尼山世界儒学中心汇聚更多国内外一流专家学者和学术机构，积极开展系统性、有效性学术研究，传承中华优秀传统文化，弘扬社会主义核心价值观，与时俱进、开拓进取，为构建人类命运共同体做出应有贡献。

8月26日下午 2019全国非遗曲艺周新闻发布会在济南召开。文化和旅游部非物质文化遗产司副司长胡雁，山东省文化和旅游厅党组成员、副厅长王廷琦，济南市人民政府副市长王桂英，济南市文化和旅游局局长郅良等相关领导出席发布会。胡雁介绍了全国非遗曲艺周的主题、背景和意义；王廷琦介绍了山东非遗曲艺保护工作情况和曲艺周的主要活动板块；王桂英介绍了全国非遗曲艺周的筹备情况和保障措施。

9月

9月3日下午 2019孔子文化节新闻发布会在济南召开。山东省文化和旅游厅党组成员、副厅长王廷琦，省教育厅总督学邢顺峰，济宁市委副书记、宣传部部长闫剑波出席发布会，介绍2019孔子文化节有关情况，回答记者提问。2019年是孔子诞辰2570周年，2019中国（曲阜）国际孔子文化节将于9月6日在济宁曲阜市开幕。2019年的孔子文化节，深入贯彻落实习近平总书记关于弘扬中华优秀传统文化重要论述和视察山东重要讲话指示批示精神，以"用儒家文化讲好中国故事"为主题，主要有开幕式、第十四届联合国教科文组织孔子教育奖颁奖典礼、己亥年祭孔大典、教育国际研讨会、2019济宁文化旅游国际推广大会、2019山东（济宁）投资合作洽谈会、中华礼乐与东亚文明高端儒学会讲、全国青少年弘扬中华优秀传统文化交流展示活动、2019儒医论坛9项活动。

9月6~9日 文化和旅游部党组副书记、副部长李金早到济南市出席全国非遗曲艺周，并在济南、德州、济宁、菏泽等地考察调研。省委常委、济南市委书记王忠林，副省长于杰，济南市委副书记、市长孙述涛，省文化和旅游厅厅长王磊，以及当地负责同志分别陪同参加有关活动。

9月6日 由文化和旅游部非物质文化遗产司、艺术司，山东省文化和旅游厅，济南市人民政府联合主办的2019全国非遗曲艺周启动仪式暨开幕晚会在山东省会大剧院举行。文化和旅游部党组副书记、副部长李金早，山东省委常委、济南市委书记王忠林，山东省人民政府副省长于杰出席活动并共同启动了2019全国非遗曲艺周。启动仪式由济南市委副书记、市长孙述涛主持。李金早在开幕式致辞中指出，山东是文化旅游大省，文化旅游资源独特、丰富；济南文脉深厚，人杰地灵。2019年继续举办全国非遗曲艺周，为全国曲艺传承人提供展示风采的舞台，为曲艺保护工作者搭建学习交流的平台，希望各地以此为契机，加强交流，携手共进。

9月6日 2019中国（曲阜）国际孔子文化节在济宁曲阜孔子博物馆开幕。全国人大常委会副委员长吉炳轩宣布开幕，省委副书记、省长龚正出席并致辞。龚正表示，新时代的山东，正以习近平新时代中国特色社会主义思想为指导，以高度的文化自觉、坚定的文化自信，肩负起历史赋予的使命担当，通过实施研究阐发工程、提能升级工程、普及推广工程、传播交流工程，着力做好“新、兴、活、融”四篇文章，努力做中华优秀传统文化的守护者、传承者和“创造性转化、创新性发展”的探路者、先行者。开幕式现场，《国家文物局与山东省人民政府合作实施“齐鲁文化遗产保护利用计划”框架协议》签署仪式、孔子博物馆开馆仪式同时举行。

9月10日 由最高人民检察院影视中心、中央军委后勤保障部金盾影视中心、山东省委宣传部、青岛市委宣传部等单位联合摄制的大型检察题材电视剧《人民的正义》在青岛开机。省广播电视局党组成员、副局长钟华和电视剧负责同志参加有关活动。该剧是电视剧《人民的名义》的姊妹篇，该剧由《人民的名义》总制片人、导演李路执导，余飞担任编剧倾情打造，节奏紧凑、悬念迭起，通过大量的实例走访和采风，用鲜活的个案剖析人性，用坚定的意志匡扶正义，书写法治中国、维护人民正义，是又一部弘扬正能量的现实主义精品力作。

9月18日 第二届中国新媒体发展年会在山东济南隆重开幕。十二届全国人大教科文卫委员会主任委员、原国家新闻出版总署署长柳斌杰，中国新闻文化促进会理事长、原国家新闻出版总署副署长李东东，中国记协书记处书记季星星，国家广播电视总局发展研究中心主任祝燕南，中国新闻出版研究院党委书记黄晓新，山东省委宣传部副部长、山东省广播电视局党组书记、局长李昌文出席活动并致辞。李昌文表示，第二届中国新媒体发展年会在泉城济南隆重召开，既是媒体界的一件大事，也是一件喜事。本次年会以‘5G时代新媒体的机遇与挑战”为主题，搭建交流平台，探讨5G对媒体发展的深刻影响，对于推动媒体融合事业的发展具有十分重要的意义。本届年会以搭建新媒体交流平台，引领新媒体传播正能量为宗旨，以“5G时代新媒体的机遇与挑战”为主题，引领正确舆论导向，引导新媒体面向5G创新发展。

9月19~23日 第八届山东国际文化产业博览交易会在济南西部国际会展中心举办。本届文博会共设置9大展区和1个供需洽谈区。特别是“一带一路”展区、新媒体展示专区、沿黄省区文化产业联展、文博会与文化惠民消费季有机结合、网上文博会等，成为本届文博会亮点。

9月20日 “奋进的山东”——庆祝中华人民共和国成立70周年成就展在山东博物馆盛大开幕。省委书记刘家义，省委副书记、省长龚正，省委副书记杨东奇出席开幕仪式并参观展览。展览重点突出“奋进的山东”主题，以时间为主线，分为“百废俱兴 艰苦创业”“勇立潮头 砥砺前行”“走在前列 全面开创”三个部分，集中展示新中国成立70周年特别是党的十八大以来，奋进的山东在党中央的坚强领导下，走在前列、全面开创，勇做新时代泰山“挑山工”的精神风貌。

10月

10月16日 韩国文化代表团、韩国“灵感中国采风团”到山东美术馆开展考察交流和笔会活动。山东美术馆党总支书记柳延春出席，副馆长何茂峰、艺术交流中心主任徐康等参加了笔会交流活动。柳延春表示，中韩文化有着深厚的渊源，两国人民有着相近的人文传承和审美追求，在文明交流互鉴的今天，山东美术馆一直致力于引进一流的美术展览，举办一流的美术活动，在山东省美术事业、文化事业蓬勃发展的过程中，发挥着重要作用。

10月17日 省委宣传部副部长、山东省广播电视局党组书记、局长李昌文，省纪委省监委驻省委宣传部纪检监察组组长关华，省广播电视局党组成员、副局长彭子良带领省纪委省监委驻省委宣传部纪检监察组和局机关处室相关同志到山东传媒职业学院就主题教育、党风廉政建设和学院改革发展情况进行深入调研。调研通过召开座谈会和实地查看学院基础设施建设等方式，深入研究学院改革发展中存在的问题，提出推动学院高质量内涵式发展的意见建议。李昌文对学院近年来改革发展给予了充分肯定，并强调要针对改革发展中发现的突出问题，进一步明确工作思路，狠抓工作落实，推动学院各项工作高质量发展。关华围绕推动全面从严治党向纵向延伸，从全面从严治党重要性，推动监督机制改革，强化管理三个方面，对全面加强党风廉政建设提出了具体要求。

10月17日 全省文化旅游扶贫日活动暨精准扶贫成果展开展仪式在临沂市博物馆举行。省文化和旅游厅党组成员、副厅长孙树娥出席开展仪式并讲话。孙树娥指出，本次展览的主要目的是深入学习贯彻习近平总书记关于脱贫攻坚的重要讲话精神，充分展示近年来全省文化和旅游系统精准扶贫成果，汇集全社会共同参与扶贫攻坚的强大合力，为决胜扶贫攻坚营造良好氛围。

10月21～22日 省纪委省监委驻省委宣传部纪检监察组组长关华一行7

人，对省广播电视局党风廉政建设工作开展情况进行调研。省纪委省监委驻省委宣传部纪检监察组围绕局党组履行主体责任情况，贯彻落实中央八项规定及实施细则精神和省委实施办法进行了全面了解。

10月23日 省文化和旅游厅党组书记、厅长王磊到省直文博单位调研指导工作，实地察看省考古研究院、省石刻艺术馆、省文物保护修复中心、省水下考古研究中心、省古建筑保护研究院等单位，了解工作情况，召开座谈会，听取工作汇报，现场协调解决实际问题。王磊充分肯定了近年来各单位取得的工作成绩并提出下一步工作要求，王磊强调，要贯彻落实山东省人民政府与国家文物局签署的《合作实施“齐鲁文化遗产保护利用计划”框架协议》内容，发挥领导班子主观能动性，大胆创新，推动文化和旅游事业融合发展和高质量发展。

10月24日 《中国广播电视年鉴》第35届年会在云南昆明举行。山东省广电局获评中国广播电视年鉴工作先进单位，两名特约编辑被评为先进工作者。

10月28日 山东电影发行放映集团有限公司在济南揭牌成立。省委宣传部正厅级干部王少杰，省财政厅党组成员、副厅长孙庆国出席会议并为集团揭牌。省广播电视局党组副书记、副局长孙杏林主持会议，局党组成员、副局长彭子良宣读集团领导班子任职决定，集团董事长兼总经理张云安介绍山东电影发行放映集团有限公司组建情况。

10月30日至11月1日 第十五届四川电视节和首届“金熊猫”国际传播奖颁奖典礼在四川省成都市举行，山东省广播电视局党组成员、副局长钟华和山影集团负责同志出席此次电视节相关活动。在首届“金熊猫”国际传播奖颁奖典礼上，山影制作的剧目获得多个奖项，《父母爱情》《温州一家人》获最佳电视剧奖，《琅琊榜》《欢乐颂1》《父母爱情》分别获最佳摄影奖、最佳导演奖、最佳男演员奖等单项奖。

11月

11月1日 山东省广播电视局党组理论学习中心组开展党的十九届四中全会精神专题学习。省委宣传部副部长、局党组书记、局长李昌文主持会议，局领导彭子良、刘国华、关卫华参加会议，省委省直机关工委党建督查室，机关各处室负责人列席会议。会议全文学习了中国共产党第十九届中央委员会第四次全体会议公报。

11月1日 山东省广播电视局举办首期“我的业务我来讲”活动。局党组成员、副局长彭子良出席活动并作动员讲话。彭子良强调，“我的业务我来讲”的讲台是一个展示的平台、学习的平台、检验的平台和历练的平台，对于提升干部能力素质具有重要意义。

11月5日 山东影视制作公司摄制的清新田园剧《温暖的味道》在拍摄地青岛市黄岛区后石沟村举行媒体见面会，省委宣传部分管日常工作的副部长王红勇，省广播电视局党组成员、副局长钟华出席见面会。《温暖的味道》紧紧围绕2020年全面建成小康社会重要宣传期，以“第一书记”作为表现主体，结合新时期农村发展现状，讲述了“第一书记”下乡后加强基层党组织建设、推动精准扶贫、为民办事服务、提升治理水平的故事，这也是山影2014年成功推出电视剧《马向阳下乡记》后再次将镜头聚焦“第一书记”。

11月7日 山东省广播电视协会第四届会员代表大会在济南召开。大会宣读了中广联合会发来的贺信和省委宣传部副部长，局党组书记、局长李昌文的致辞，李昌文指出，当前广电行业改革发展面临着前所未有的巨大压力与挑战，全省广播电视工作者更需要团结一致，坚守使命，积极创新，为党和人民守好阵地，创作生产更多更好的内容精品。省广播电视局党组成员、副局长钟华主持会议并作总结讲话。大会审议通过了《山东省广播电视协会章程》（修订稿）、《山东省广播电视协会会员条例》和《山东省广播电视协会会员自律公约》等相关文件。

11月8～10日 2019山东国际文物保护装备博览会在日照国际博览中心举办，来自国内外的50多家文博装备企业、数百位文博领域专家学者参加。本届博览会主要展示国内外最先进的文物修复仪器设备、微环境监测调控仪器设备、博物馆展柜、灯具、文物库房设备、文创产品、文物保护修复新材料新工艺、三维扫描和AR/VR等数字技术，让观众感受到科技带给文化遗产保护的力量。

11月10日上午 万众瞩目、备受期待的全国第十二届书法篆刻展览篆书篆刻刻字展在山东美术馆开幕。中国书协主席苏士澍在开幕式上讲话并宣布展览开幕。山东省文联党组书记、副主席王世农致欢迎词。中共山东省委常委、宣传部部长关志鸥，山东省政协副主席吴翠云，山东省人大常委会副主任王良，山东省政府副省长于国安，中国文联副主席、山东省文联主席潘鲁生，山东省委宣传部副部长王红勇、卢岚，山东省委统战部副部长孙传尚，中国书协顾问张业法等2000余人参加开幕式。王世农表示，“三大国展”的举办将成为推动山东文艺由高原迈向“高峰”的重要引擎。苏士澍指出，广大书法家和书法工作者要把习近平总书记对文艺工作的殷切期望融入今后的工作与创作中，坚定文化自信，弘扬民族精神，以精湛的笔墨讴歌伟大时代。

11月10日上午　“冬游齐鲁·好客山东惠民季”暨“泉城冬韵”文化旅游惠民季启动仪式在济南大明湖景区举行。省文化和旅游厅党组书记、厅长王磊致辞。王磊表示，举办“冬游齐鲁·好客山东惠民季”是全省文化和旅游系统认真贯彻落实省委、省政府关于促进消费提档升级、推动经济高质量发展的指示精神，主动谋划、担当作为，加快推进文化旅游供给侧结构性改革的具体举措。

11月13~14日　由山东省文化和旅游厅主办，明清官式建筑保护研究国家文物局重点科研基地曲阜分基地承办的山东省文物保护工程勘察设计培训班在曲阜举行。省文化和旅游厅副厅长王廷琦出席培训班开班仪式并作重要讲话。王廷琦在讲话中回顾了“十三五”以来山东文物保护工程取得的成就，特别是围绕全省区域发展战略，组织实施了“七区三带”文物片区保护，集中连片文物保护模式得到国家文物局推广。此次培训班是为了认真贯彻全省文物保护委员会（扩大）会议精神，扎实做好当前和今后一段时期全省文物保护工作而开展的，培训班的举办将有力促进山东省文物保护工程的高质量开展。

11月18日　布拉迪斯拉发国际插画双年展（BIB）中国巡展开幕式在济南山东书城五楼山东出版美术馆举行。本次展览以“开阔国际视野，塑造美好心灵”为主旨，共展出国际上最优秀插画大师的300余幅布拉迪斯拉发国际插画双年展（BIB）获奖作品。省委宣传部常务副部长、省文明办主任王红勇，山东出版集团党委副书记、总经理王次忠，省教育厅总督学邢顺峰，山东广播电视台党委副书记张卫华，省委宣传部出版管理处处长刘子文等出席开幕式。王次忠表示，布拉迪斯拉发国际插画双年展（BIB）全国巡展是围绕国际化的优质文化品牌，是将图书出版与插画巡展相融合，打造出版与文化艺术相结合的文化品牌。

11 月 19 日上午 “冬游齐鲁·好客山东惠民季”新闻发布会在济南举行，省文化和旅游厅党组成员、副厅长张明池出席并介绍活动有关情况。“冬游齐鲁·好客山东惠民季”活动已于 11 月 10 日举办了启动仪式，整个活动的内容主要是“三个一批”，即推出一批冬季特色旅游主题产品、举办一批冬季旅游节庆活动、出台一批冬季旅游让利惠民措施。

11 月 22～24 日 “新年画·新生活”——2020 年画传承发展大会在山东潍坊举行。文化和旅游部非遗司司长陈通、山东省文化和旅游厅二级巡视员郭建芬等出席开幕式并致辞。陈通指出，年画是我国传统工艺和民间美术的典型代表，年画的发展振兴既要做好记录、保存、建档等基础性工作，还要激活内生动力，促进传承发展，通过题材创新、内容创新、应用创新，让年画在新时代焕发出新的活力。郭建芬表示，本次年画传承发展大会选址山东省潍坊市，通过展览、展演、论坛等形式，探讨当代年画创新性保护的成功实践，探索年画制作技艺振兴的可行性举措以及发展空间，对推动齐鲁优秀传统文化创造性转化、创新性发展具有重要意义。大会鼓励年画新创作，赋予年画更加丰富的文化内涵和时代意义，为推动年画融入时尚与新消费，形成新的业态，提供更广阔的发展空间。

11 月 26 日 第二届山东省工业旅游联盟大会在聊城东阿举行。会上通过了《山东省工业旅游联盟·东阿宣言》和《冬游齐鲁优惠倡议书》，推出山东省经典工业旅游产品、山东省工业旅游冬季优惠政策。工业和信息化部工业文化发展中心主任助理韩强，中国旅游协会副会长、山东省旅游行业协会会长王德刚，省文化和旅游厅产业发展处处长张百科，省工业和信息化厅产业政策处处长马勇，市政协副主席葛敬方等出席会议。张百科讲到，工业旅游对充分发挥“旅游＋工业”的拉动、融合及催化、集成作用，为区域工业转型和旅游发展拓展空间、提供平台，推动文化和旅游消费升级，都具有十分重要的作用和意义，市场前景广阔，发展潜力巨大。马勇表示，各级工业和信息化部门一直以来都高度重视，把发展工业旅游与企业品牌建设、市场营销结合起来，营造了“政府引导、部门支持、企业主体、合力推动”的良好氛围，推动了工业旅游规范发展和逐步升级。

11 月 27～29 日 山东省文化和旅游厅在济南举办了山东省文化和旅游项

目投融资培训班。省文化和旅游厅党组成员、副厅长张鲲在开班仪式上讲话。他强调，本次培训班的主要目的是为了抓好文化和旅游重大项目建设，积极推动新旧动能转换重大工程；进一步提升领导干部工作能力和水平，提高文化和旅游项目投融资效率；做好项目投融资对接，鼓励引导更多的社会资本投入文化产业和旅游产业。培训重点解读了国家促进文化旅游消费政策与全省文旅融合发展规划，就全省新旧动能转换重大工程、旅游企业融资上市、人民银行融资网络服务平台、新旧动能转换产业基金政策等方面进行专题辅导。

11 月 28 日　民族歌剧《沂蒙山》新闻发布会在郑州市河南艺术中心大剧院举行，山东省文化和旅游厅党组成员、副厅长张桂林，山东歌舞剧院书记、院长张积强，以及担纲本次演出的著名歌剧表演艺术家和优秀青年歌唱家出席发布会。张桂林表示，与其说是我们创作出《沂蒙山》，倒不如说是我们忠实地记录了那段历史。民族歌剧《沂蒙山》于 11 月 29 日、30 日在河南艺术中心大剧院上演。此次演出由中共山东省委宣传部、山东省文化和旅游厅共同主办。

11 月 29 日下午　省直文化和旅游系统在济南百花剧院举办党的十九届四中全会精神宣讲报告会。省文化和旅游厅党组成员、副厅长王廷琦受厅党组委托主持报告会，中共山东省委党校张国亭教授应邀作宣讲报告。

12月

12 月 2 日　“不忘初心 传承经典”海北山东双向文化交流活动在山东剧院启动。山东省文化和旅游厅一级巡视员李国琳、青海省海北州人民政府副州长、州文体旅游广电局党组书记、局长刘宝春等领导出席交流活动启动仪式。启动仪式现场，山东省文化和旅游厅与青海省海北藏族自治州人民政府签署了对口支援合作框架协议。李国琳指出，由山东省倡议，北京、天津、上海、浙江、江苏等 6 省市共同发起的援青文旅联盟在青海省海北州成立，将通过区域合作，积极推动旅游资源、游客资源、信息资源、技术资源的互动共享，整合受援各市州的文化旅游资源，打造精品文化旅游产品、旅游线路，共同开拓国内外文化旅游市场。刘宝春表示，开展“海北——山东双向文化交流活动”，有利于优秀文化的传播与交流，增进两地人民间的相互了解，有利于发展本民族文化的同时，共同维护文化多样性，促进两地文化繁荣发展。

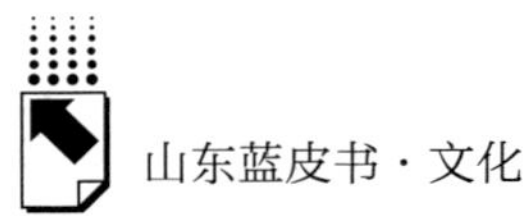

12月3日 由山东省文化和旅游厅主办的“2019韩国·中国山东文化年”闭幕式暨山东省文化旅游推介会在韩国首尔举行。山东省委书记刘家义、中国驻韩大使邱国洪、山东省文化和旅游厅厅长王磊，以及首尔市荣誉市长梁武承等出席。刘家义书记为“孔子旅游大使”颁发证书，并见证了山东省与韩国有关文化旅游机构合作协议的签署。省委常委、秘书长孙立成宣布2019韩国·中国山东文化年圆满闭幕，并邀请韩国民众来山东实地感受“永不落幕的中国山东文化年”。

12月7日 由山东美术家协会、山东艺术学院、山东省文化馆、中国艺术研究院中国画院主办，山东齐香斋画廊协办的“此心梅月两相知——唐建画展”在省文化馆开幕。文化部原副部长、中国艺术研究院原院长王文章，全国人大监察和司法委员会副主任委员徐显明，省林业厅厅长、省政协副主席刘均刚，中国艺术研究院副院长周泓杨，山东省委宣传部常务副部长王红勇，省文联党组书记、副主席王世农，省文化和旅游厅党组成员、副厅长张鲲等领导出席了活动。此次展览共展出唐建教授书画作品90余幅，为其近年来的书画新作，作品多为其深入生活、扎根人民的写生作品，体现出浓郁的生活气息和扎实的传统功力。

12月7日 由青海省委宣传部、山东省委宣传部主办的“大美青海·一江清水向东流”摄影巡回展暨“黄河入海流”山东省摄影图片展在山东省文化馆拉开帷幕。山东省委宣传部副部长、省政府新闻办主任魏长民，青海省委宣传部副部长、省政府新闻办主任宋江涛，青海省政府新闻办副主任武良桃，山东省文化和旅游厅副厅长张桂林等出席活动。魏长民表示，山东与青海的作品，从源头到入海，从高原到平川，相辅相成，相得益彰，为我们带来了一次视觉享受和精神盛宴。宋江涛表示，鲁青两地的深情厚谊，像黄河水一样源远流长，新的时代，保护三江源、保护母亲河、共建共治共享黄河生态带的共同使命又把我们连接在一起。本次展览旨在中华人民共和国成立70周年之际，充分展示青海省、山东省深入学习贯彻习近平生态文明思想，贯彻落实习近平总书记在黄河流域生态保护和高质量发展座谈会上的重要讲话精神，在推动黄河流域生态保护和高质量发展方面做出的贡献、取得的成就。

12月11日 由山东卫视传媒有限公司、上海礼傲影视文化传媒有限公司等单位联合出品的退役军人自主创业题材电视剧《落地生根》在拍摄地威海文登举行媒体见面会，省广电局党组成员、副局长钟华出席发布会并致辞。电视剧《落地生根》根据李喜华小说《参花红》改编，以威海文登某村退伍军人为原型，讲述他退役后扎根乡村，自主创业，带领乡亲们发展西洋参产业、脱贫攻坚奔小康的故事。该剧将作为2020年全面建成小康社会献礼剧目与观众见面。

12月14日　《山东省革命文物保护利用规划》泰安试点调查启动暨座谈会在泰安市举行，标志着《规划》编制工作全面启动。省文化和旅游厅副厅长王廷琦、泰安市人民政府副市长成丽等参加。王廷琦指出，革命文物是“不忘初心、牢记使命”的精神财富和力量源泉，是传承红色基因、弘扬沂蒙精神的重要载体和深厚滋养，也是让文化遗产“活”起来、促进文旅融合发展的重要切入点和强大动力。《规划》的编制，是山东向建党100周年献礼的重要工作目标。

12月20日　韩国世宗文化会馆金成圭社长率韩国国立歌剧团、首尔市舞蹈团来山东省开展文化交流活动。在济南，交流团对山东博物馆、省文化馆、省会大剧院进行参观考察和业务交流。省文化和旅游厅厅长王磊、副厅长张桂林会见金成圭社长一行。

12月25日　省广电局举办党的十九届四中全会精神宣讲报告会，邀请山东省委党校社会和生态文明教研部主任，邱磊教授作辅导报告。省广电局领导孙杏林、彭子良、刘国华参加会议，局机关和局属单位党员干部参加辅导。

Abstract

The modernization of cultural governance is not only the route to Shandong's cultural development and progress in the new era, but also a deep support of the construction of a strong modern province. The guiding position of Marxism in the ideological field of the province has been further consolidated, the core values of socialism have been further promoted, the people's cultural rights protection system, public opinion communication guidance system, and cultural production and management system have been improved. New steps have been taken continuously in development to lay a good foundation for the modernization of Shandong's cultural governance. The process of globalization is accelerating, the role of culture in economic and social development is becoming more and more prominent, cultural and technological innovation is constantly spawning new formats, and the "culture + " policy is developing in depth, which provides historical opportunities for the modernization of Shandong's cultural governance. To promote the construction of Shandong's strong cultural province, it is necessary to comprehensively improve the level of socialization, legislation, diversification, and informatization of cultural governance, and also form a perfect cultural system. Cohesiveness has always been the fundamental task of the modernization of Shandong's cultural governance. It is necessary to continuously consolidate the guiding position of Marxism in the field of ideology, strengthen the ethical construction of citizens in the new era, and form a spirit of unity and health in the whole society. The inherent requirements for the balanced and coordinated development of urban and rural culture in Shandong's cultural governance modernization must not only protect and restore the historical and cultural city as a whole to promote the rejuvenation of urban culture, but also vigorously implement the construction of rural civilization and improve public cultural services. Cultural revitalization allows the people of the whole province to share the fruits of cultural development. The strategic transformation of cultural development is the only way for the modernization of Shandong's cultural governance. We must take reform and innovation as the driving force, take the supply-side structural reform as the main line, and take the high-quality and innovative development of the industry as the goal to vigorously promote the optimization and transformation of the cultural and tourism industrial structure, to actively cultivate new cultural formats to promote the conversion of old and new kinetic energy in the province.

The protection and utilization of excellent traditional culture and regional culture are the foundations of the modernization of Shandong's cultural governance. It is necessary to promote the construction of the Yellow River Cultural Belt, the Grand Canal Cultural Belt, Qi Great Wall Cultural Belt, andShanshui Sage Cultural Belt, and realize the transformation from a large cultural province to a strong cultural province.

Keywords: Shandong; cultural governance; cultural strategy; strong cultural province

Contents

I General Report

Abstract: The modernization of cultural governance is not only the only way for Shandong's cultural development and progress in the new era, but also a deep support of the construction of a strong modern province. In the cultural construction process, Shandong insists on the organic connection between deepening reform and institutional innovation, and cultural governance has formed certain advantages. However, facing the situation where opportunities and challenges coexist, there are still many deficiencies in the governance system and governance capabilities. To promote the modernization of cultural governance in Shandong, we must accelerate the transformation of cultural development strategies, improve cultural policies and regulations, stimulate the vitality of cultural creation and production, develop emerging cultural industries, comprehensively improve the level of socialization, legislation, diversification, and informatization of cultural governance, and highlight new advantages in provincial construction.

Keywords: cultural governance; cultural policy; ideology; cultural industry

Ⅱ Cultural Industry Section

Abstract: In 2019, theprovince's radio and television system actively optimizes the supply of high quality products, deepens the reform of institutional mechanisms, accelerates the integration of media, and strives to promote the transformation of industries from quantity to quality, from traditional formats to new-emerging formats, and new progress and new results has been made in industrial development. In the face of new changes in communication patterns and public opinion ecology, new expectations of the growing cultural life of the masses, and new requirements for high-quality development of the industry in the new era, the province's radio, television, and network audiovisual industry must grasp the high-quality development trend and promote "High-precision" development, integrated development and the development of the entire industry chain, actively attempt new formats, enrich new models, provide new services, and advance the transformation and upgradation of industrial kinetic energy.

Keywords: radio and television; network audiovisual industry; high-quality development

Abstract: In 2019, the development of Shandong's cultural tourism industry, guided by Xi Jinping's new era socialism with Chinese characteristics, comprehensively implements the spirit of the important speeches and important instructions of General Secretary Xi Jinping's inspectionat Shandong, firmly implements the basic requirements of firmly grasping high-quality development, and actively promotes the major project of new and old kinetic energy conversion. With the goal of building a strong cultural province, the development vigorously promotes the optimization, transformation and upgradation of the cultural tourism industry structure, and actively cultivates a new format of culture and tourism integration. As a result, the province's cultural tourism industry presents a good development trend.

Keywords: Shandong tourism; culture and tourism integration; tourismscience and technology

B.4 The Report on the Development of Shandong Animation Industry in 2019

Yang Mei / 046

Abstract: In 2019, the Shandong animation industry has made great progress in animation exhibition activities, animation brand creation, animation park construction, television animation creation and foreign exchange and cooperation in animation. But compared with advanced provinces and cities, there is still a big gap. Shandong Animation Industry should further expand the industry scale, improve the industry quality, update the concept of animation, strengthen brand building, exert cultural advantages, strengthen the cultivation and use of talents, and comprehensively improve the development of Shandong animation industry.

Keywords: animation industry; cartoon; Qilu Culture

B.5 The General Development Trend of China's "Culture Plus" and Shandong's Countermeasures and Suggestions

Li Ranzhong / 054

Abstract: Under the current trend of InternetPlus in China, there is also a parallel trend of culture Plus. With the general trend of Internet Plus sweeping everything, if we observe carefully, it is easy to find that the Internet platform itself is proceeding the culture Plus, but also the whole society and the whole industry are carrying out culture Plus. All phenomena show the great desire of interactive integration, promotion and earnings with culture. Facing the current megatrends of China's culture Plus development, Shandong should actively innovate and promote culture Plus to advance the smooth realization of Shandong's conversion of new and old kinetic energy, actively create representative culture Plus projects, and create a good business environment with high capabilities to attract and retain high-tech talents, so as to achieve a new surpass of Shandong's economic and social development in the new era.

Keywords: Culture Plus; Internet Plus; content industry; digital culture industry; consumption upgradation; economy transformation

Ⅲ Chapter of Literature and Art

Abstract: In the past 70 years since the foundation of New China, Mountain Tai Cultural research has gone through a period of silence, vitality, and innovation. Measured from the three dimensions of document collation, theoretical construction, and practical application, the research forms of these three periods are related to different historical fields and historical contexts and the overall presentation is to return to tradition and to modernization. The researches on Mountain Tai culture are on the way towards openness, diversification, deepening and refinement. The understanding and thinking of Mountain Tai cultural value are continuously deepened. Mountain Tai Culture research still has limitations in macro planning, top-level design and overall advancement, and poor connection between theoretical research and applied research. In the future, Mountain Tai Culture research must seek breakthroughs in research orientation, research vision, and research methods.

Keywords: Mountain Tai culture; historical process; limitations and strategies; 70th anniversary

B. 7 70 Years: An Overview of Shandong Contemporary Literature

Xue Zhongwen / 080

Abstract: In the 70th anniversary of New China, Shandong contemporary literature has gone through three stages: the "seventeen years", the ten years of "Cultural Revolution" and the new period. Judging from the writers themselves and the dimensions of their works, the literary creations of these three periods are closely related to the life of these three times to varying degrees, and the overall presentation reflects the characteristics of the real society. Shandong contemporary literature has exhibited its own historical characteristics in different periods, showing its own unique artistic value and historical rationality, and has also undertaken the literary mission given to her by history. It has its own unique position and influence in the history of Chinese contemporary new literature. However, there are still old ideas in Shandong's contemporary literary creation, and the ideas are not broad enough, and they are not sufficiently integrated with the outside world. In the future, the development of Shandong literature must strengthen its own publicity and compete for the commanding heights of public opinion; it is necessary to build the advantages of its group, highlight its own regional cultural characteristics, enhance its cultural foundation, improvethe quality of creation, and produce more talents and more products, which is the fundamental way to improve competitiveness.

Keywords: 70 years; Shandong contemporary literature; creative talent; creative quality; competitiveness

Ⅳ Chapter of Cultural Cases

B. 8 A Research on the Construction of Rural Public Cultural Service System in Jinan under the Strategy of Rural Revitalization

Yan Ping / 090

Abstract: Based on the requirements of the rural revitalization strategy implementation in China, it is important to comprehensively understand the connotation and function of the rural public cultural service system construction, and vigorously promote rural cultural revitalization, which is the key task to promote the rural revitalization strategy implementation. Analyzing deeply the investigation and practice of Jinan's rural public cultural service system construction, this research explores the rational institutional arrangements containing modern cultural governance concepts based on the existinghighlighted problems, and puts forward practical strategies for instrumentalizing the construction of rural public cultural service system.

Keywords: rural revitalization; cultural revitalization; rural public cultural service system; Jinan

B. 9 The Status Causes and Development Observation of Cinemas in Jinan from the Perspective of Central Place Theory

He Jian / 105

Abstract: Chinese cinema has entered a period ofcontinuously rapid growth, and cinema construction has become an important infrastructure for the urban cultural industry and cultural consumption. As a provincial capital, Jinan has entered the critical period of rapid urban development under the blessing of the dual positioning of "the leading area of new and old kinetic energy conversion" and "land and sea bidirectional opening hub". Based on the central place theory, which is an important basic theory for studying the development of urban and commercial districts, it can be seen that the layout of Jinan cinemas is still too concentrated and distributed in a narrow and long band, which is not synchronized with the development of Jinan's city development. It is necessary to look at Jinan's east-west new city, the northern leading area, Laiwu District and Laigang District, and in advance make a more reasonable handle-layout.

Keywords: central place theory; cinema layout; the conversion of old and new kinetic energy

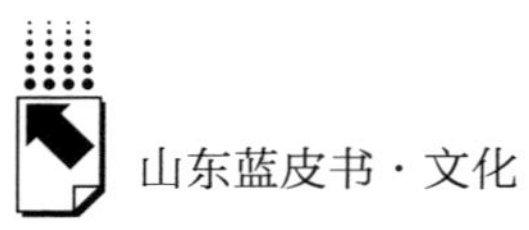

B. 10 A Research Report on Renewal, Innovation and Development of Jinan Old City *Wang Hu, Yan Na* / 117

Abstract: The protection and restoration of theold city in the form of whole unit is becoming a strategic choice for local governments to achieve urban revitalization. The old city area is the area with the most concentrated historical relics in Jinan, the richest features of Quancheng, and the most profound cultural accumulation. Implementing the strategy of old kinetic energy conversion, Jinan changes the traditional promotion model of investment funds and carrier construction in the past, and explores a new integrated mechanism with approach innovation, policy innovation and service innovation as the core, activates and advances the cross-border promotion of talents, resources and industrial elements based on excellent traditional Chinese cultures. Besides, we need to create a new cultural ecosystem that seamlessly connects various creative innovations, such as Internet Plus, Public culture Plus, Cultural industry Plus, with intangible cultural heritage elements, and let them grow across borders. The goal is that the old city can fully retain historical memory, meet the actual needs of industrial development, highlight its inheritance value, and effectively promote the development of public culture and community integration.

Keywords: renewal of ancient city; urban cultural space; tourismscience and technology

B. 11 The Study on Construction of Rural Civilization in Fengmao Town, Shanting District, Zaozhuang from the Perspective of Rural Revitalization *Shen Wang* / 128

Abstract: The rural civilization is one of the important contents of the rural revitalization strategy. The construction of rural civilization largely determines the actual effectiveness of the rural revitalization strategy. Fengmao Town, located in Shanting District, Zaozhuang city, possesses a long history and rich resources. In recent years, it has made remarkable achievements in the construction of new rural areas. However, a series of problems have also been highlighted behind the achievements, such as: the weak economic foundation affects the implementation of rural civilization; rural development is "hollow" and indecent phenomena occur frequently; more attention is paid to hardware—infrastructure, but the software—cultivation of new trend in civilization lack of enough attention; there is no joint force between local cultural resources and construction of rural civilization; the construction of rural civilization is fragmented, etc. In response to the above problems, this article puts forward reasonable suggestions according to local conditions, that is, to implement comprehensive remediation to improve the rural living environment, strengthen publicity and guidance, cultivate a new trend of civilization, realize family beauty, optimize beautiful rural cells and rural beauty, improve beautiful village civilization, dig deeply into local cultural heritage and strengthen the leading role of advanced example.

Keywords: rural revitalization; rural civilization; Fengmao Town; cultural confidence

Abstract: TheLedao Academy in Wei County · WeiHsien Camp in Weifang, Shandong, a western-style comprehensive community integrating education and medical care, was founded in 1881. It has made great contributions to the establishment of modern Chinese higher education, and it is also the birthplace of the Communist Party of China in Weifang. During the Pacific War, Ledao Academy in Wei County was requisitioned by the Japanese invaders as a concentration camp for the detainees of the Allied Powers. The people of Wei County gave them a hand to rescue them, perfectly interpreting the scientific concept of "A community of shared future for mankind" and providing abundant materials for "telling good Chinese stories". In recent years, Weifang Municipal Government has attached great importance to the red culture and patriotism education value of WeiHsien Camp, and invested human and material resources to protect and develop relevant cultural resources. In 2019, WeiHsien Camp was successfully approved as a major site to be protected at the national level and a national patriotism education demonstration base. At the same time, there are hidden shortcomings and deficiencies behind the rapid development. The next step should focus on the conversion from single management to multi-sector linkage, from one-way promotion to rich publicity and learning design. This will enable it to establish a long-term mechanism to promote the long-term development of its cultural industry and increase the regional soft power of Weifang.

Keywords: Ledao Academy in Weifang County; WeiHsien Camp; patriotism cultural industry

B. 13 A Research Report on the Development of Culture and Tourism Integration in Dongying *Zhao Yingfang* / 162

Abstract: In recent years, with the goal of building a cultural tourism destination for the Yellow River Estuary, Dongying has deeply implemented the three-year action plan for "enriching the people by tourism", consolidating and enhancing the achievements of the national public cultural service system demonstration area, and striving to advance the brand of "the Yellow River enters the sea, we go home", strengthening the protection of cultural relics and intangible cultural heritage, inheriting excellent traditional culture. As a result, Dongying has achieved significant results in the development of culture and tourism integration. However, there still exists problems in the integration systems and insufficiencies in culture inheritance. In the next step, Dongying should actively build a demonstration zone of eco-cultural tourism in the Yellow River Delta. Starting with taking "nature protection zone plus urban area" as the core area to lead global tourism, cultivating a new format of "cultural tourism plus" industry, developing tourism night economy, promoting public cultural service, and advancing the development of public cultural service system and industrial integration development of culture and tourism, we will continue to further promote the integration.

Keywords: culture; tourism; intangible cultural heritage; night economy

Abstract: China is the hometown of wine, and wine culture occupies an important position in the 5, 000-year history of China. As a material culture, the process of wine culture development is synchronized with the history of economic development. Through field works of a number of wineries in Shandong, we made systematic and deep investigations of a series of issues, including the history, the status of development status and current measures of wine culture of Shandong and found out the problems and deficiencies in the current development. Drawing on the existing experience and practices, we put forward countermeasures and suggestions for the development of Shandong wine industry and wine culture. All of these would exert practical significance for the whole promotion of Shandong wine culture, the realization of conversion of old and new kinetic energy, and the advancement of society and economy.

Keywords: Shandong; wine culture; history and culture

V Canal Culture Section

Abstract: The Grand Canal is not only a precious heritage of the Chinese nation, but also a mobile culture. In order to coordinate the protection, inheritance, and utilization of the cultural heritage of Shandong section of the Grand Canal, the research team focused on the cultural heritage of Shandong section of the Grand

Canal, and explained elaborately the status of it from five aspects: Firstly, we attached greatimportance to its protection, inheritance and utilization. Secondly, we dug into its formation, classification and uniqueness of it. Thirdly, we sorted properly out the foundation of its protection, inheritance and utilization, as well as current problems. Fourthly, we summarized comprehensively the general requirements and strategic measures of its protection, inheritance and utilization. Lastly, we proposed reasonable suggestions on the guarantee mechanism of its protection, inheritance and utilization. By these five ways can the research team strengthen the policy support and work guidance of the protection, inheritance and utilization of the cultural heritage of Shandong section of the Grand Canal.

Keywords: the Grand Canal; cultural heritage; classification; charm; guarantee mechanism

Abstract: The Grand Canal of China has a long history and a profound canal culture. Standing at the strategic height of inheriting Chinese civilization, strengthening cultural confidence, and enhancing the influence of Chinese culture, Xi Jinping, general secretary of the CPC Central Committee, has the instructions of the excavation of historical and cultural resources centered on the Grand Canal, the comprehensive protection, inheritance and utilization and "the three articles" . The construction of the Grand Canal cultural belt should be guided by the general secretary's new ideas, concepts and strategies for governing the country, and in accordance with the overall layout of the "five-sphere integrated plan" and the layout of "the Four-pronged comprehensive strategy" . Besides, the construction should focus on promoting the uplift of districts along the canal, the acceleration of the conversion of old and new kinetic energy and the goal of a strong economic and cultural province and country, and then accomplish the top-level design. Adhering to the guidance of the construction of the Grand Canal cultural belt, we should comprehensively advance the comprehensive, balanced and sustained development of the canal, including: water transportation, ecology, city construction, industry, and tourism of the canal. By this way can the Grand Canal of China become a world-renowned corridor of economy and culture integration step by step. Starting with insightful understanding of the spirit of General Secretary Xi's guidance and instructions on the Grand Canal, this article analyzes the connotation of the Grand Canal culture and the ideas for promoting the construction of the Grand Canal cultural belt, and puts forward the guarantee measures for promoting the construction of the Grand Canal cultural belt.

Keywords: the Grand Canal; cultural belt; industry; connotation; measures

Abstract: Retaining a lot of tangible and intangible cultural heritage, the cultural heritage resources of the Grand Canal in Shandong are extremely rich. The content of the intangible cultural heritage of the Grand Canal in Shandong is extremely extensive, including the folk customs, skills, opera, music, dance, folk literature and so on. In recent years, remarkable results and great achievements have been made in the protection of intangible cultural heritage of the Grand Canal in Shandong, but there are still some problems and deficiencies. In response to this situation, relevant departments should increase efforts on publicity, enhance protection awareness, improve the protecting mechanism, and protect the ecological environment of the Grand Canal. Under the premise of strengthening overall coordination and avoiding repeated construction, a series of intangible cultural heritage project are taken in various modes to spread culture, including folk museums, urban RBD, stage performances, theme parks and so on, so as to activate the culture life of the masses and share the culture development achievements.

Keywords: Shandong; the Grand Canal; intangible cultural heritage; protection; inheritance

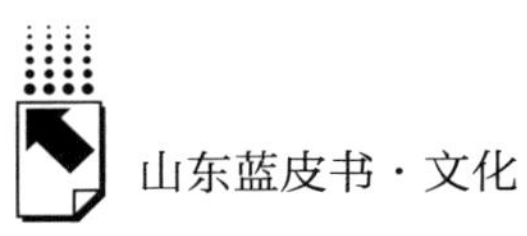

B. 18 The Discussion on the New Mode of "Slow" Wondering of Cruise in the Inland of the Beijing-Hangzhou Grand Canal

Hou Jiabin, Ren Wei and Wang Tao / 234

Abstract: This article analyzes the development status of inland river cruises at home and abroad. Combined with the new mode of "slow" cruises, this article explores the necessity and advantages of the slow cruise in the inland of the Beijing-Hangzhou Grand Canal. Consequently, we put forward thefollowing development-strategies: the new mode of "slow" travel of cruise in the inland river of the Beijing-Hangzhou Grand Canal based on multi-city intermodal transportation—the implementation of *The General Plan of The Beijing-Hangzhou Grand Canal Tourism*; the advancement of tourism infrastructure of cruise ships; the improvement of ecological environment of the Grand Canal; the deep excavation of history, culture and connotation of the Grand Canal and the reinforcement of propaganda.

Keywords: the inland river cruise; "slow" travel; the Beijing-Hangzhou Grand Canal; multi-city intermodal transportation

B. 19 A Research on Brand Building of Shandong Section of the Grand Canal Linear Cultural Industry Belt under the Background of "Internet Plus"

Zheng Yapeng, Zhang Lei / 244

Abstract: The era of big interconnection has brought about a change in information needs. Internet mind emerged as the time's requirement, and became the development trend of today's brand building. As a typical linear cultural brand, the construction of Shandong Canal culture requires accurate audience positioning, establishing the Grand Canal brand, taking both traditions and the times into account, creating a regional cultural brand, promoting the communication of integrated media, and developing online brands. Guided by the government, we should coordinate brand marketing, adhere to sustainable development and improve the brand based on technology-innovation.

Keywords: InternetPlus; linear

皮书

智库报告的主要形式
同一主题智库报告的聚合

✤ 皮书定义 ✤

皮书是对中国与世界发展状况和热点问题进行年度监测，以专业的角度、专家的视野和实证研究方法，针对某一领域或区域现状与发展态势展开分析和预测，具备前沿性、原创性、实证性、连续性、时效性等特点的公开出版物，由一系列权威研究报告组成。

✤ 皮书作者 ✤

皮书系列报告作者以国内外一流研究机构、知名高校等重点智库的研究人员为主，多为相关领域一流专家学者，他们的观点代表了当下学界对中国与世界的现实和未来最高水平的解读与分析。截至 2020 年，皮书研创机构有近千家，报告作者累计超过 7 万人。

✤ 皮书荣誉 ✤

皮书系列已成为社会科学文献出版社的著名图书品牌和中国社会科学院的知名学术品牌。2016 年皮书系列正式列入“十三五”国家重点出版规划项目；2013~2020 年，重点皮书列入中国社会科学院承担的国家哲学社会科学创新工程项目。

中国皮书网

（网址：www.pishu.cn）

发布皮书研创资讯，传播皮书精彩内容
引领皮书出版潮流，打造皮书服务平台

栏目设置

◆ **关于皮书**

何谓皮书、皮书分类、皮书大事记、
皮书荣誉、皮书出版第一人、皮书编辑部

◆ **最新资讯**

通知公告、新闻动态、媒体聚焦、
网站专题、视频直播、下载专区

◆ **皮书研创**

皮书规范、皮书选题、皮书出版、
皮书研究、研创团队

◆ **皮书评奖评价**

指标体系、皮书评价、皮书评奖

◆ **互动专区**

皮书说、社科数托邦、皮书微博、留言板

所获荣誉

◆ 2008 年、2011 年、2014 年，中国皮书网均在全国新闻出版业网站荣誉评选中获得“最具商业价值网站”称号；

◆ 2012 年，获得“出版业网站百强”称号。

网库合一

2014年，中国皮书网与皮书数据库端口合一，实现资源共享。

中国社会发展数据库（下设 12 个子库）

整合国内外中国社会发展研究成果，汇聚独家统计数据、深度分析报告，涉及社会、人口、政治、教育、法律等 12 个领域，为了解中国社会发展动态、跟踪社会核心热点、分析社会发展趋势提供一站式资源搜索和数据服务。

中国经济发展数据库（下设 12 个子库）

围绕国内外中国经济发展主题研究报告、学术资讯、基础数据等资料构建，内容涵盖宏观经济、农业经济、工业经济、产业经济等 12 个重点经济领域，为实时掌控经济运行态势、把握经济发展规律、洞察经济形势、进行经济决策提供参考和依据。

中国行业发展数据库（下设 17 个子库）

以中国国民经济行业分类为依据，覆盖金融业、旅游、医疗卫生、交通运输、能源矿产等 100 多个行业，跟踪分析国民经济相关行业市场运行状况和政策导向，汇集行业发展前沿资讯，为投资、从业及各种经济决策提供理论基础和实践指导。

中国区域发展数据库（下设 6 个子库）

对中国特定区域内的经济、社会、文化等领域现状与发展情况进行深度分析和预测，研究层级至县及县以下行政区，涉及地区、区域经济体、城市、农村等不同维度，为地方经济社会宏观态势研究、发展经验研究、案例分析提供数据服务。

中国文化传媒数据库（下设 18 个子库）

汇聚文化传媒领域专家观点、热点资讯，梳理国内外中国文化发展相关学术研究成果、一手统计数据，涵盖文化产业、新闻传播、电影娱乐、文学艺术、群众文化等 18 个重点研究领域。为文化传媒研究提供相关数据、研究报告和综合分析服务。

世界经济与国际关系数据库（下设 6 个子库）

立足“皮书系列”世界经济、国际关系相关学术资源，整合世界经济、国际政治、世界文化与科技、全球性问题、国际组织与国际法、区域研究 6 大领域研究成果，为世界经济与国际关系研究提供全方位数据分析，为决策和形势研判提供参考。

法律声明

“皮书系列”（含蓝皮书、绿皮书、黄皮书）之品牌由社会科学文献出版社最早使用并持续至今，现已被中国图书市场所熟知。“皮书系列”的相关商标已在中华人民共和国国家工商行政管理总局商标局注册，如LOGO（ ）、皮书、Pishu、经济蓝皮书、社会蓝皮书等。“皮书系列”图书的注册商标专用权及封面设计、版式设计的著作权均为社会科学文献出版社所有。未经社会科学文献出版社书面授权许可，任何使用与“皮书系列”图书注册商标、封面设计、版式设计相同或者近似的文字、图形或其组合的行为均系侵权行为。

经作者授权，本书的专有出版权及信息网络传播权等为社会科学文献出版社享有。未经社会科学文献出版社书面授权许可，任何就本书内容的复制、发行或以数字形式进行网络传播的行为均系侵权行为。

社会科学文献出版社将通过法律途径追究上述侵权行为的法律责任，维护自身合法权益。

欢迎社会各界人士对侵犯社会科学文献出版社上述权利的侵权行为进行举报。电话：010-59367121，电子邮箱：fawubu@ssap.cn。

社会科学文献出版社